Yuzu
die kleine Tierärztin 2

MINGO ITO

Mit Unterstützung von: Nippon Columbia

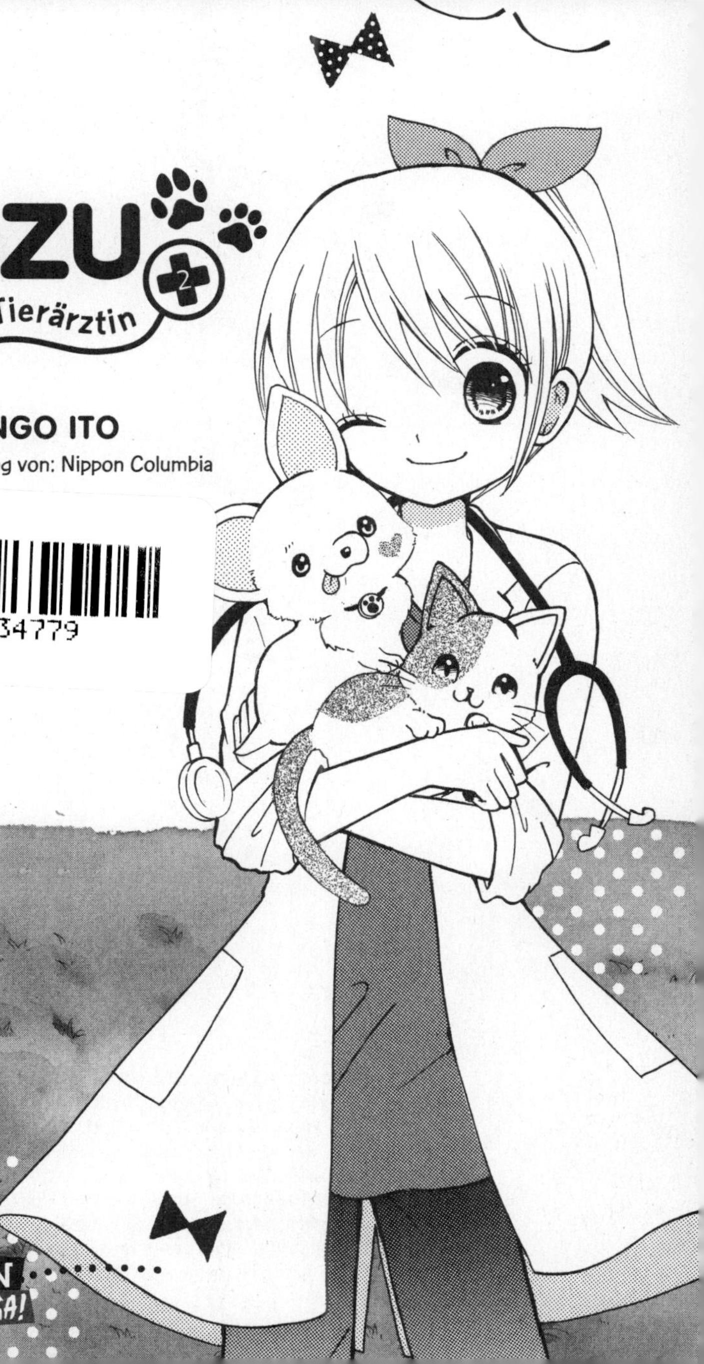

CARLSEN MANGA!

Yuzu,
die kleine Tierärztin

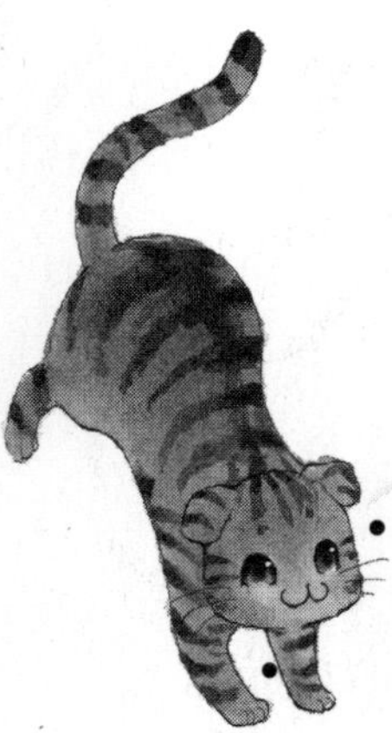

Story

Yuzu Morino kann nicht gut mit Tieren, doch als ihre Mutter ins Krankenhaus eingewiesen wird, muss sie eine Zeit lang bei ihrem Onkel Akito wohnen und in dessen Tierarztpraxis aushelfen. Während sie sich um die Hunde und Katzen in der unterbesetzten Praxis kümmert, lernt sie, wie stark die Bindung zwischen den Haustieren und ihren Haltern ist. Wem wird Yuzu wohl als Nächstes begegnen?

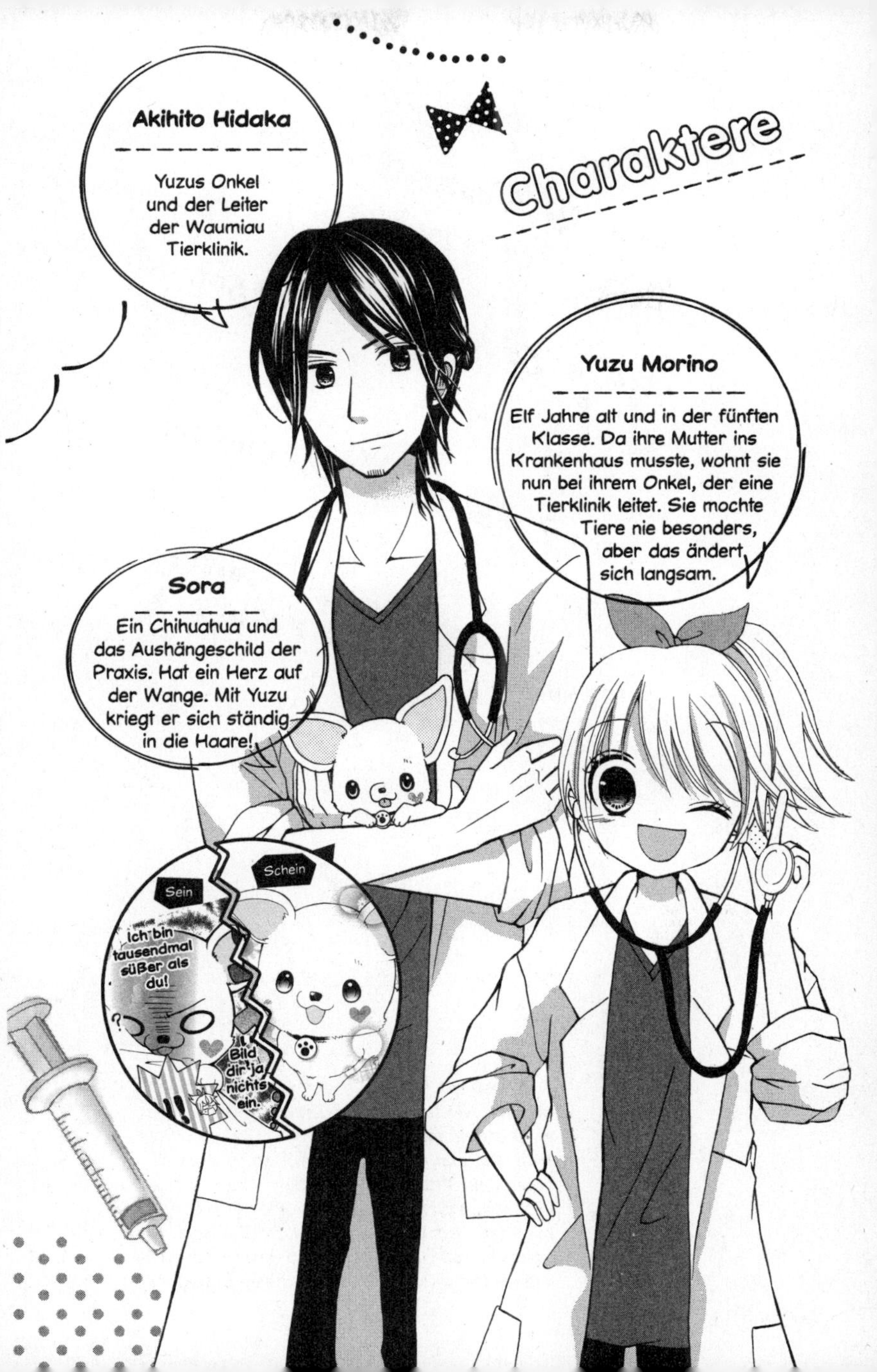
Charaktere
Akihito Hidaka
Yuzus Onkel und der Leiter der Waumiau Tierklinik.
Yuzu Morino
Elf Jahre alt und in der fünften Klasse. Da ihre Mutter ins Krankenhaus musste, wohnt sie nun bei ihrem Onkel, der eine Tierklinik leitet. Sie mochte Tiere nie besonders, aber das ändert sich langsam.
Sora
Ein Chihuahua und das Aushängeschild der Praxis. Hat ein Herz auf der Wange. Mit Yuzu kriegt er sich ständig in die Haare!
Sein
Schein
Ich bin tausendmal süßer als du!
Bild dir ja nichts ein.

Kartei 5 Blindenhund Luke

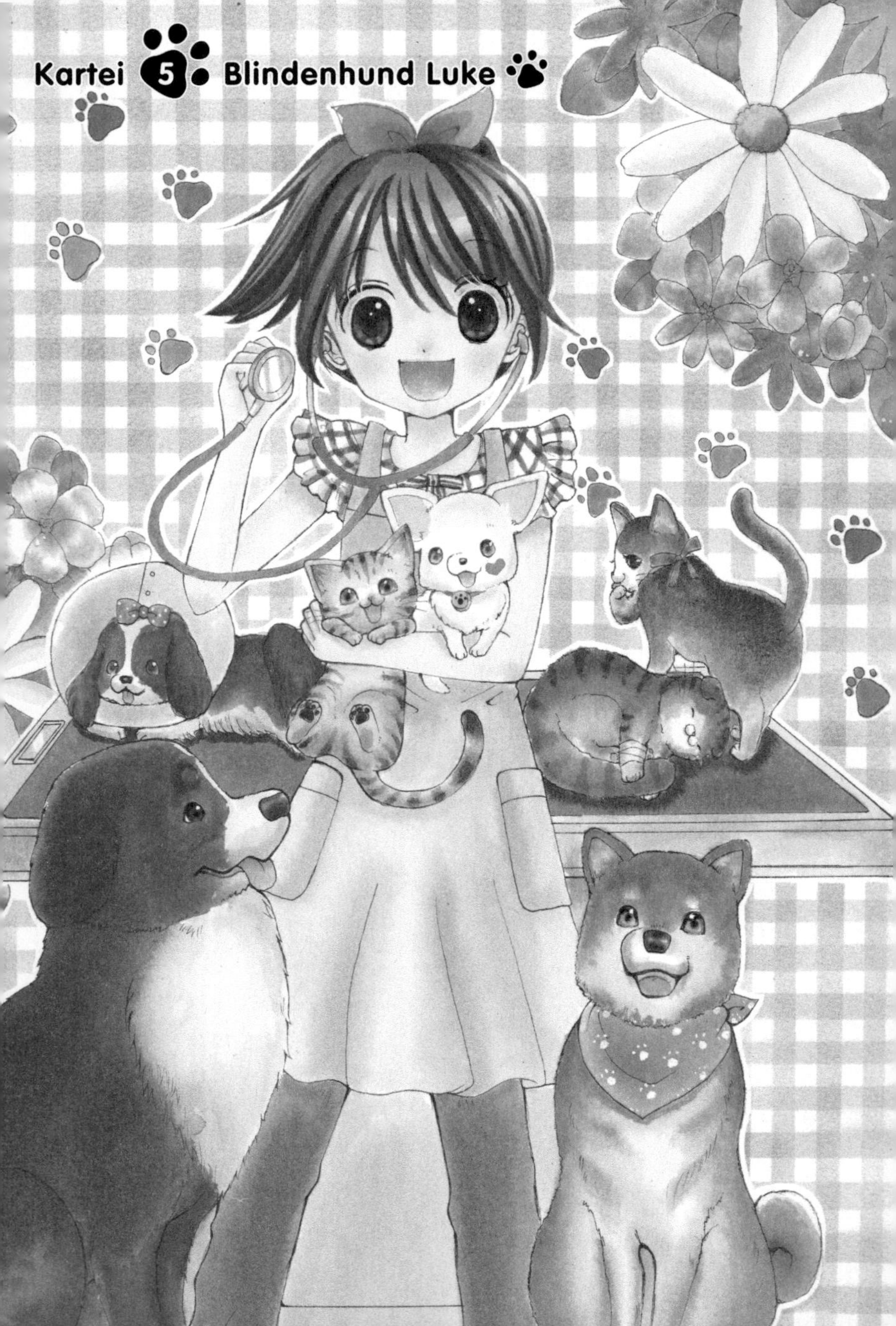

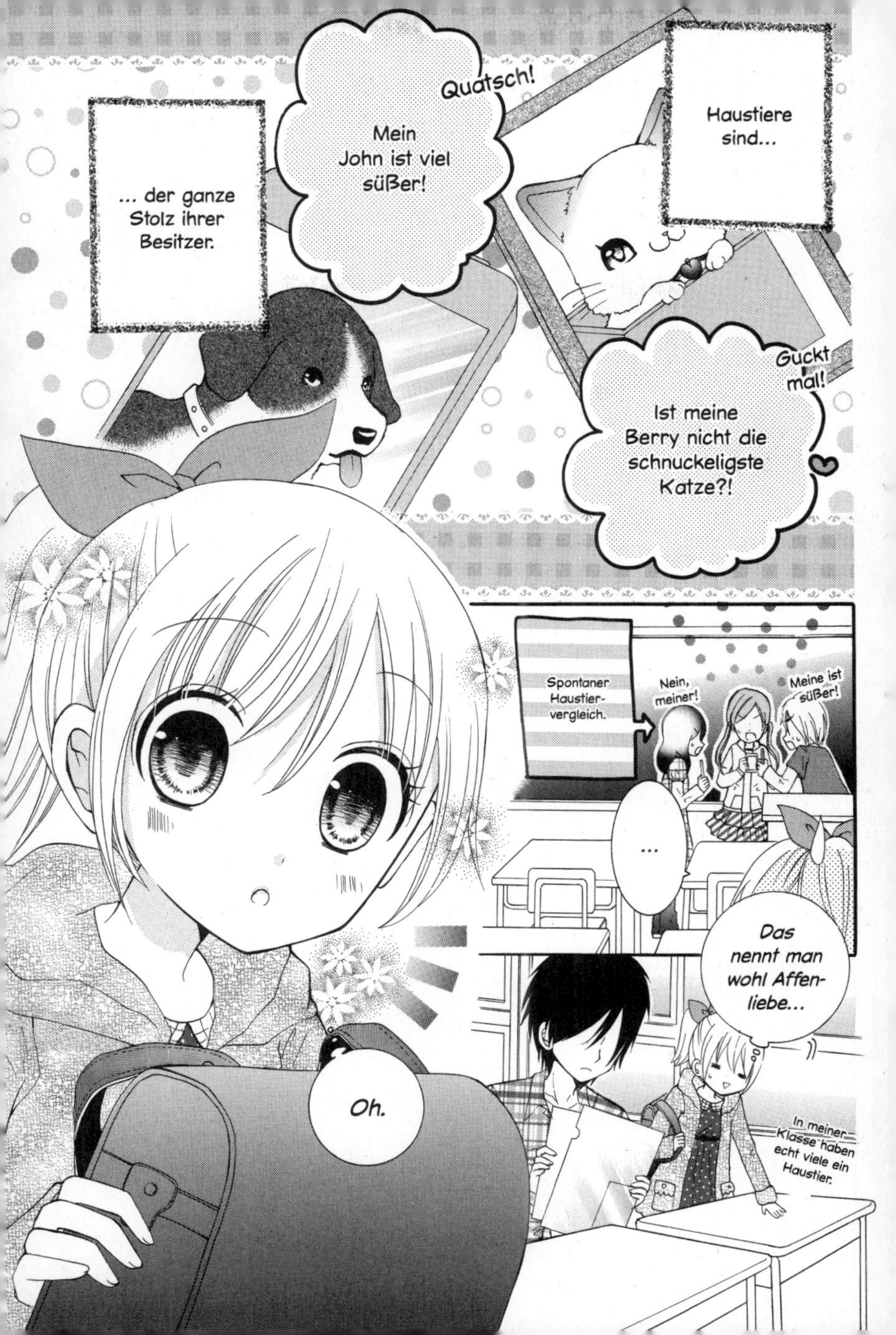
Haustiere sind...
Guckt mal!
Ist meine Berry nicht die schnuckeligste Katze?!
Quatsch!
Mein John ist viel süßer!
... der ganze Stolz ihrer Besitzer.
Meine ist süßer!
Nein, meiner!
Spontaner Haustiervergleich.
...
Das nennt man wohl Affenliebe...
In meiner Klasse haben echt viele ein Haustier.
Oh.

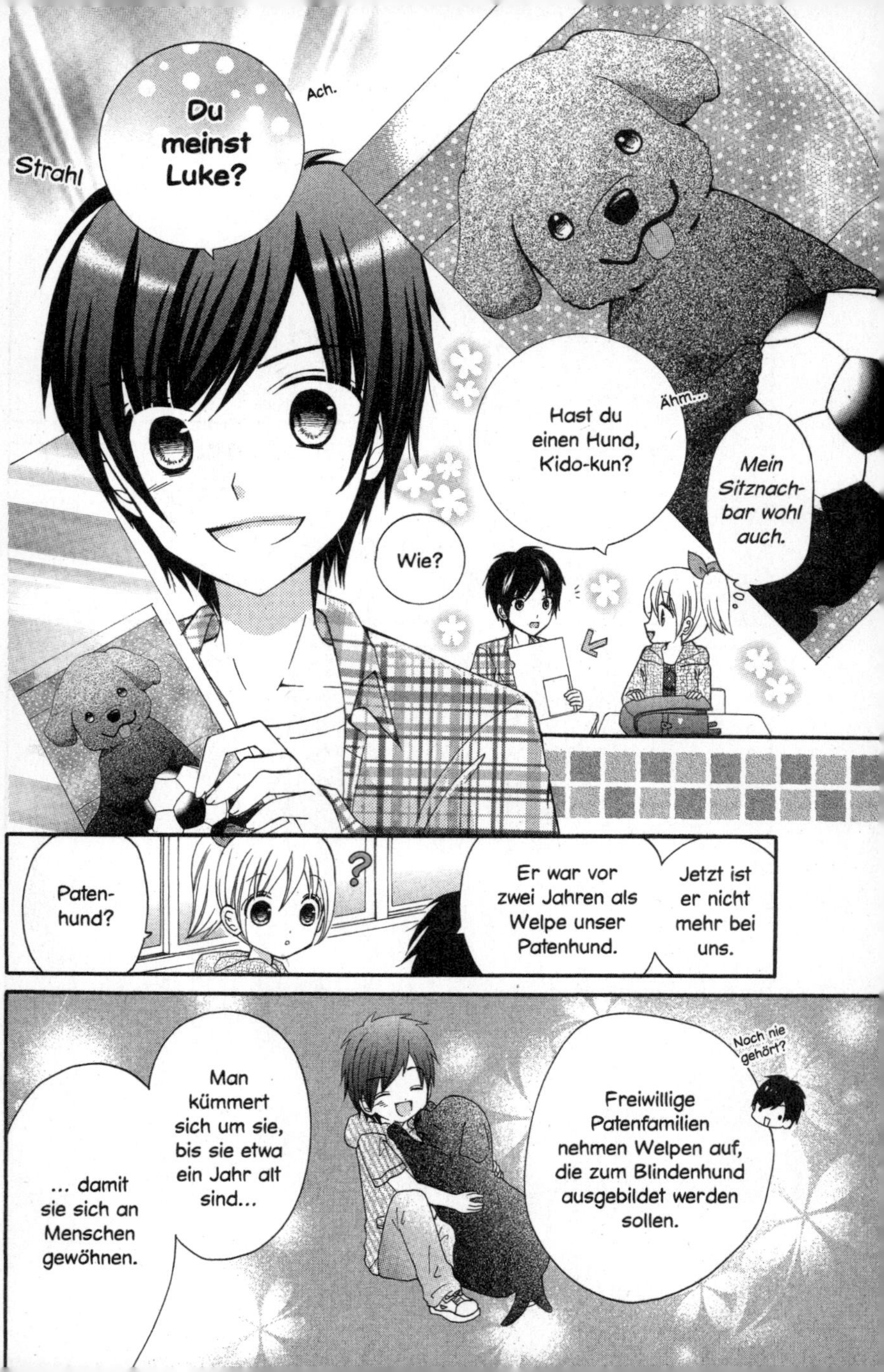
Mein Sitznachbar wohl auch.
Hast du einen Hund, Kido-kun?
Ähm...
Wie?
Ach.
Du meinst Luke?
Strahl
Jetzt ist er nicht mehr bei uns.
Er war vor zwei Jahren als Welpe unser Patenhund.
Paten-hund?
Noch nie gehört?
Freiwillige Patenfamilien nehmen Welpen auf, die zum Blindenhund ausgebildet werden sollen.
Man kümmert sich um sie, bis sie etwa ein Jahr alt sind...
... damit sie sich an Menschen gewöhnen.

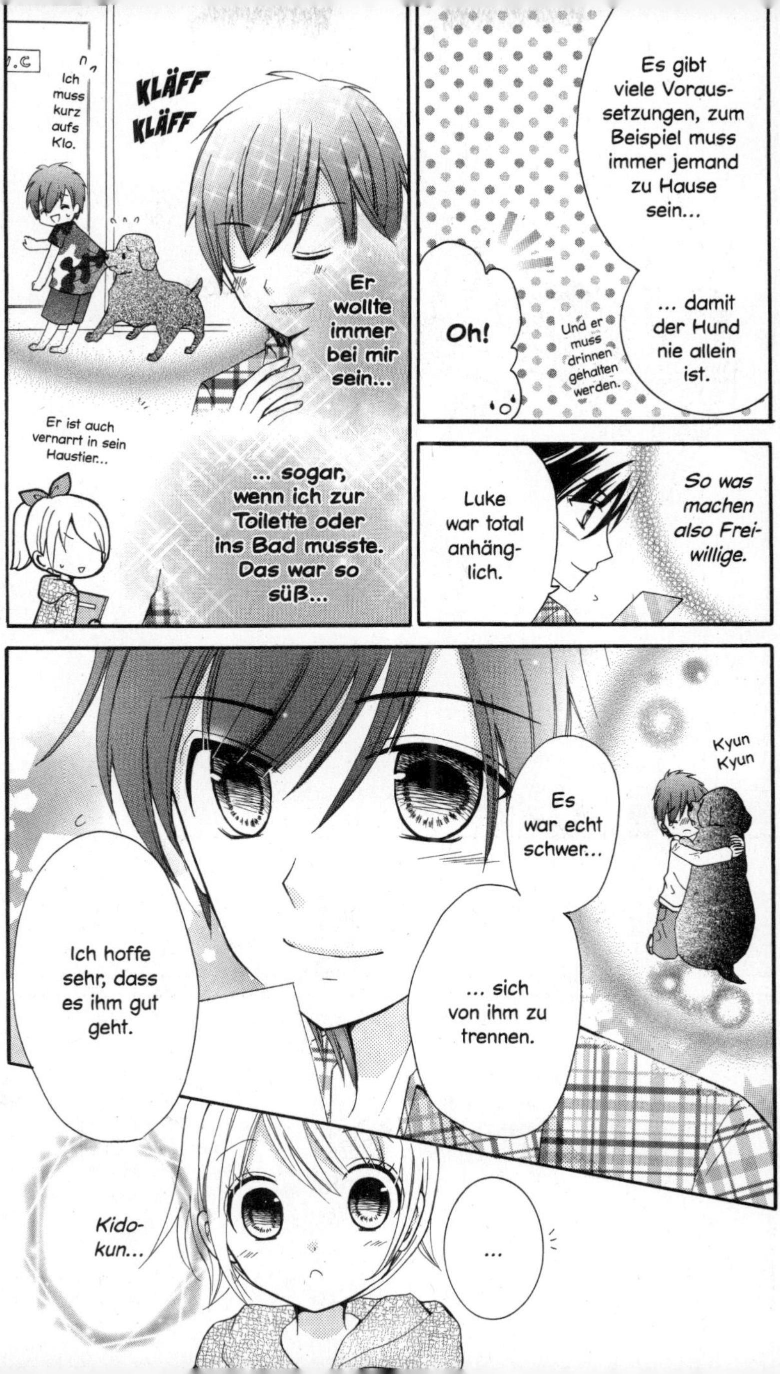

Es gibt viele Voraus-setzungen, zum Beispiel muss immer jemand zu Hause sein...
... damit der Hund nie allein ist.
Und er muss drinnen gehalten werden.
Oh!
So was machen also Frei-willige.
Luke war total anhäng-lich.
KLÄFF KLÄFF
Ich muss kurz aufs Klo.
Er wollte immer bei mir sein...
... sogar, wenn ich zur Toilette oder ins Bad musste. Das war so süß...
Er ist auch vernarrt in sein Haustier...
Kyun Kyun
Es war echt schwer...
... sich von ihm zu trennen.
Ich hoffe sehr, dass es ihm gut geht.
...
Kido-kun...

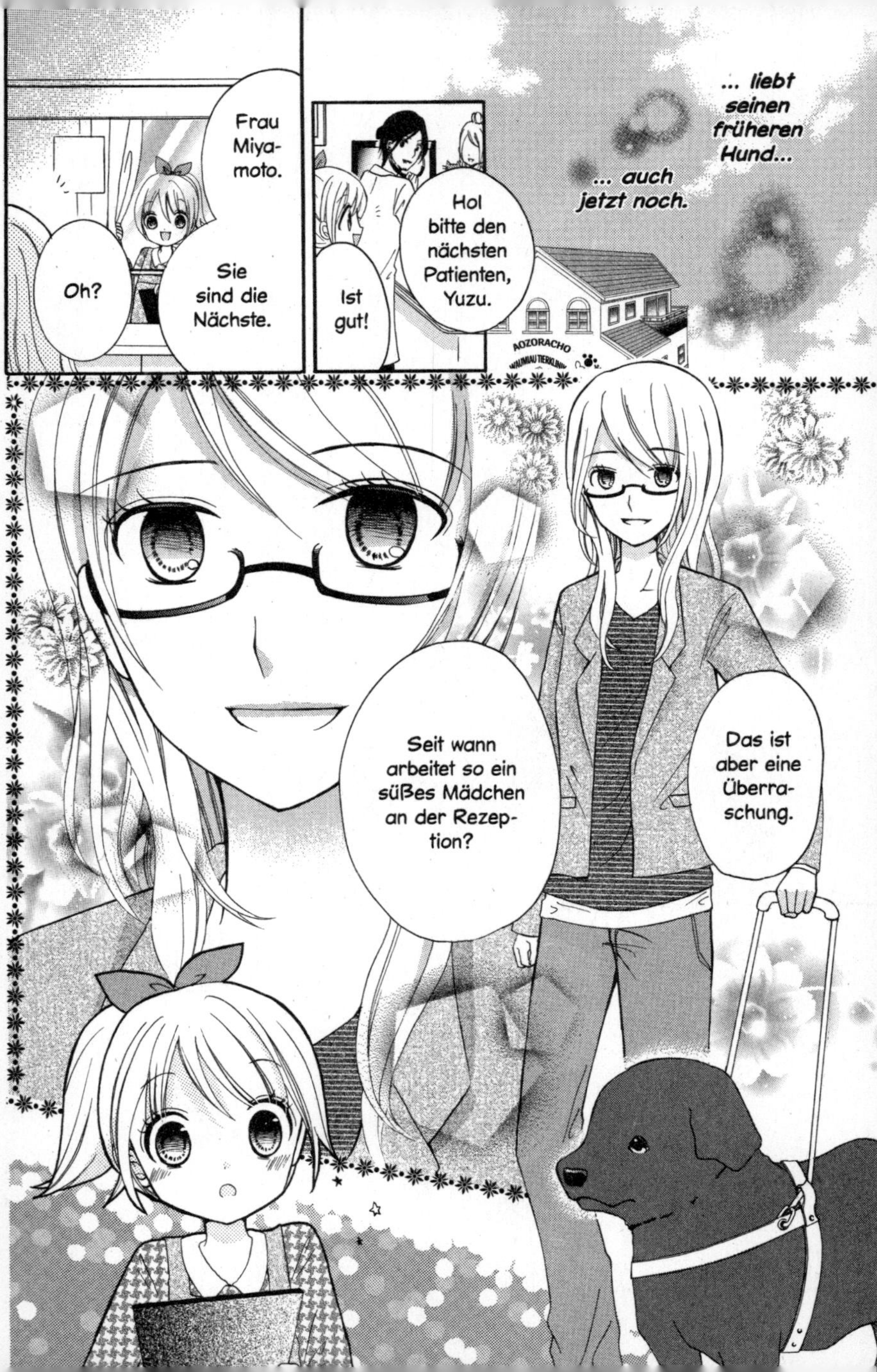
... liebt seinen früheren Hund...
... auch jetzt noch.
Hol bitte den nächsten Patienten, Yuzu.
Ist gut!
Frau Miyamoto.
Sie sind die Nächste.
Oh?
AOZORACHO WAUMIAU TIERKLINIK
Das ist aber eine Überraschung.
Seit wann arbeitet so ein süßes Mädchen an der Rezeption?

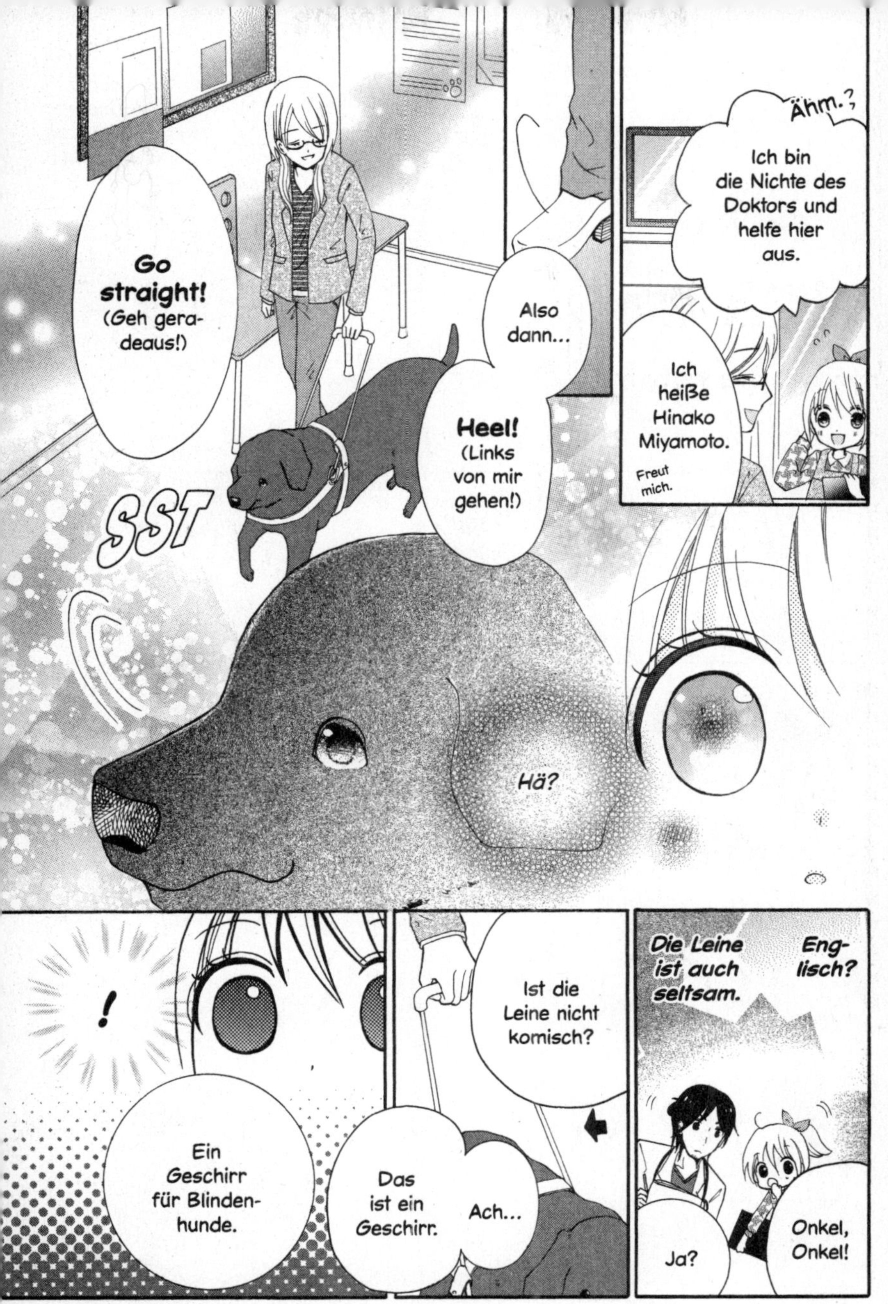
Ähm.?
Ich bin die Nichte des Doktors und helfe hier aus.
Ich heiße Hinako Miyamoto.
Freut mich.
Also dann...
Heel! (Links von mir gehen!)
Go straight! (Geh geradeaus!)
SST
Hä?
Onkel, Onkel!
Ja?
Englisch?
Die Leine ist auch seltsam.
Ist die Leine nicht komisch?
Ach...
Das ist ein Geschirr.
!
Ein Geschirr für Blindenhunde.

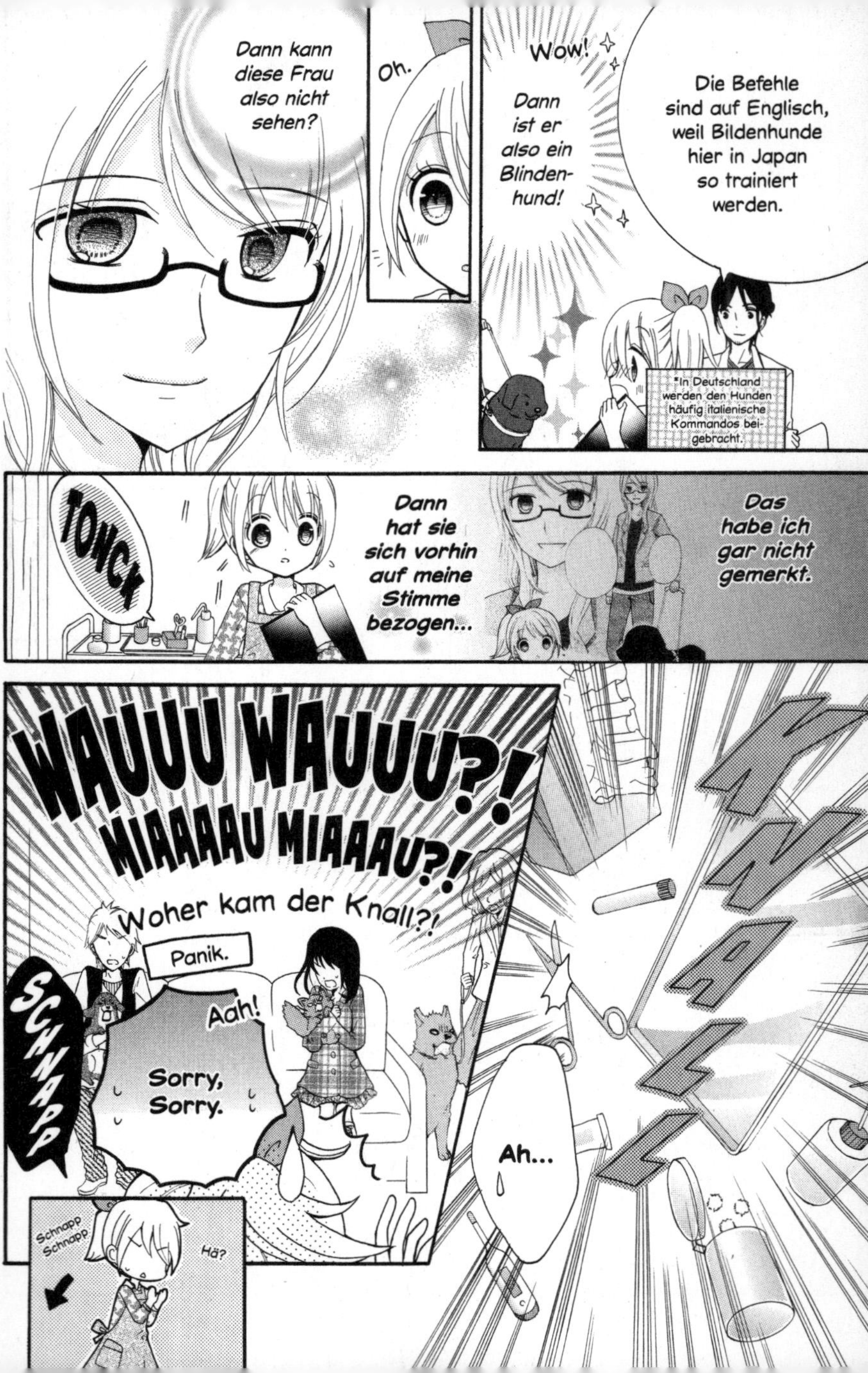

Die Befehle sind auf Englisch, weil Bildenhunde hier in Japan so trainiert werden.
*In Deutschland werden den Hunden häufig italienische Kommandos beigebracht.
Wow!
Dann ist er also ein Blindenhund!
Oh.
Dann kann diese Frau also nicht sehen?
Das habe ich gar nicht gemerkt.
Dann hat sie sich vorhin auf meine Stimme bezogen...
TONCK
KNALL
Ah...
WAUUU WAUUU?!
MIAAAAU MIAAAU?!
Woher kam der Knall?!
Panik.
Aah!
Sorry, Sorry.
SCHNAPP
Schnapp Schnapp
Hä?

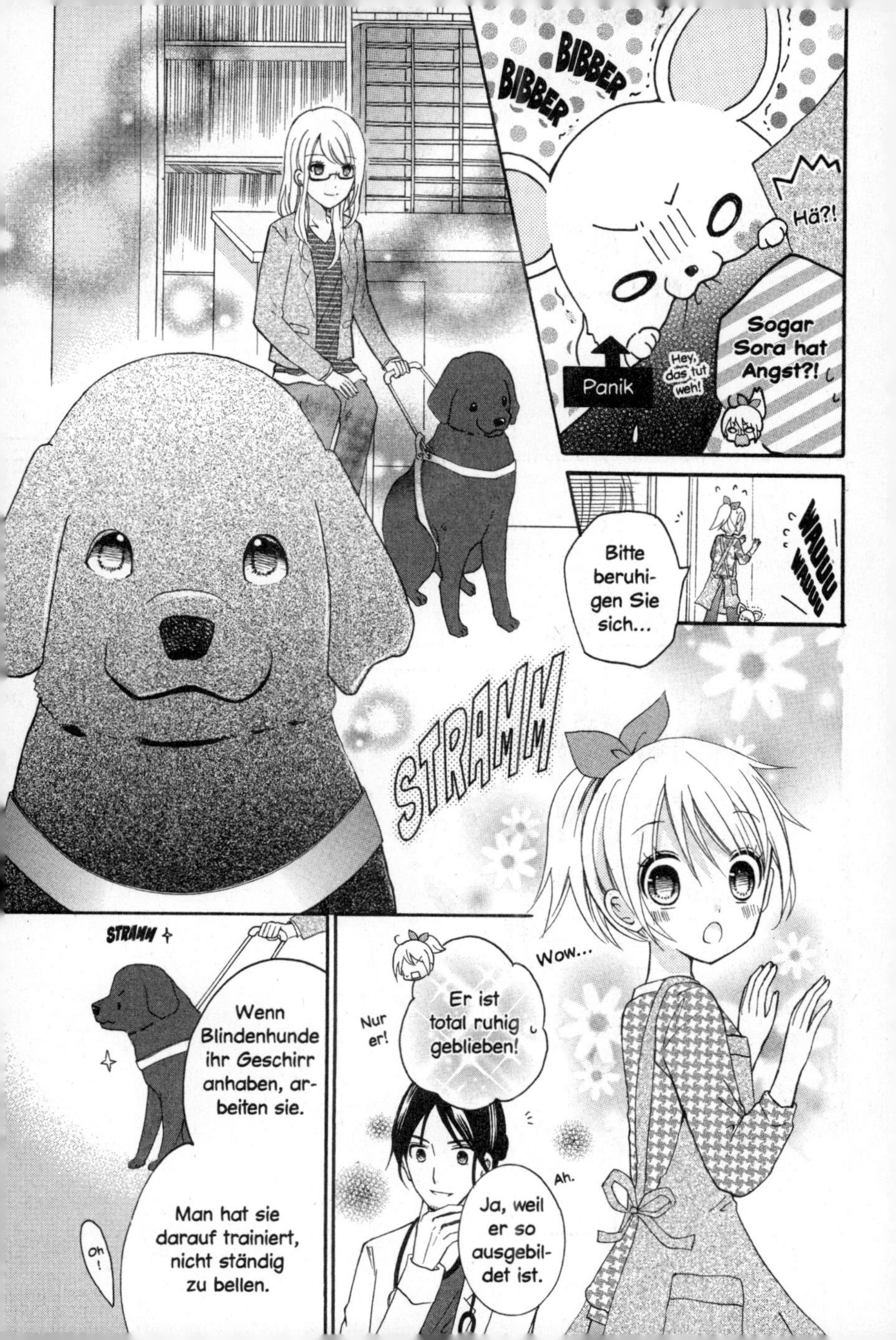
BIBBER
BIBBER
Hä?!
Sogar Sora hat Angst?!
Hey, das tut weh!
Panik
WAUUU WAUUU
Bitte beruhigen Sie sich…
STRAMM
Wow…
Er ist total ruhig geblieben!
Nur er!
Ah.
Ja, weil er so ausgebildet ist.
STRAMM
Wenn Blindenhunde ihr Geschirr anhaben, arbeiten sie.
Man hat sie darauf trainiert, nicht ständig zu bellen.
Oh!

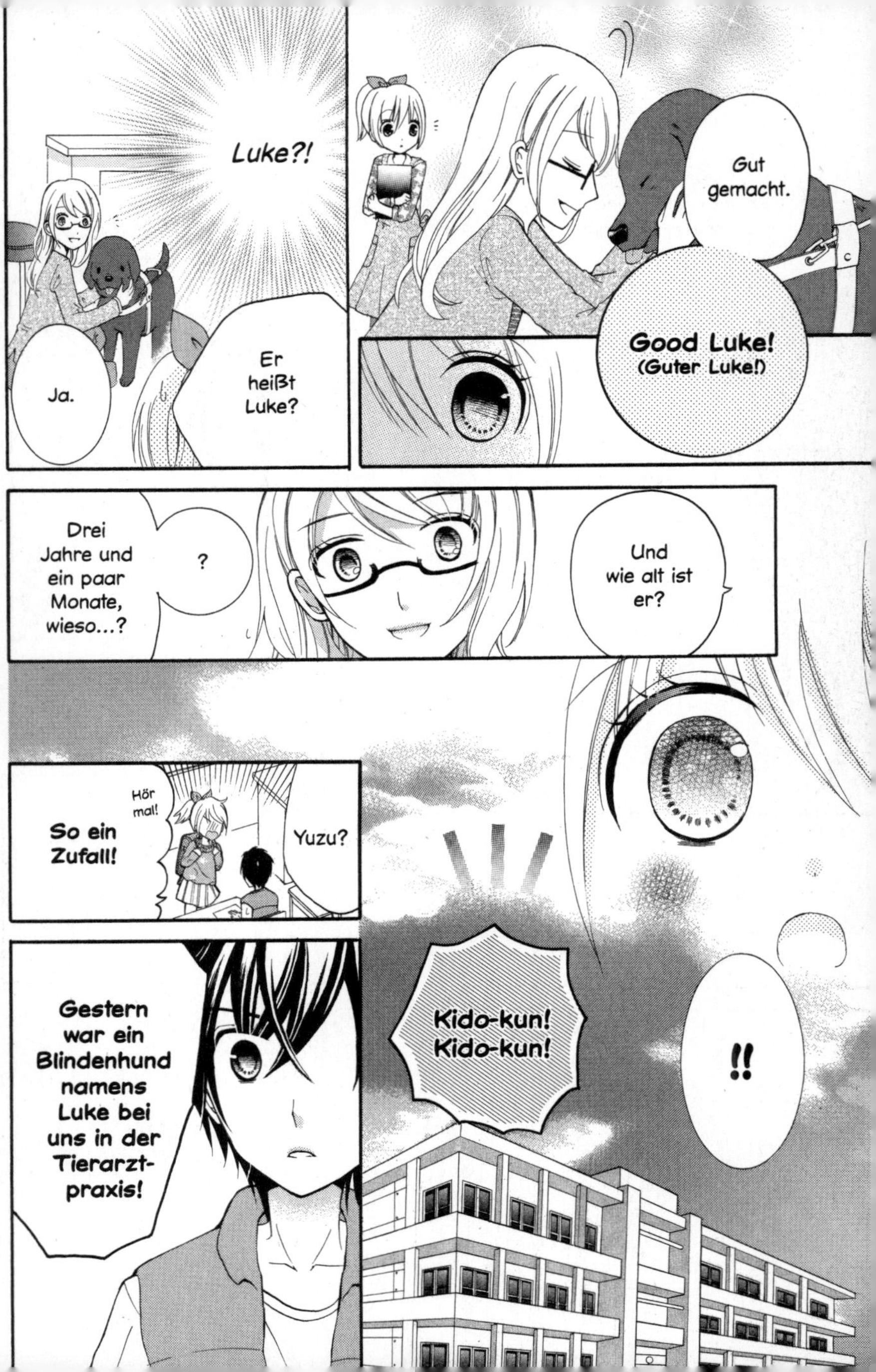
Gut gemacht.
Good Luke!
(Guter Luke!)
Luke?!
Er heißt Luke?
Ja.
Und wie alt ist er?
?
Drei Jahre und ein paar Monate, wieso...?
!!
Kido-kun! Kido-kun!
Yuzu?
So ein Zufall!
Hör mal!
Gestern war ein Blindenhund namens Luke bei uns in der Tierarzt-praxis!

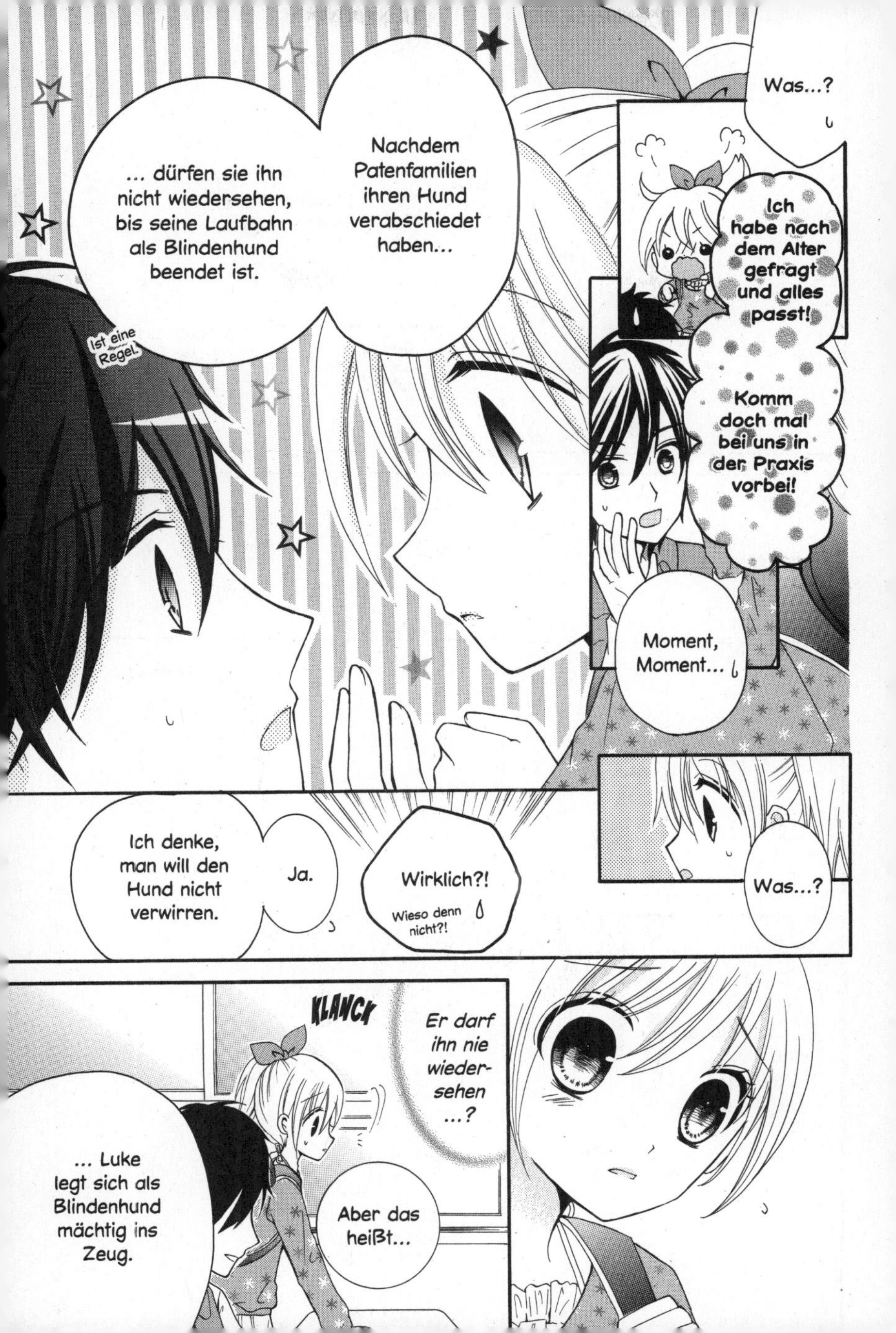
Was...?
Ich habe nach dem Alter gefragt und alles passt!
Komm doch mal bei uns in der Praxis vorbei!
Moment, Moment...
Nachdem Patenfamilien ihren Hund verabschiedet haben...
... dürfen sie ihn nicht wiedersehen, bis seine Laufbahn als Blindenhund beendet ist.
Ist eine Regel.
Was...?
Wirklich?!
Wieso denn nicht?!
Ja.
Ich denke, man will den Hund nicht verwirren.
Er darf ihn nie wieder-sehen ...?
KLANCK
Aber das heißt...
... Luke legt sich als Blindenhund mächtig ins Zeug.

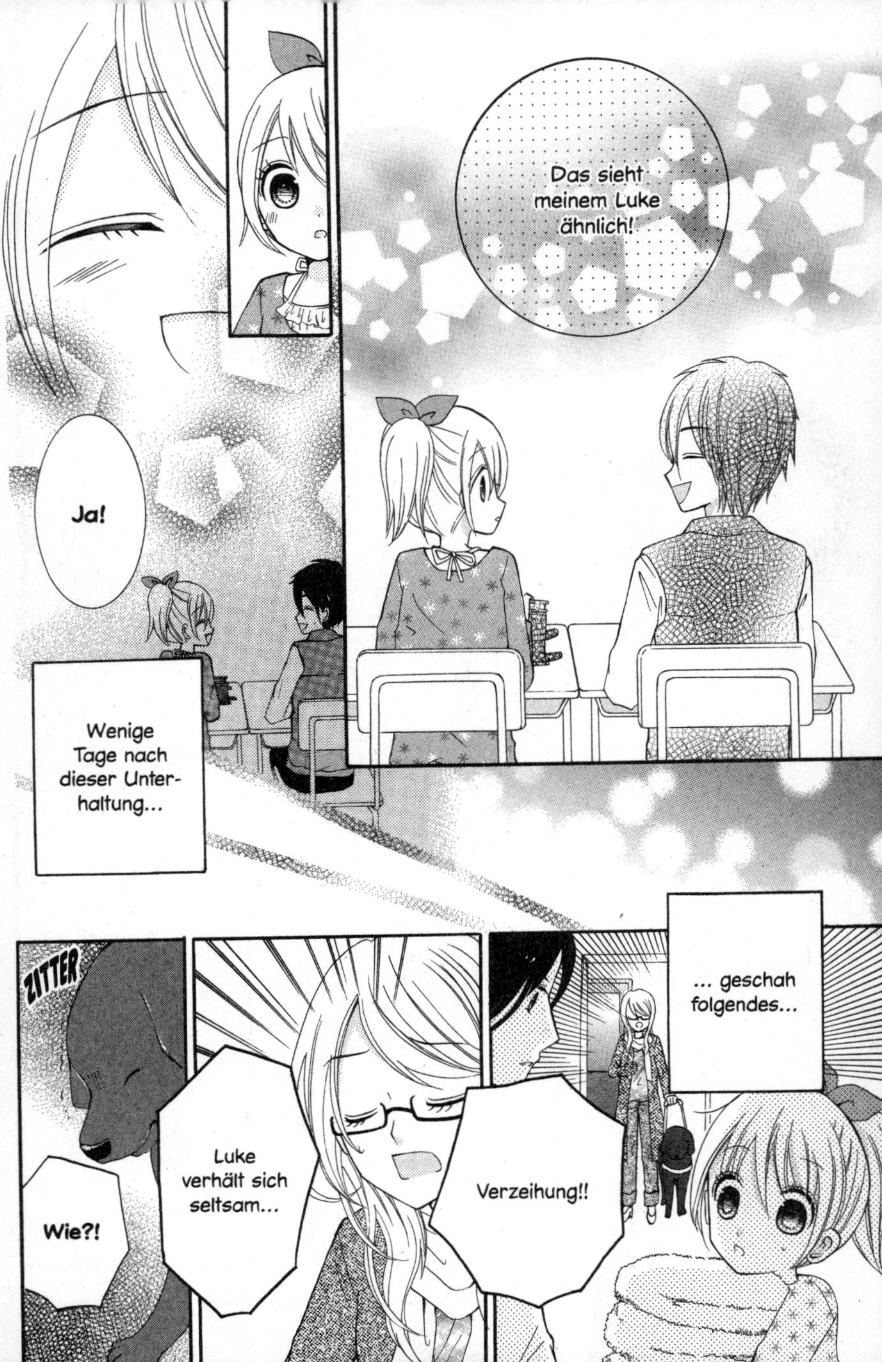
Das sieht meinem Luke ähnlich!
Ja!
Wenige Tage nach dieser Unterhaltung...
... geschah folgendes...
Verzeihung!!
Luke verhält sich seltsam...
ZITTER
Wie?!

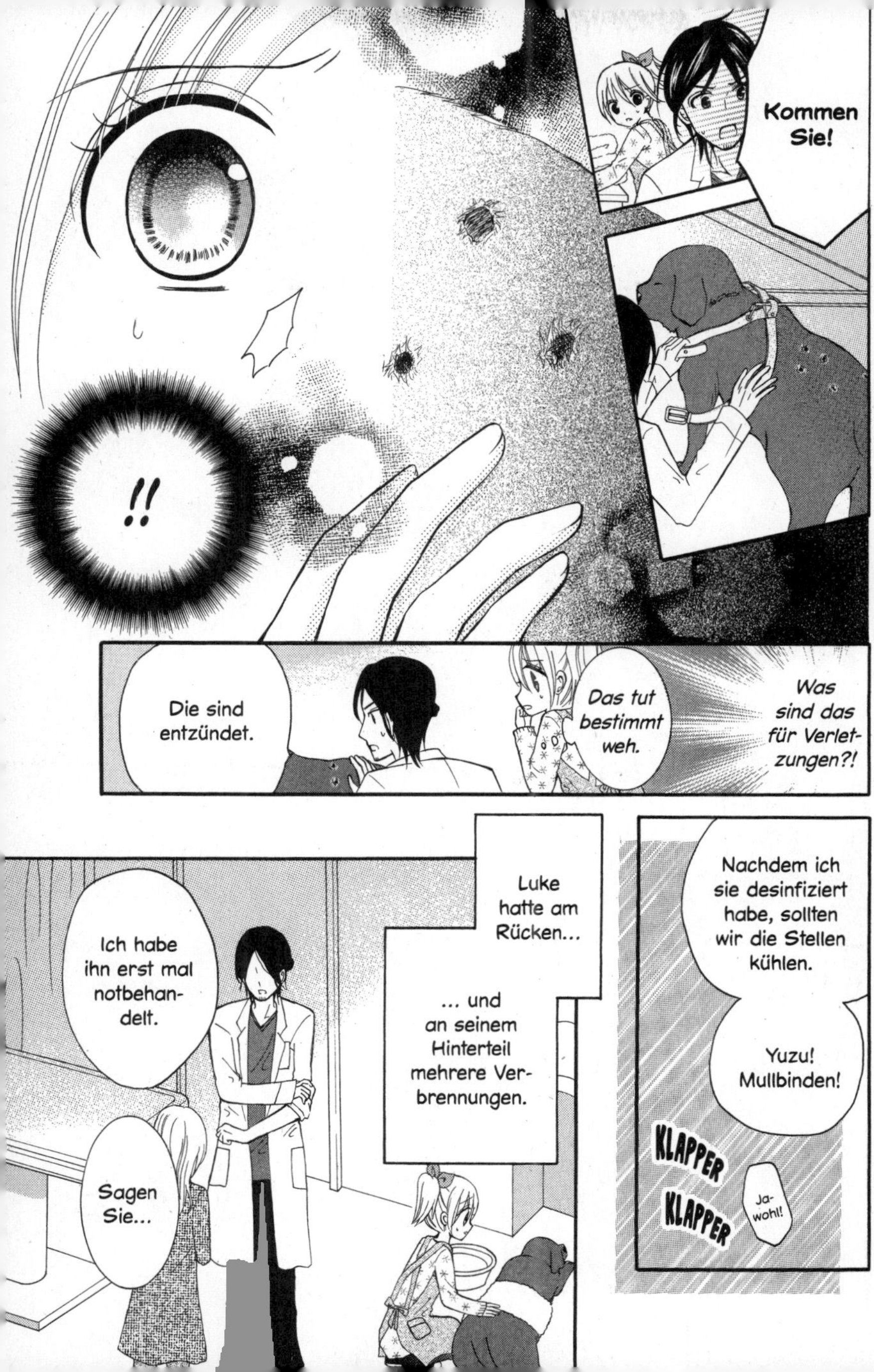
Kommen Sie!
!!
Was sind das für Verletzungen?!
Das tut bestimmt weh.
Die sind entzündet.
Nachdem ich sie desinfiziert habe, sollten wir die Stellen kühlen.
Yuzu! Mullbinden!
KLAPPER KLAPPER
Jawohl!
Luke hatte am Rücken...
... und an seinem Hinterteil mehrere Verbrennungen.
Ich habe ihn erst mal notbehandelt.
Sagen Sie...

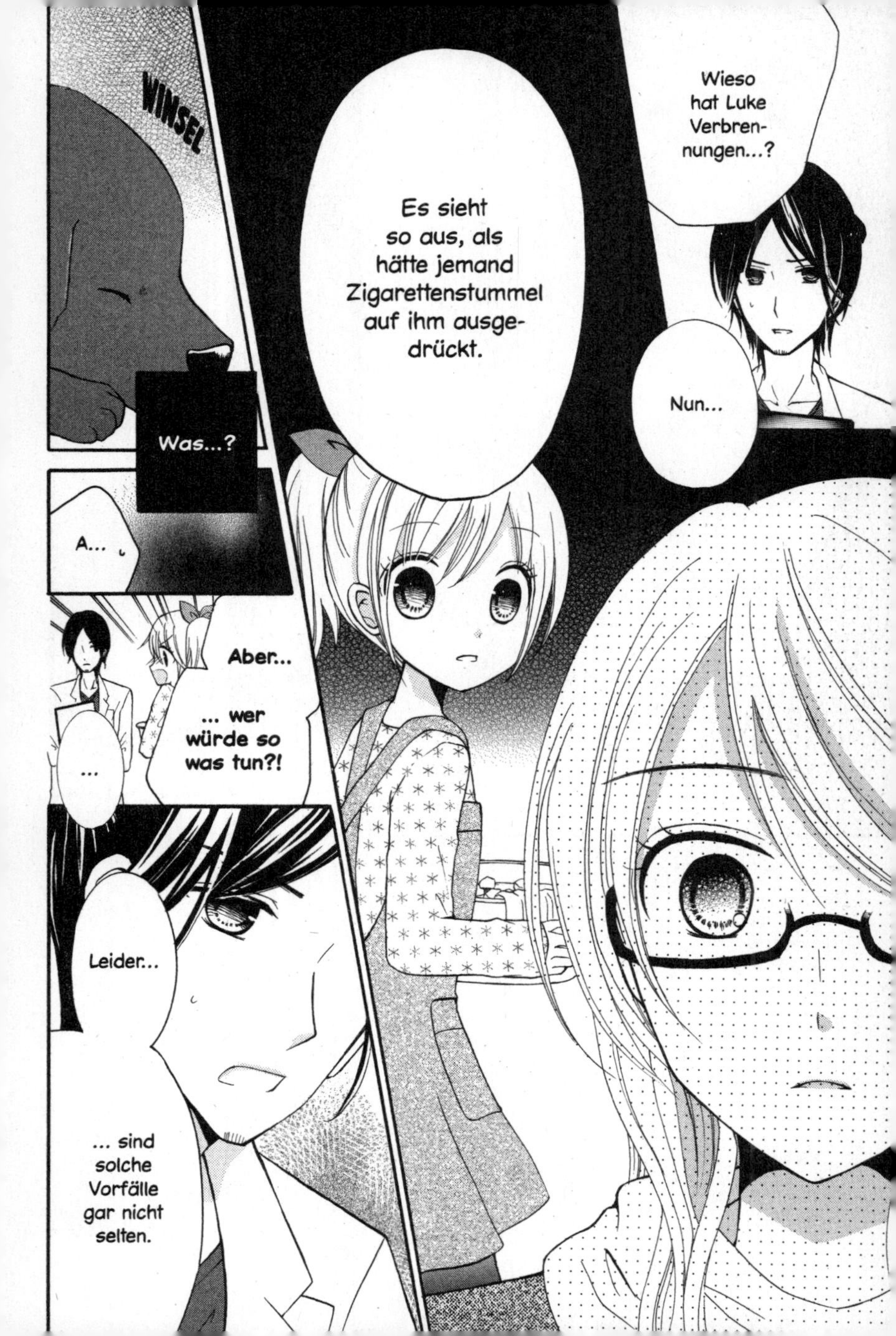
Wieso hat Luke Verbrennungen...?
Nun...
Es sieht so aus, als hätte jemand Zigarettenstummel auf ihm ausgedrückt.
WINSEL
Was...?
A...
Aber...
... wer würde so was tun?!
...
Leider...
... sind solche Vorfälle gar nicht selten.

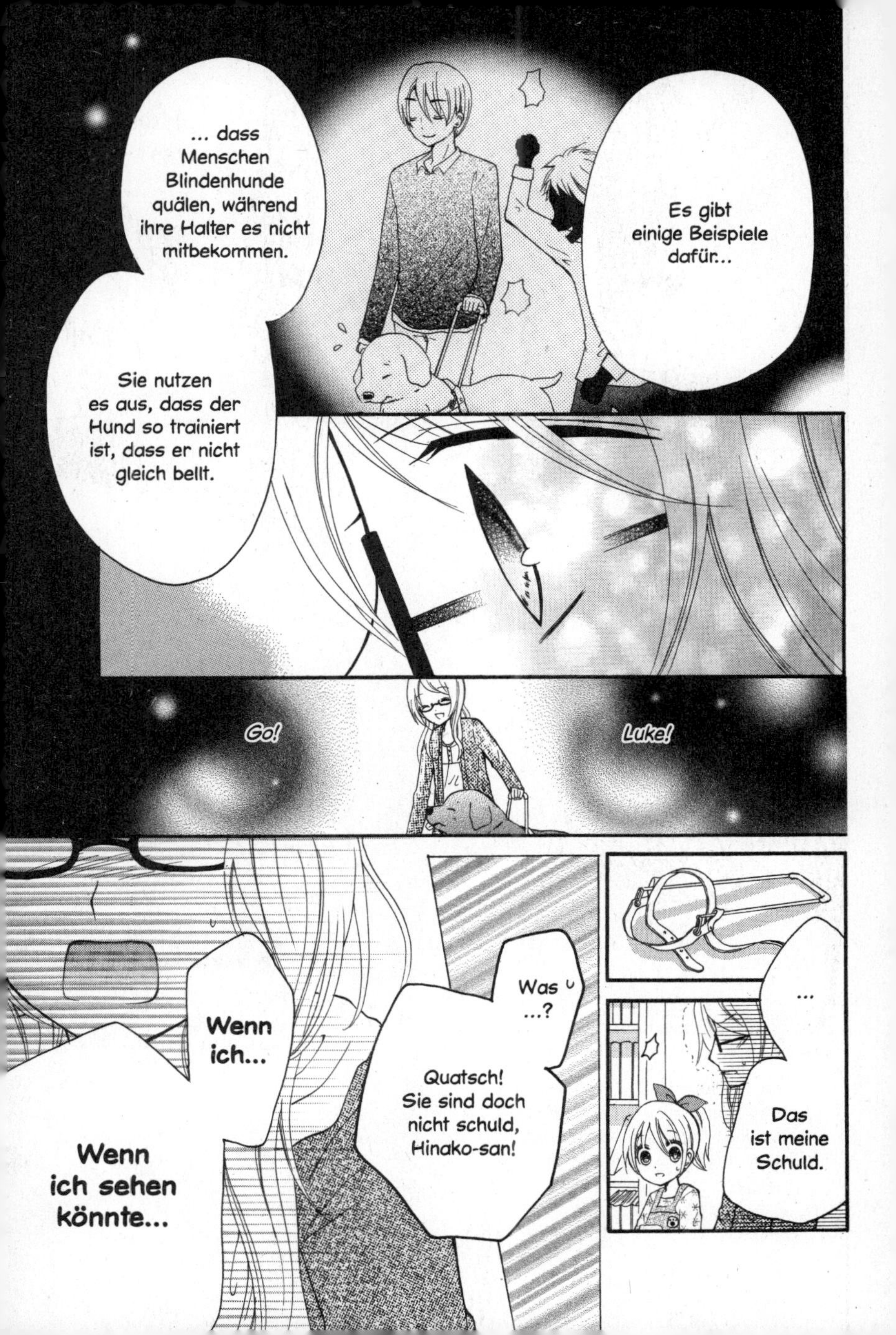

Es gibt einige Beispiele dafür...
... dass Menschen Blindenhunde quälen, während ihre Halter es nicht mitbekommen.
Sie nutzen es aus, dass der Hund so trainiert ist, dass er nicht gleich bellt.
Luke!
Go!
...
Das ist meine Schuld.
Was ...?
Quatsch! Sie sind doch nicht schuld, Hinako-san!
Wenn ich...
Wenn ich sehen könnte...

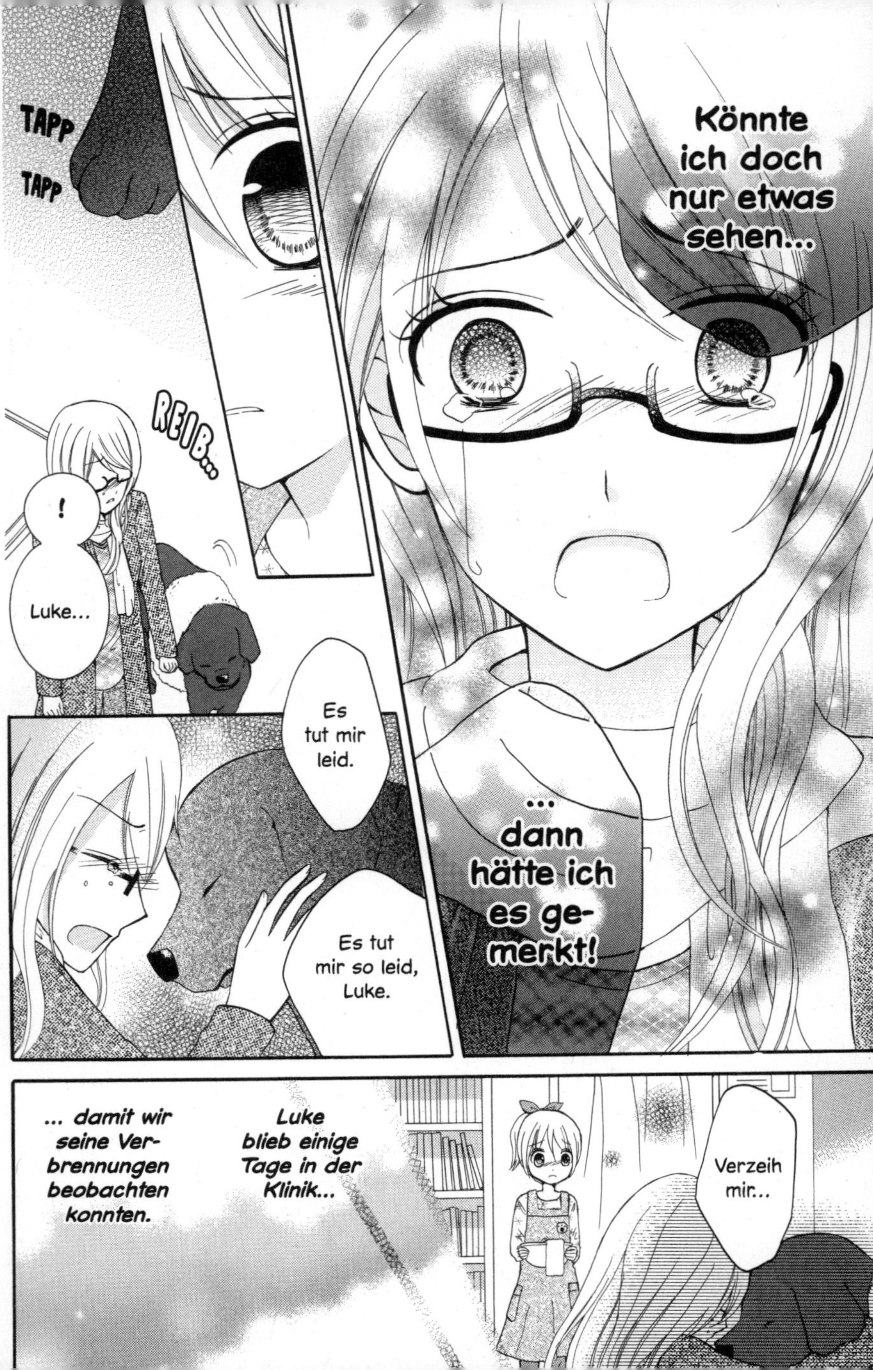
Könnte ich doch nur etwas sehen...
... dann hätte ich es gemerkt!
TAPP
TAPP
REIB...
!
Luke...
Es tut mir leid.
Es tut mir so leid, Luke.
Verzeih mir...
Luke blieb einige Tage in der Klinik...
... damit wir seine Verbrennungen beobachten konnten.

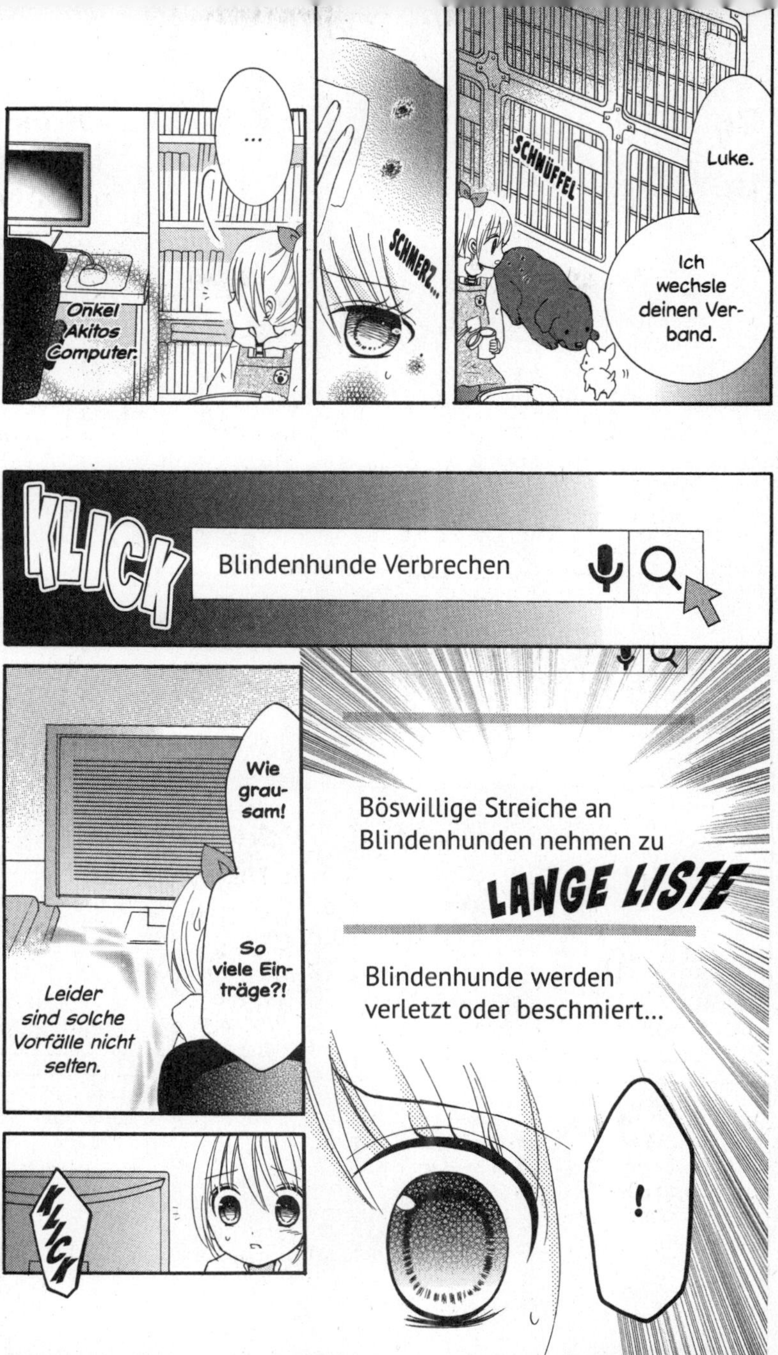
Luke.
Ich wechsle deinen Verband.
SCHNÜFFEL
SCHMERZ...
...
Onkel Akitos Computer.
KLICK
Blindenhunde Verbrechen
Böswillige Streiche an Blindenhunden nehmen zu
LANGE LISTE
Blindenhunde werden verletzt oder beschmiert...
Wie grausam!
So viele Einträge?!
Leider sind solche Vorfälle nicht selten.
!
KLICK

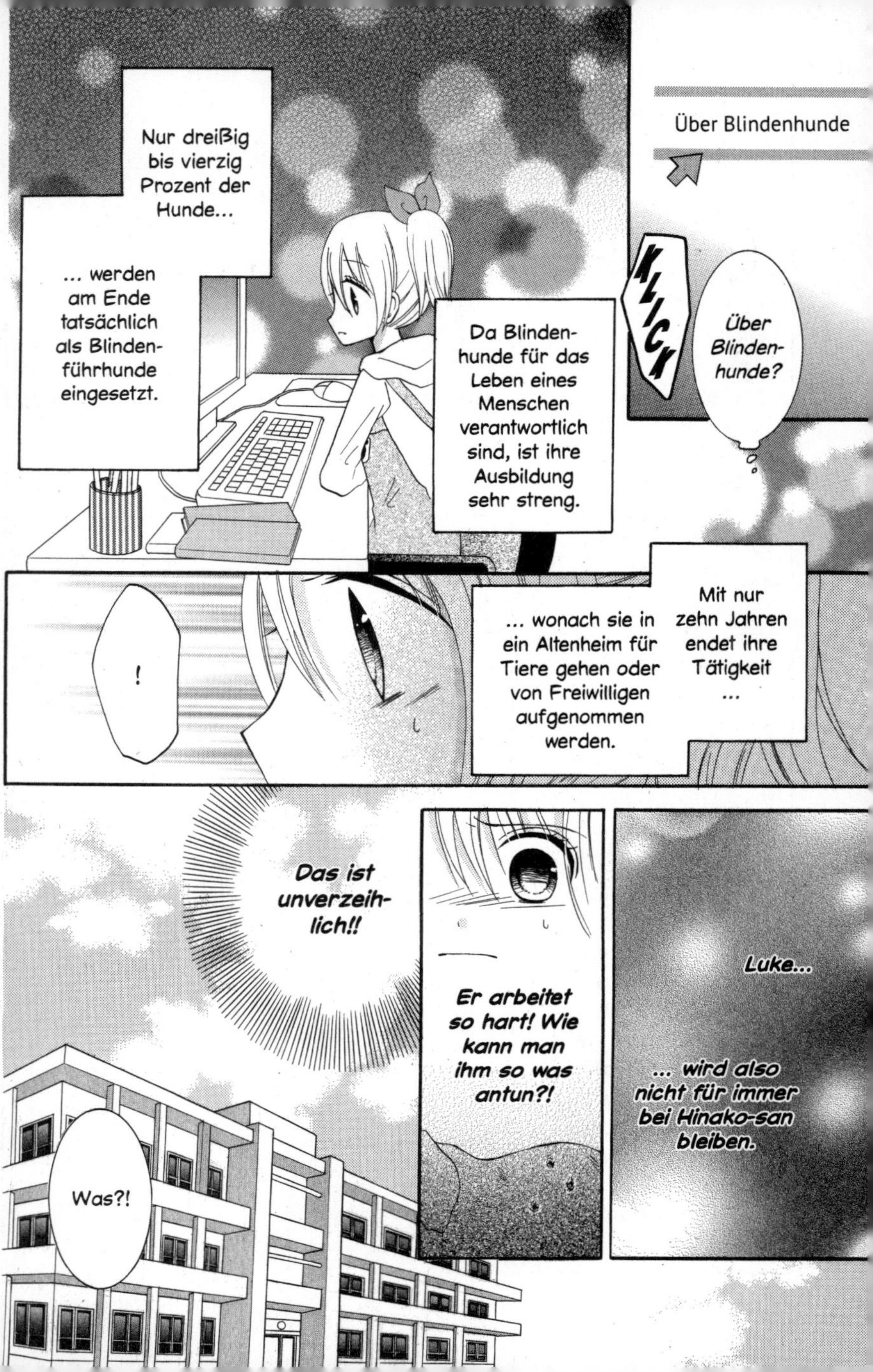
Über Blindenhunde
KLICK
Über Blindenhunde?
Da Blindenhunde für das Leben eines Menschen verantwortlich sind, ist ihre Ausbildung sehr streng.
Nur dreißig bis vierzig Prozent der Hunde...
... werden am Ende tatsächlich als Blindenführhunde eingesetzt.
Mit nur zehn Jahren endet ihre Tätigkeit ...
... wonach sie in ein Altenheim für Tiere gehen oder von Freiwilligen aufgenommen werden.
!
Luke...
... wird also nicht für immer bei Hinako-san bleiben.
Er arbeitet so hart! Wie kann man ihm so was antun?!
Das ist unverzeihlich!!
Was?!

Hallo.

Vielen Dank, dass ihr »Yuzu, die kleine Tierärztin« in den Händen haltet! Ich bin Mingo Ito!

Waah.

Band zwei! Juhu!

Als ich mit der Serie angefangen habe, war nicht klar, wie lange sie gehen würde, also bin ich sehr froh, dass ich Yuzu und ihre vierbeinigen Freunde weiterzeichnen darf.

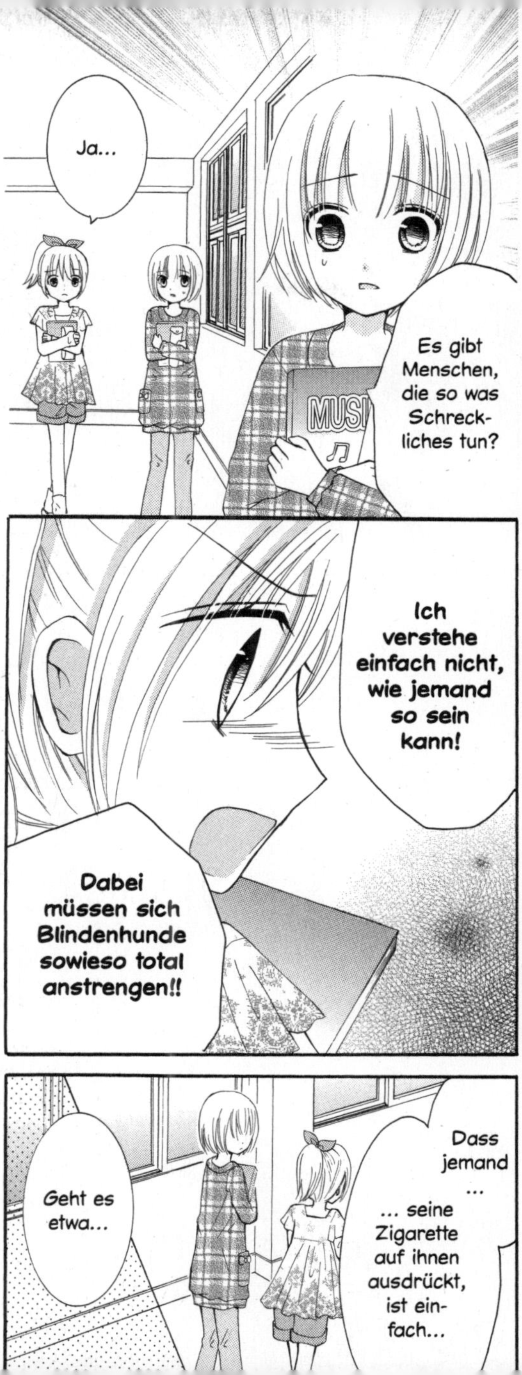

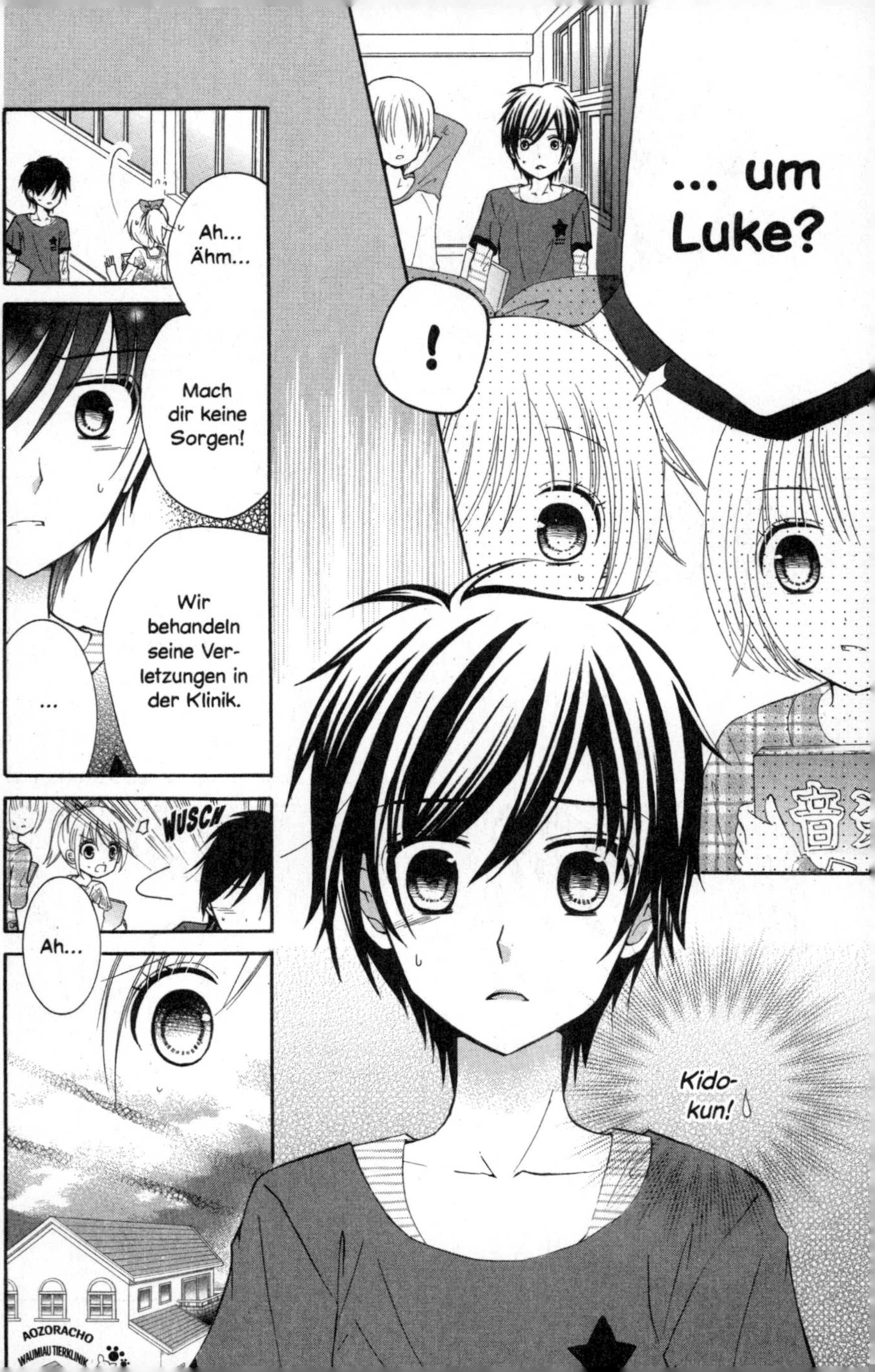
... um Luke?
!
Ah... Ähm...
Mach dir keine Sorgen!
Wir behandeln seine Verletzungen in der Klinik.
...
WUSCH
Kido-kun!
Ah...
AOZORACHO WAUMIAU TIERKLINIK

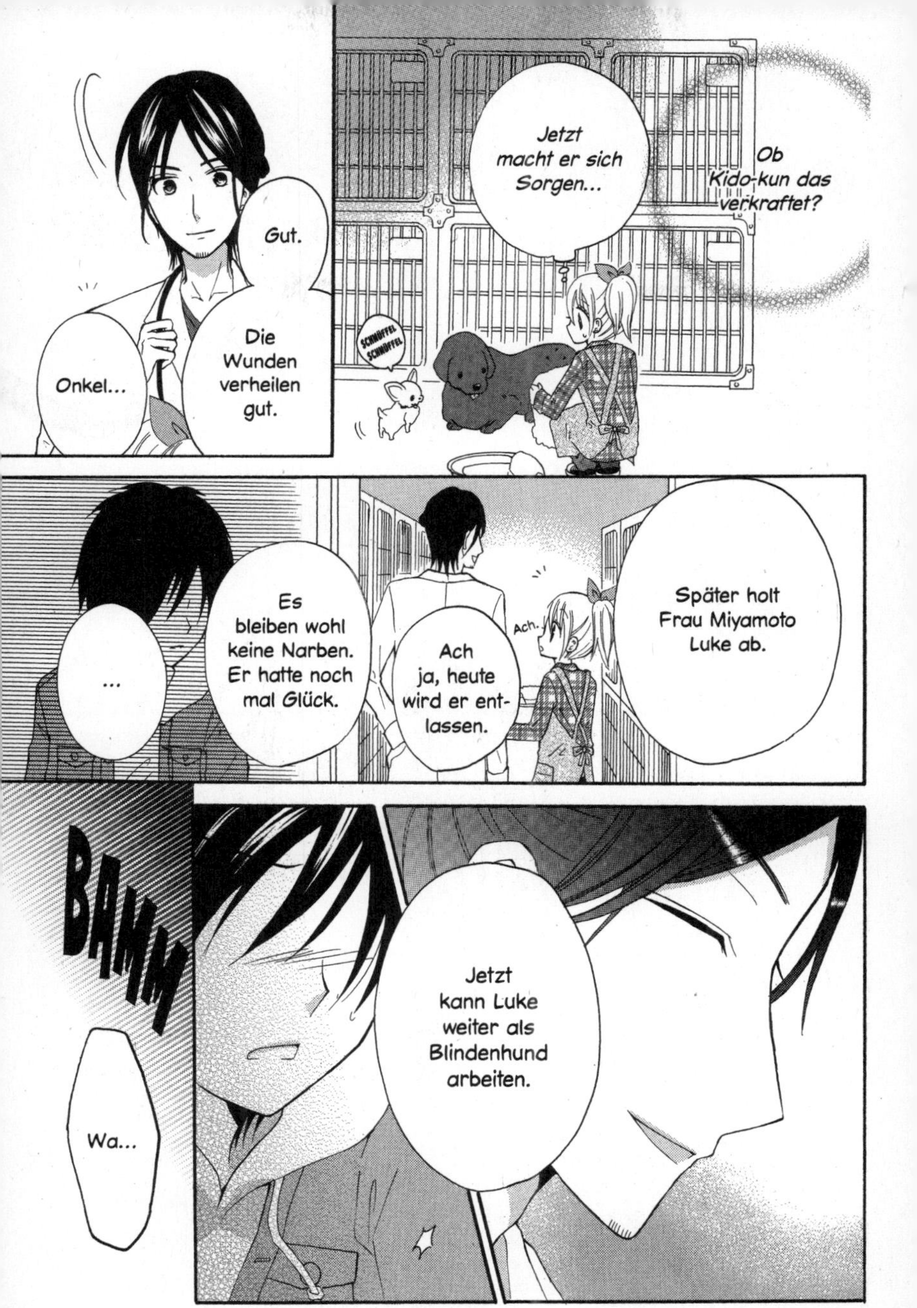
Ob Kido-kun das verkraftet?
Jetzt macht er sich Sorgen...
SCHNÜFFEL SCHNÜFFEL
Gut.
Die Wunden verheilen gut.
Onkel...
Später holt Frau Miyamoto Luke ab.
Ach.
Ach ja, heute wird er entlassen.
Es bleiben wohl keine Narben. Er hatte noch mal Glück.
...
Jetzt kann Luke weiter als Blindenhund arbeiten.
BAMM
Wa...

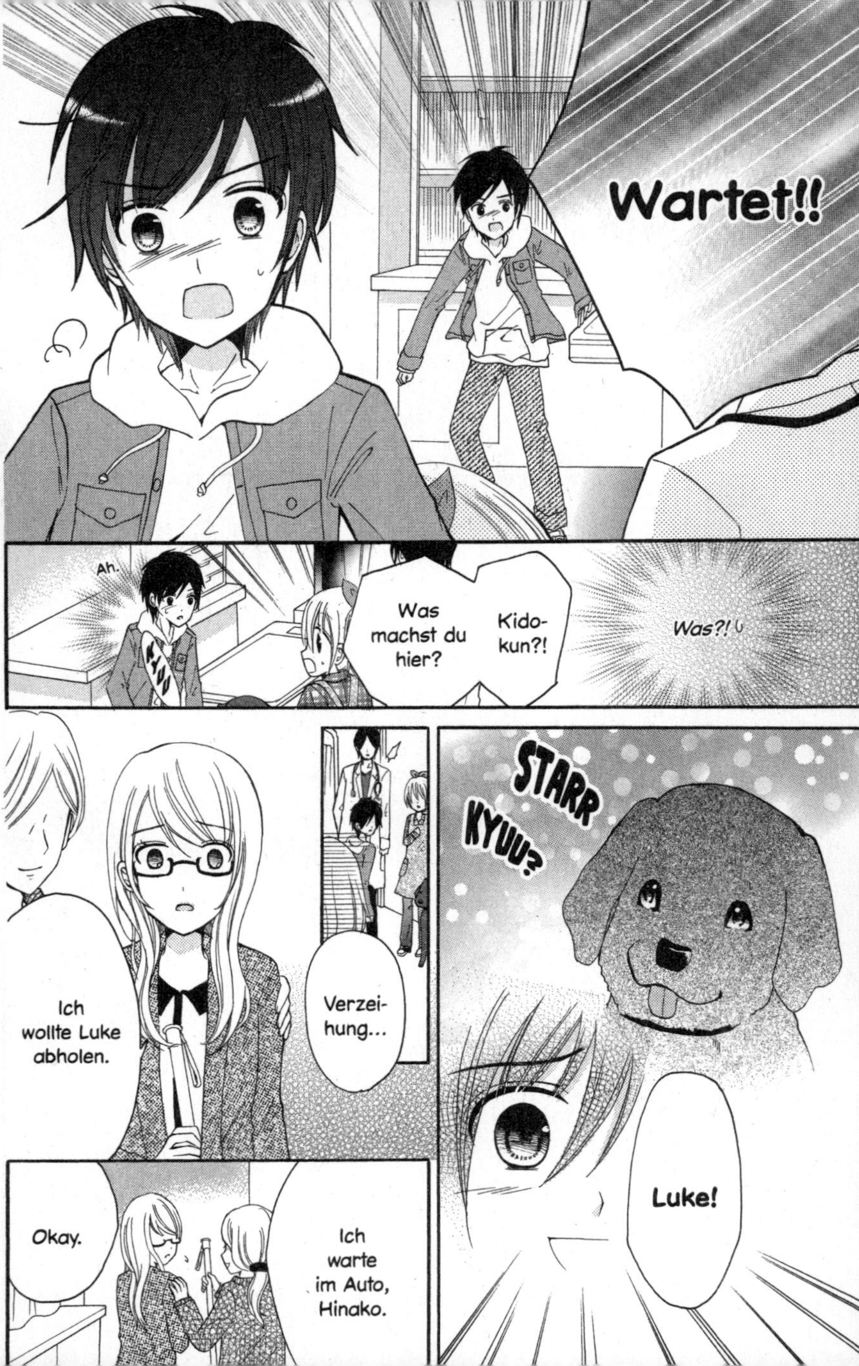
Wartet!!
Was?!
Kido-kun?!
Was machst du hier?
Ah.
STARR
KYUU?
Luke!
Verzeihung...
Ich wollte Luke abholen.
Ich warte im Auto, Hinako.
Okay.

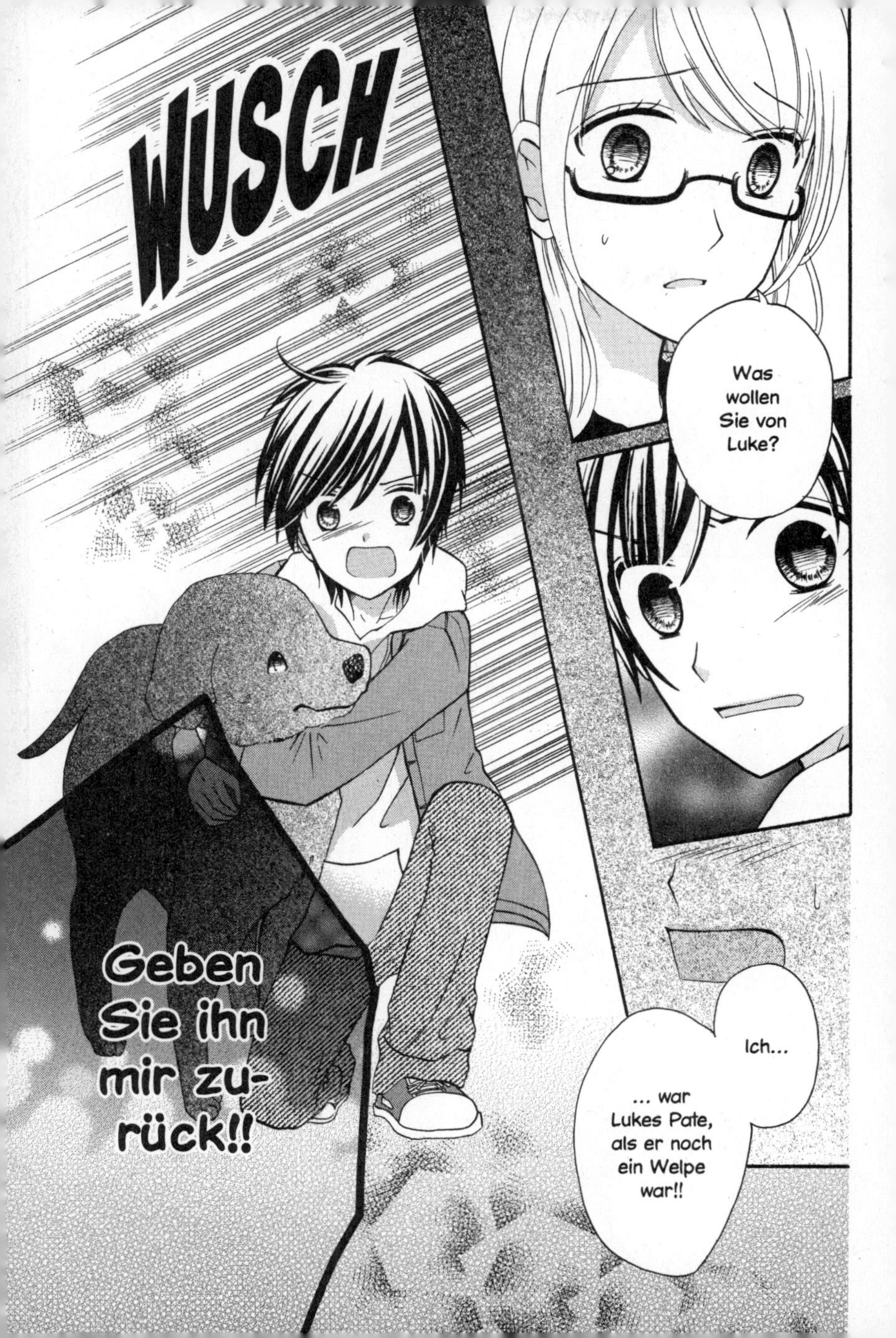

Was wollen Sie von Luke?
WUSCH
Geben Sie ihn mir zurück!!
Ich...
... war Lukes Pate, als er noch ein Welpe war!!

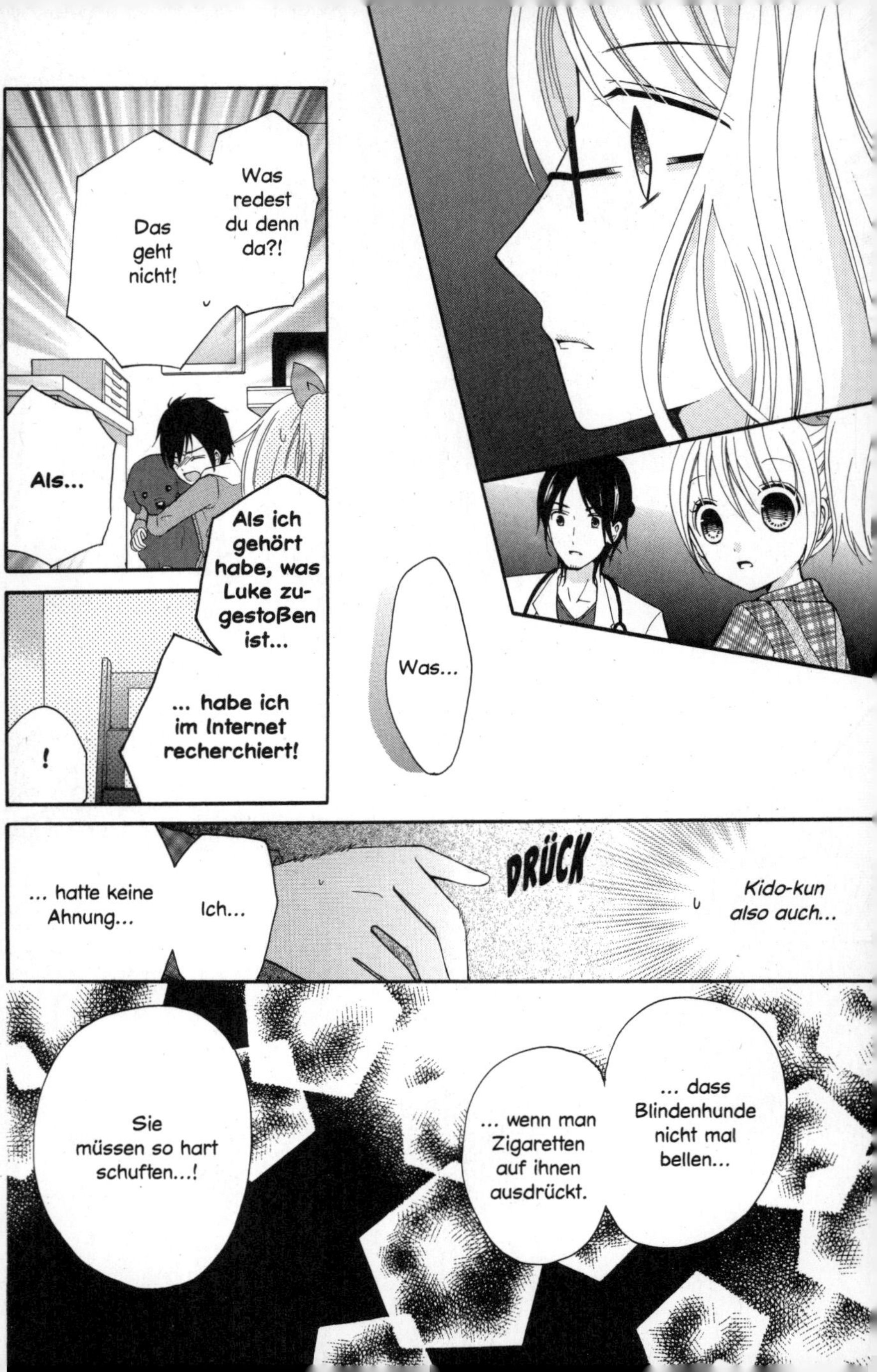
Was...
Was redest du denn da?!
Das geht nicht!
Als...
Als ich gehört habe, was Luke zugestoßen ist...
... habe ich im Internet recherchiert!
!
Kido-kun also auch...
DRÜCK
Ich...
... hatte keine Ahnung...
... dass Blindenhunde nicht mal bellen...
... wenn man Zigaretten auf ihnen ausdrückt.
Sie müssen so hart schuften...!

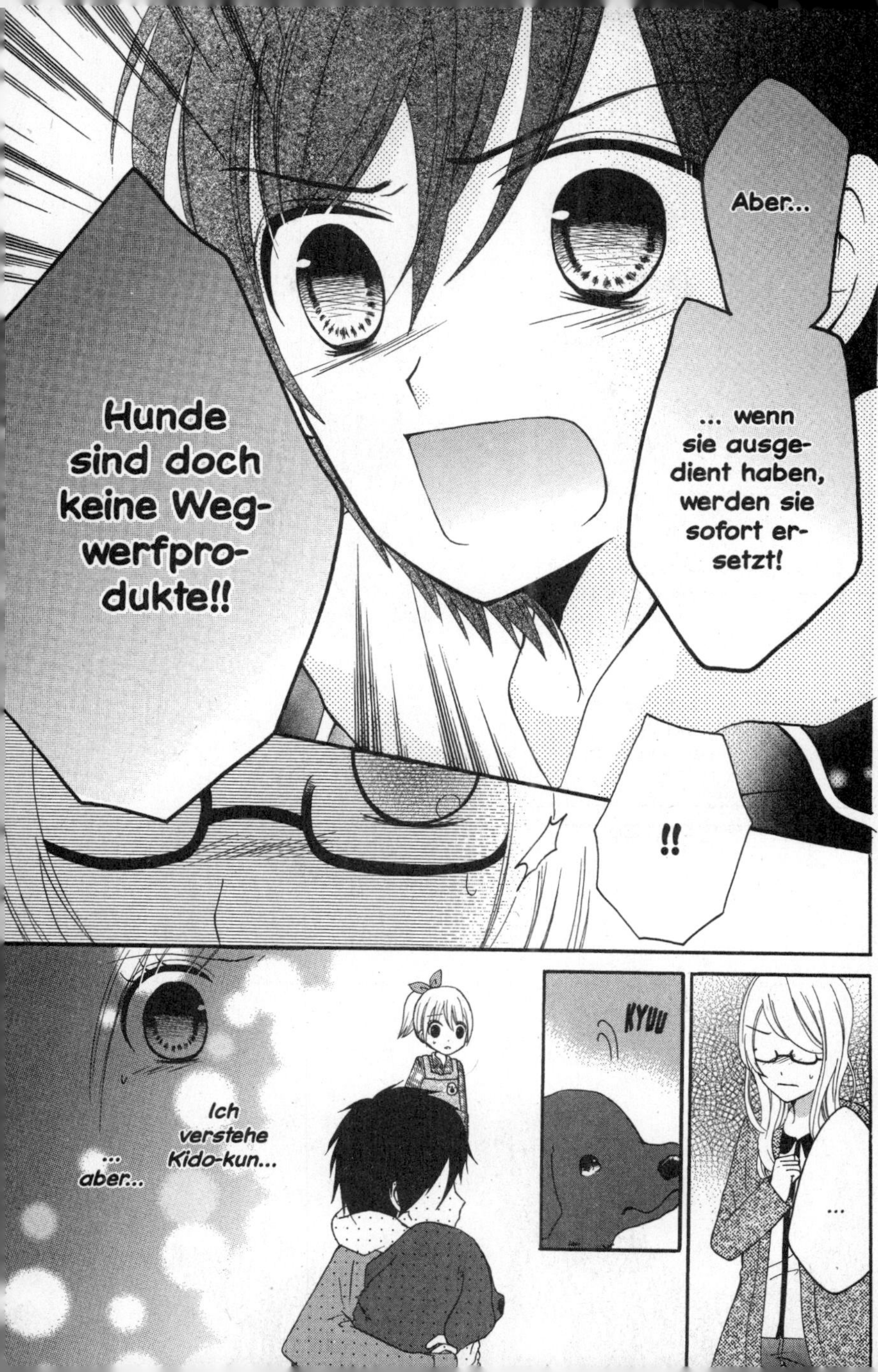
Aber...
... wenn sie ausgedient haben, werden sie sofort ersetzt!
Hunde sind doch keine Wegwerfprodukte!!
!!
...
KYUU
Ich verstehe Kido-kun...
... aber...

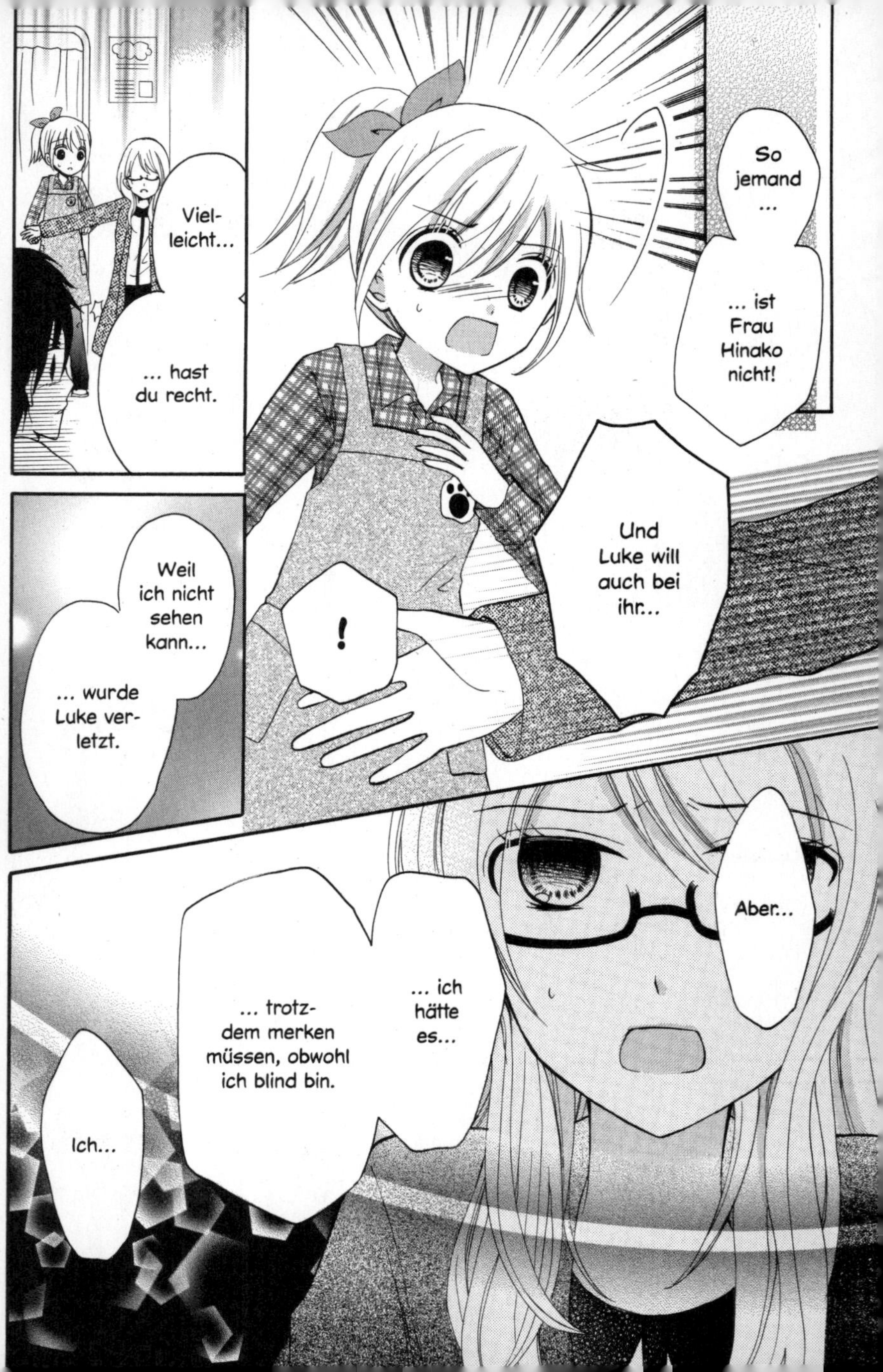
So jemand ...
... ist Frau Hinako nicht!
Viel-leicht...
... hast du recht.
Und Luke will auch bei ihr...
!
Weil ich nicht sehen kann...
... wurde Luke ver-letzt.
Aber...
... ich hätte es...
... trotz-dem merken müssen, obwohl ich blind bin.
Ich...

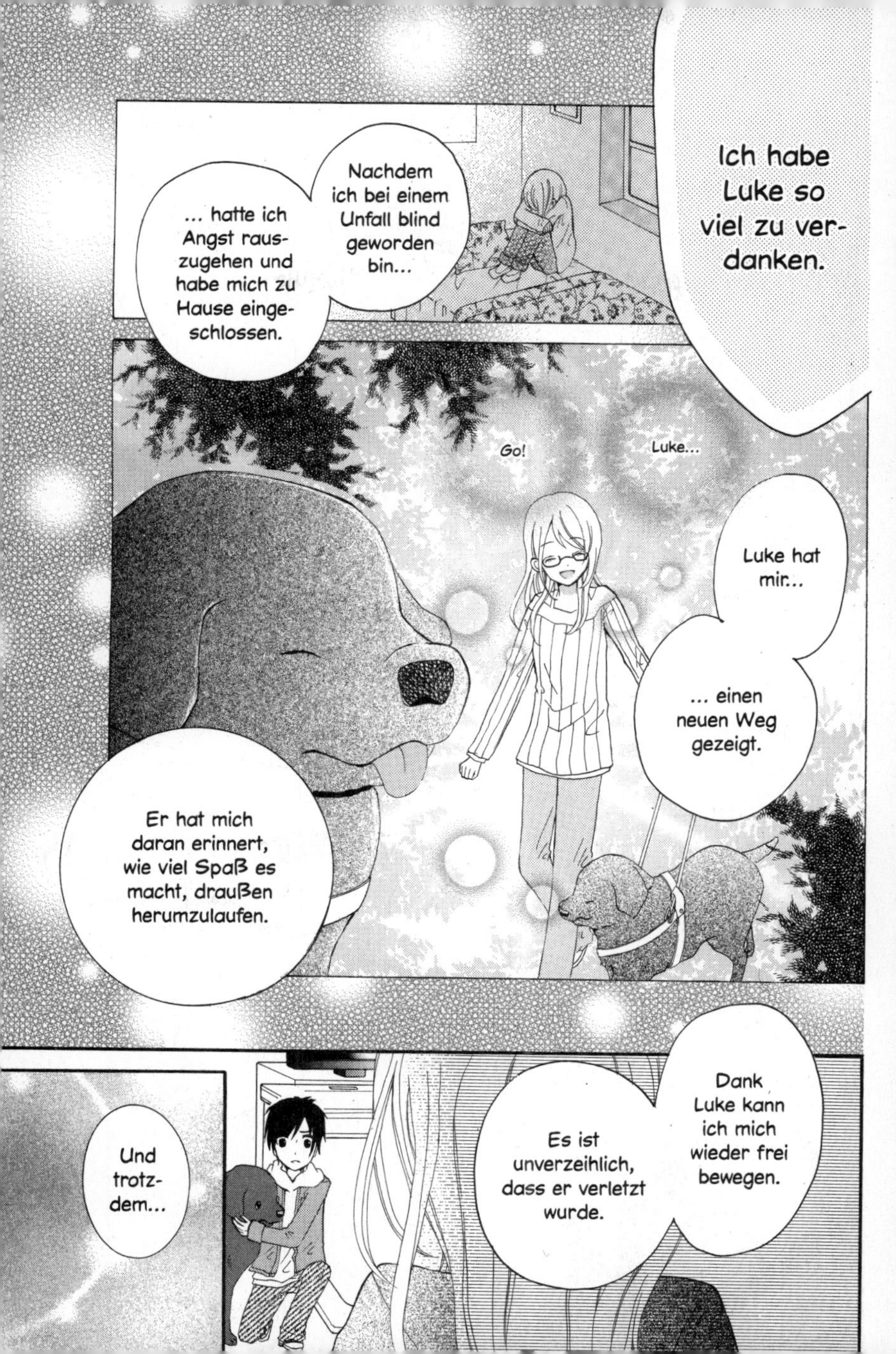
Ich habe Luke so viel zu verdanken.
Nachdem ich bei einem Unfall blind geworden bin...
... hatte ich Angst rauszugehen und habe mich zu Hause eingeschlossen.
Luke...
Go!
Luke hat mir...
... einen neuen Weg gezeigt.
Er hat mich daran erinnert, wie viel Spaß es macht, draußen herumzulaufen.
Dank Luke kann ich mich wieder frei bewegen.
Es ist unverzeihlich, dass er verletzt wurde.
Und trotzdem...

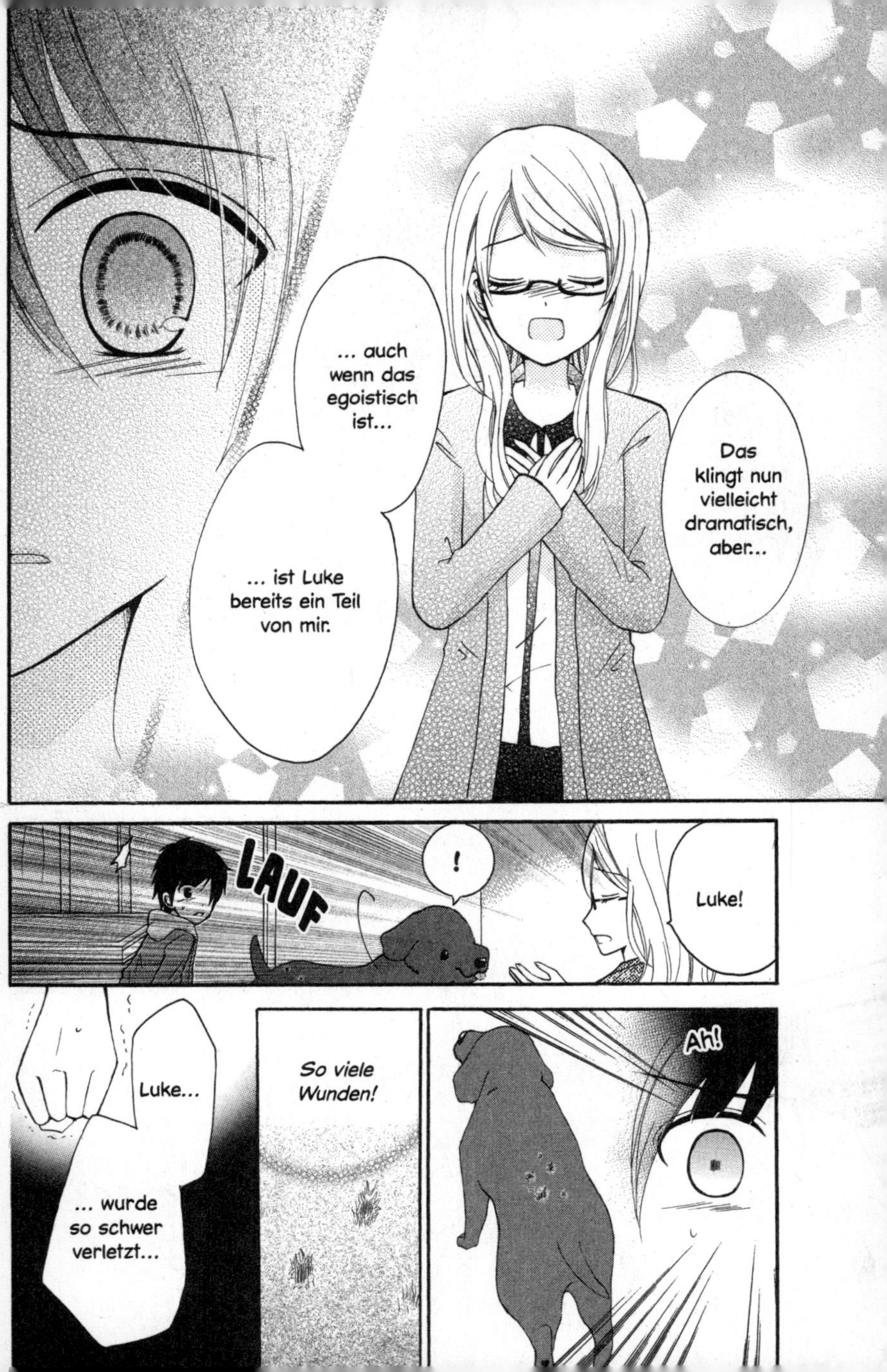
Das klingt nun vielleicht dramatisch, aber...
... auch wenn das egoistisch ist...
... ist Luke bereits ein Teil von mir.
Luke!
!
LAUF
Ah!
So viele Wunden!
Luke...
... wurde so schwer verletzt...

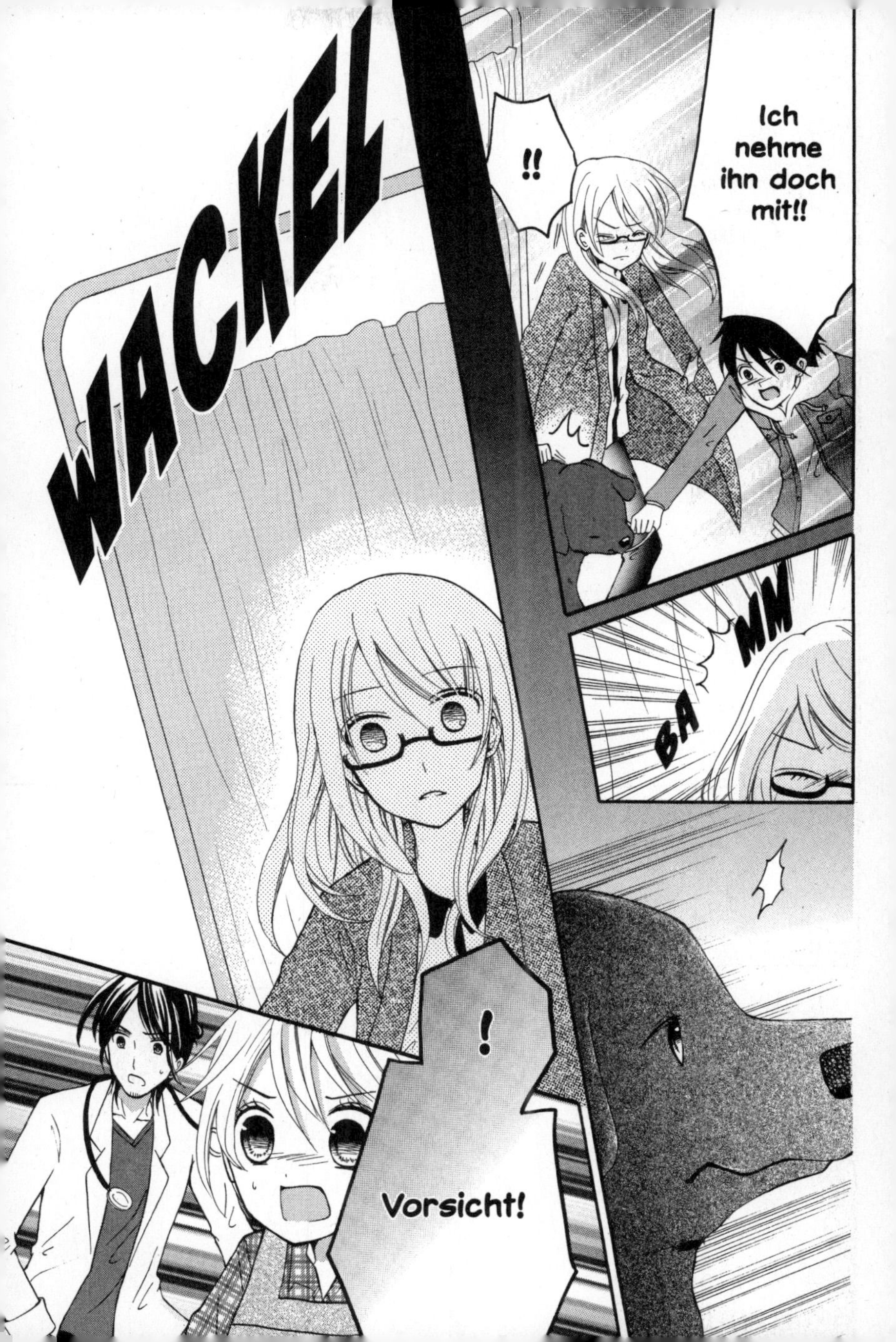
Ich nehme ihn doch mit!!
!!
WACKEL
BA MM
!
Vorsicht!

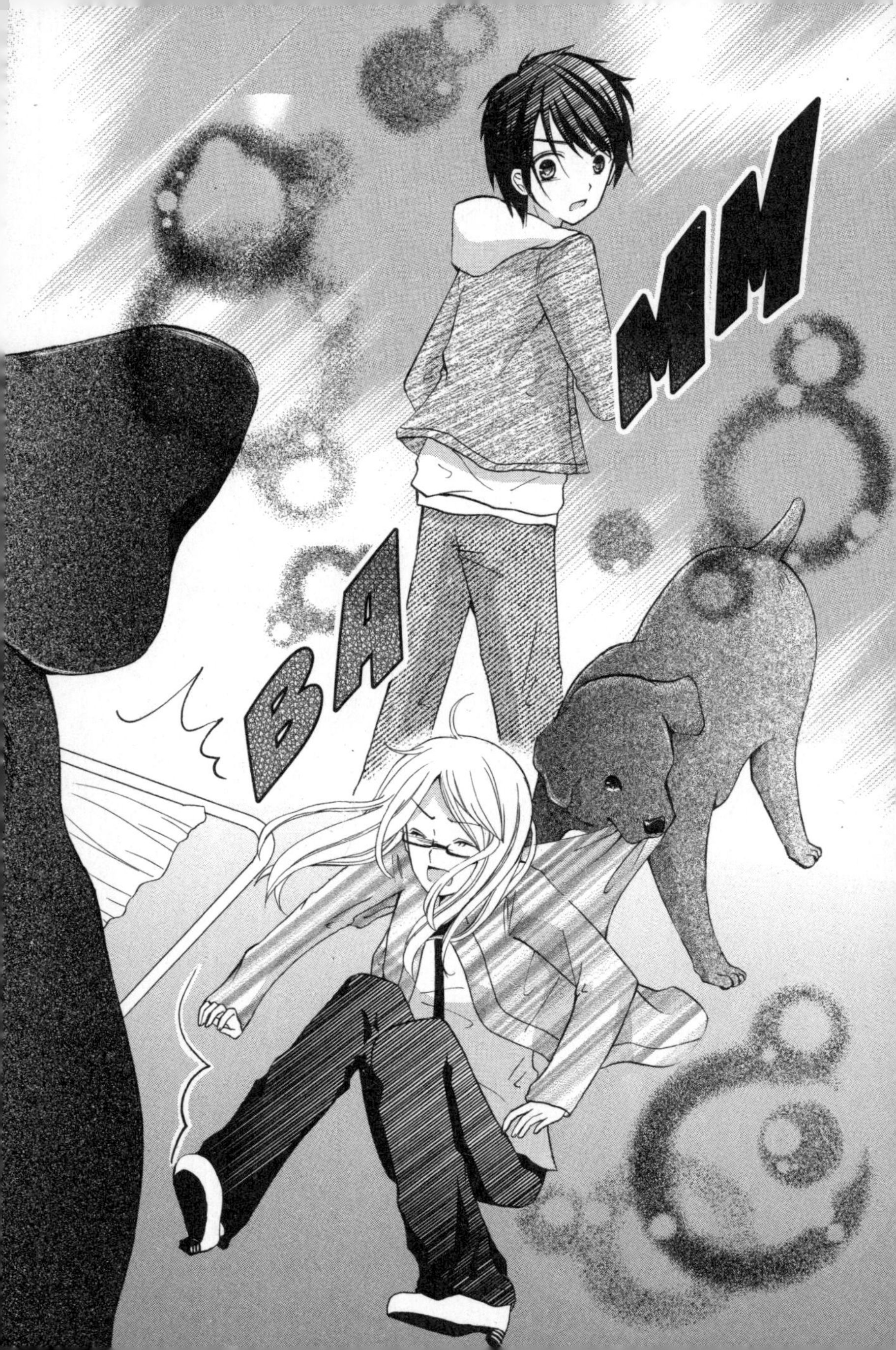
BAMM

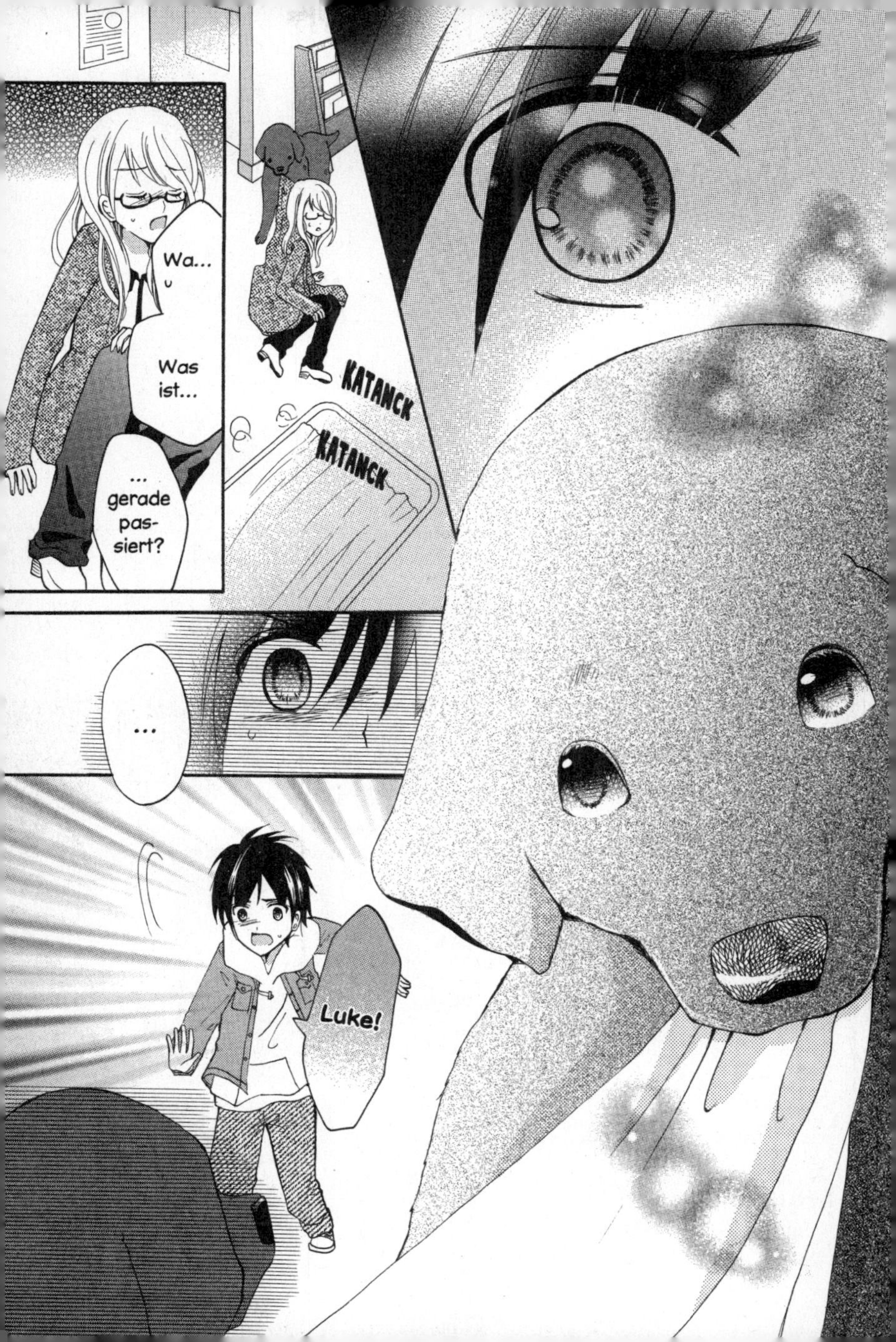

Wa...
Was ist...
... gerade passiert?
KATANCK
KATANCK
...
Luke!

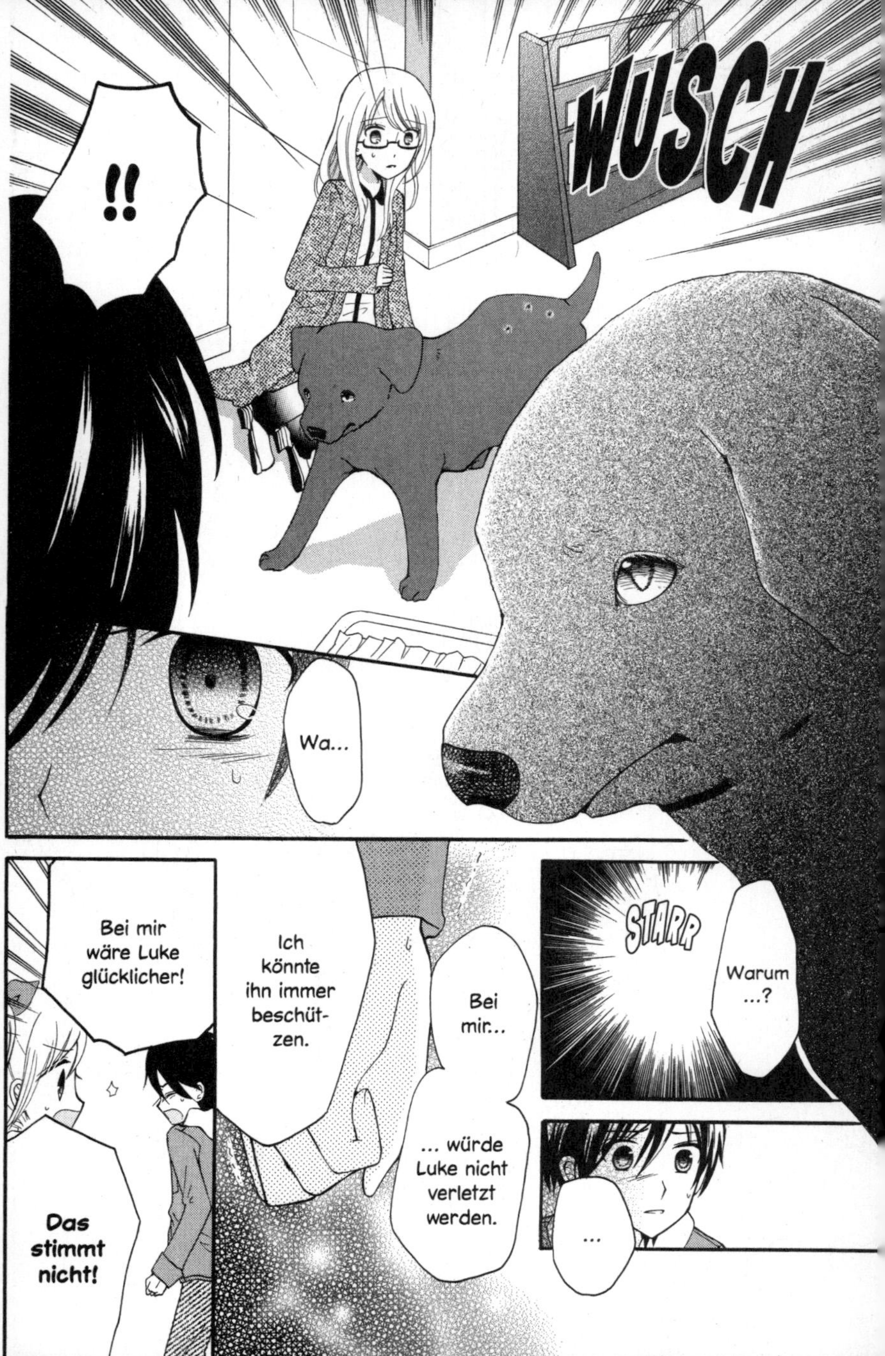
WUSCH
!!
Wa...
STARR
Warum ...?
...
Bei mir...
... würde Luke nicht verletzt werden.
Ich könnte ihn immer beschützen.
Bei mir wäre Luke glücklicher!
Das stimmt nicht!

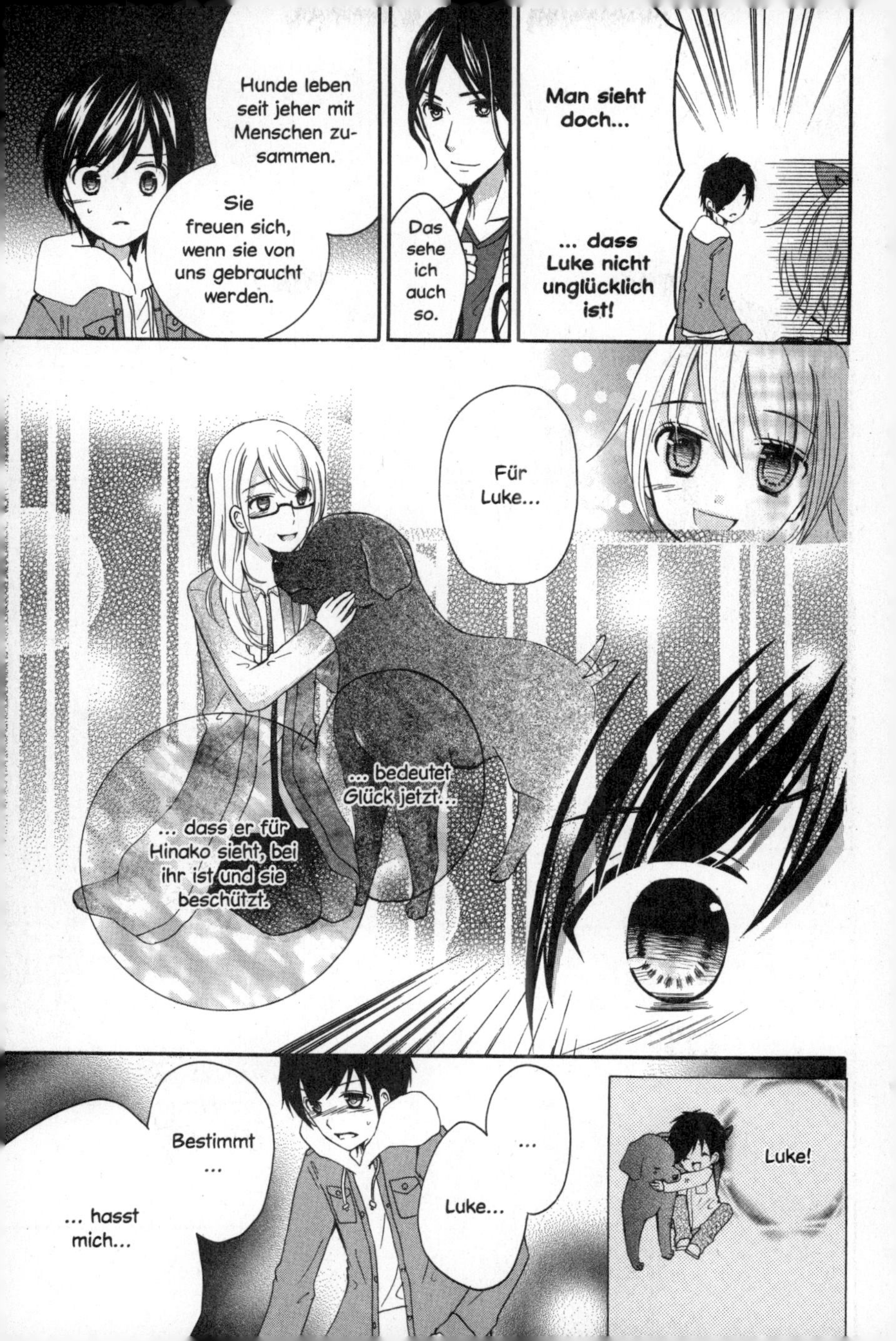

Man sieht doch...
... dass Luke nicht unglücklich ist!
Das sehe ich auch so.
Hunde leben seit jeher mit Menschen zusammen.
Sie freuen sich, wenn sie von uns gebraucht werden.
Für Luke...
... bedeutet Glück jetzt...
... dass er für Hinako sieht, bei ihr ist und sie beschützt.
Luke!
... Luke...
Bestimmt ...
... hasst mich...

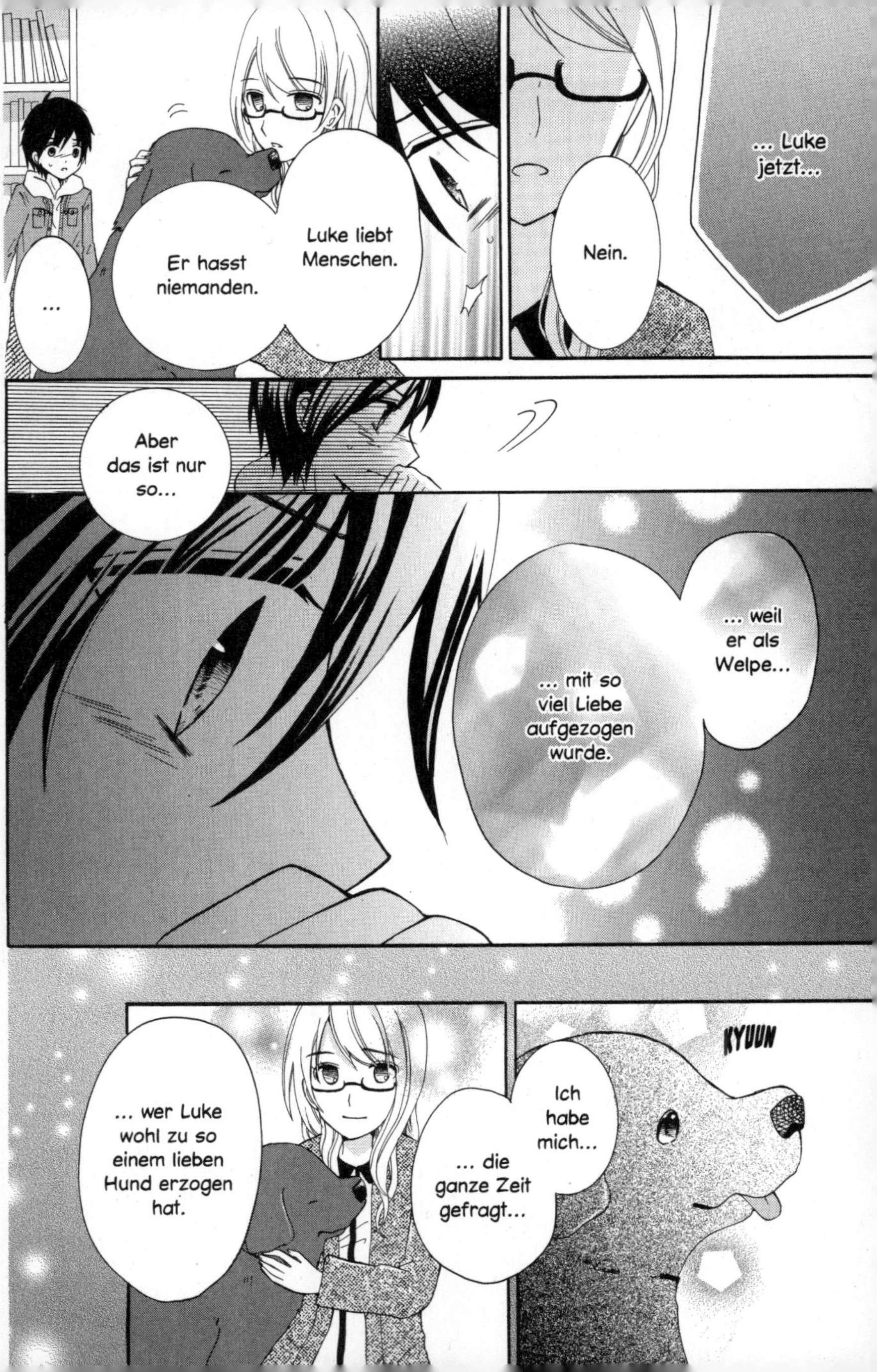
... Luke jetzt...
Nein.
Luke liebt Menschen.
Er hasst niemanden.
...
Aber das ist nur so...
... weil er als Welpe...
... mit so viel Liebe aufgezogen wurde.
KYUUN
Ich habe mich...
... die ganze Zeit gefragt...
... wer Luke wohl zu so einem lieben Hund erzogen hat.

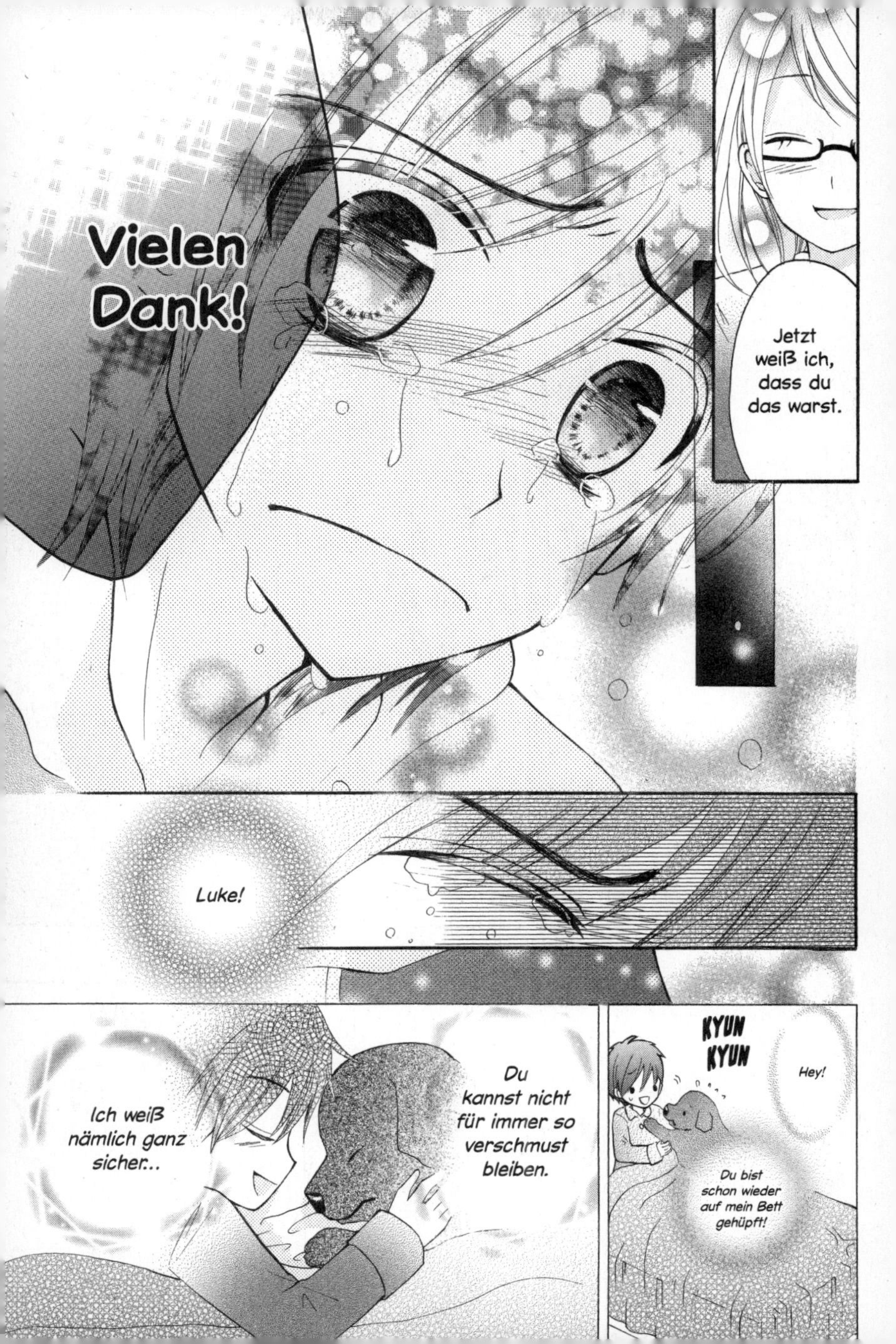
Jetzt weiß ich, dass du das warst.
Vielen Dank!
Luke!
KYUN KYUN
Hey!
Du bist schon wieder auf mein Bett gehüpft!
Du kannst nicht für immer so verschmust bleiben.
Ich weiß nämlich ganz sicher...

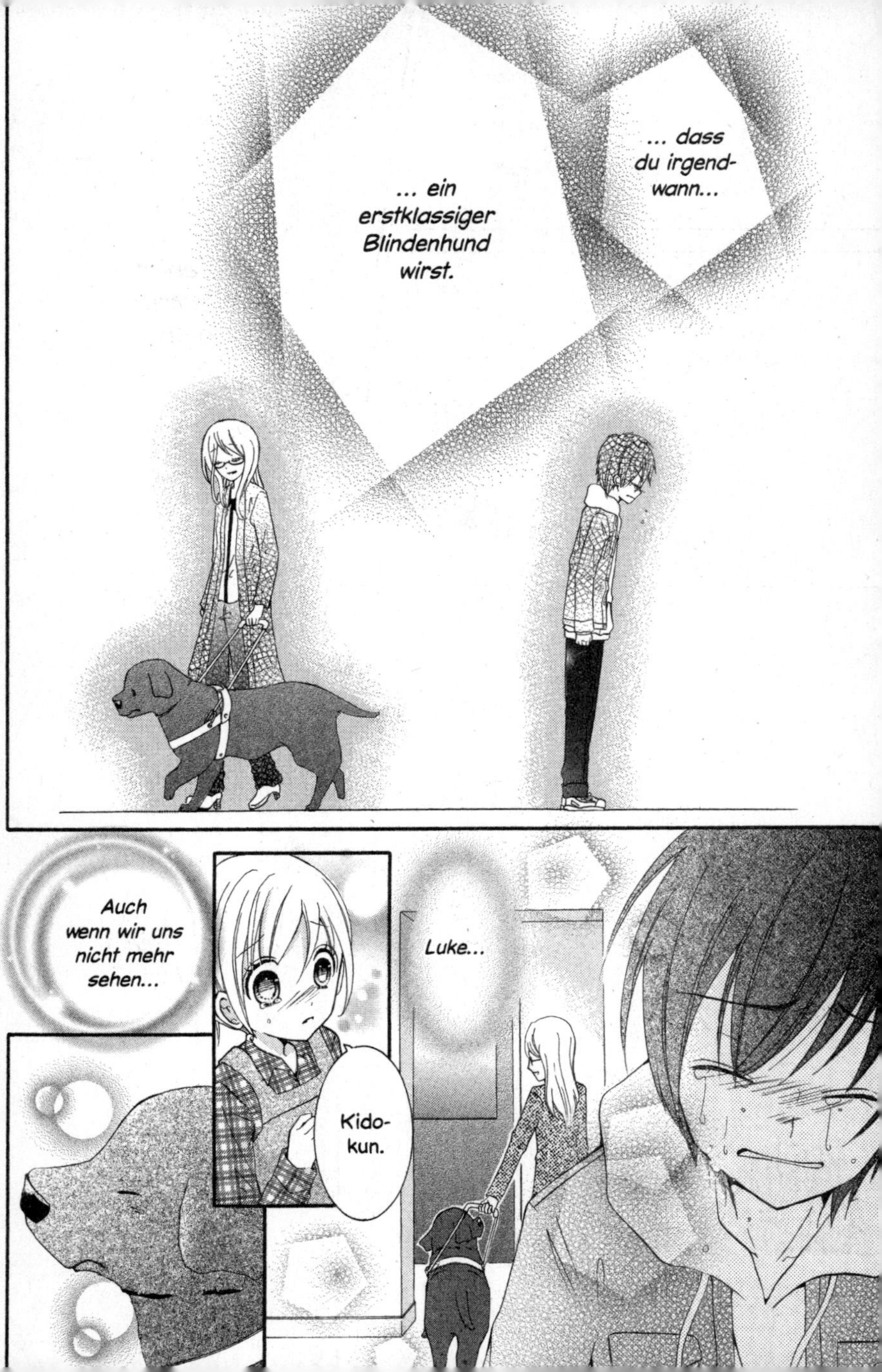
... dass du irgend-wann...
... ein erstklassiger Blindenhund wirst.
Luke...
Kido-kun.
Auch wenn wir uns nicht mehr sehen...

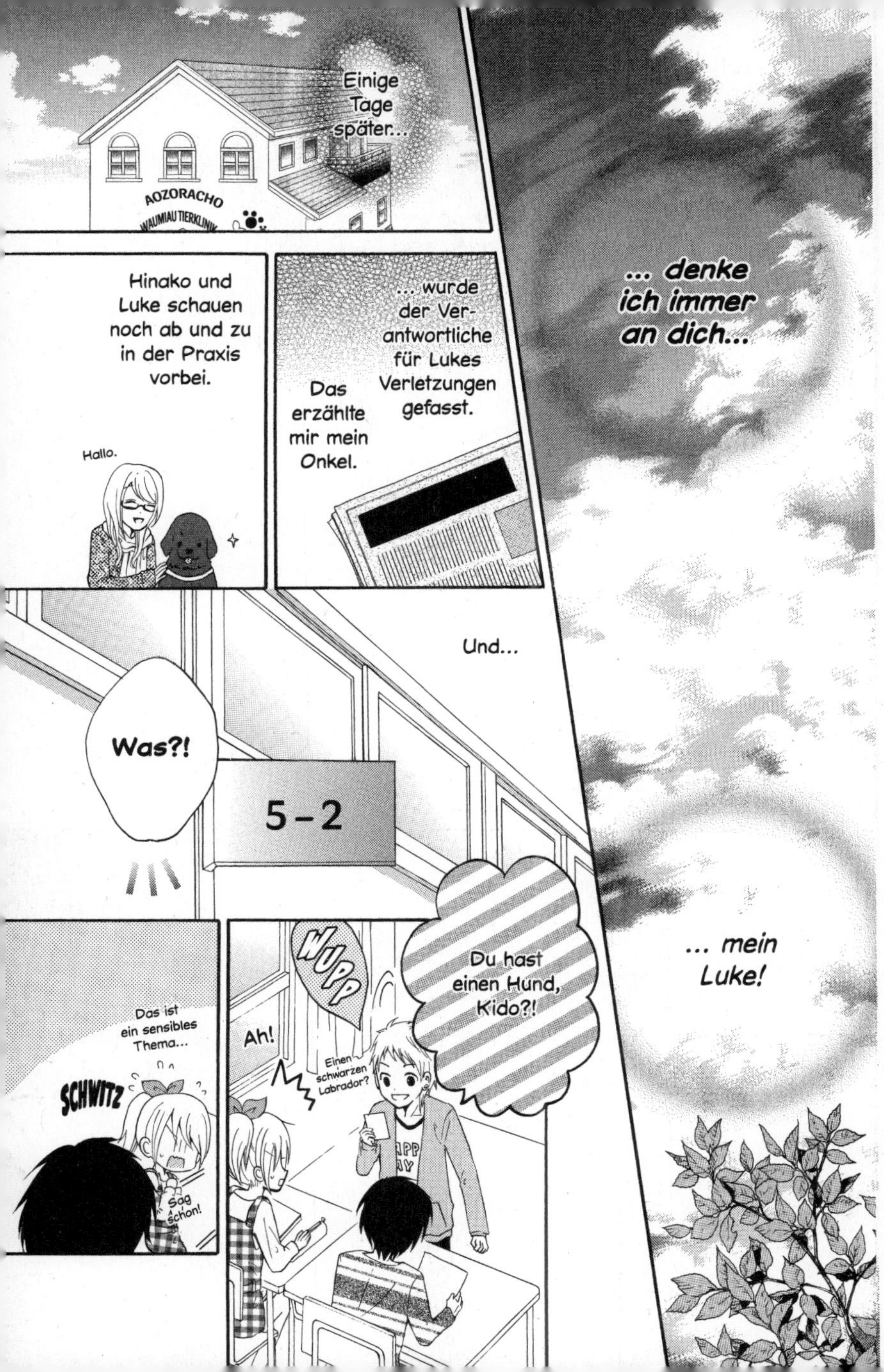

Einige Tage später...
AOZORACHO WAUMIAU TIERKLINIK
... denke ich immer an dich...
... wurde der Verantwortliche für Lukes Verletzungen gefasst.
Das erzählte mir mein Onkel.
Hinako und Luke schauen noch ab und zu in der Praxis vorbei.
Hallo.
Und...
Was?!
5-2
Du hast einen Hund, Kido?!
WUPP
Ah!
Einen schwarzen Labrador?
Das ist ein sensibles Thema...
SCHWITZ
Sag schon!
... mein Luke!

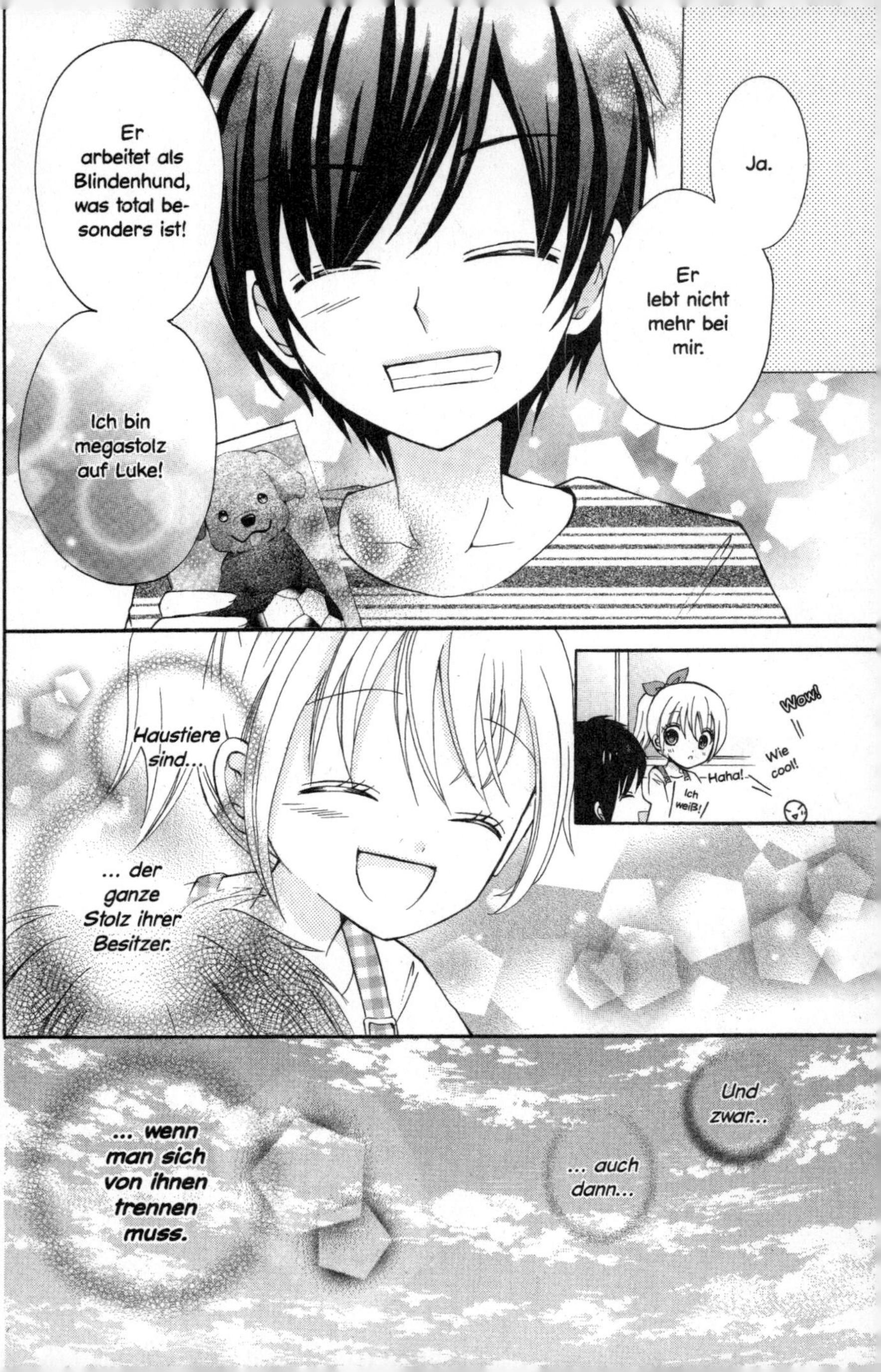
Ja.
Er lebt nicht mehr bei mir.
Er arbeitet als Blindenhund, was total besonders ist!
Ich bin megastolz auf Luke!
Wow!
Wie cool!
Haha!
Ich weiß!
Haustiere sind...
... der ganze Stolz ihrer Besitzer.
Und zwar...
... auch dann...
... wenn man sich von ihnen trennen muss.

Kartei 6 Schlauer Fuchs Komachi

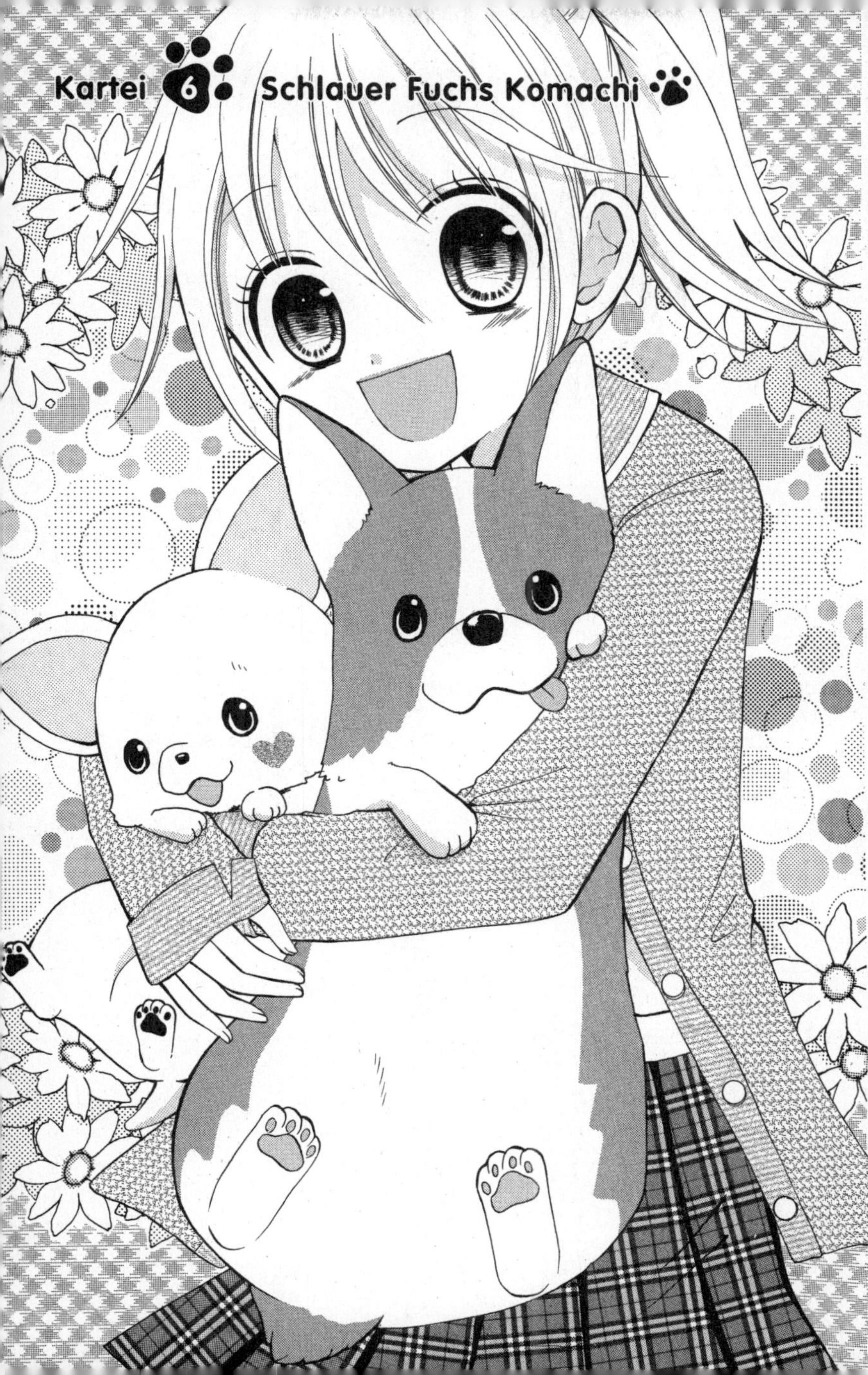

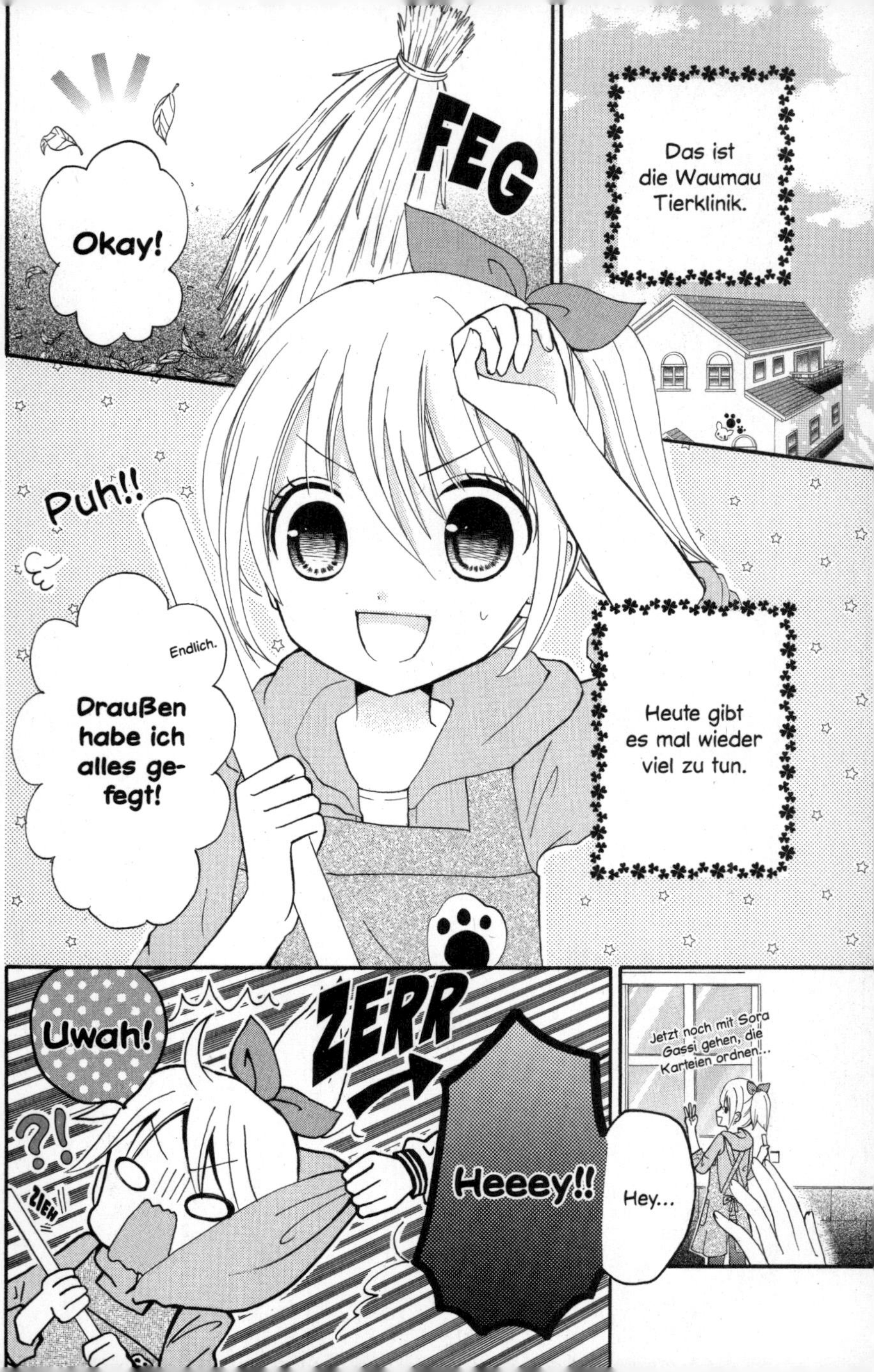
Das ist die Waumau Tierklinik.
FEG
Okay!
Heute gibt es mal wieder viel zu tun.
Puh!!
Endlich.
Draußen habe ich alles gefegt!
Jetzt noch mit Sora Gassi gehen, die Karteien ordnen...
Hey...
Heeeey!!
ZERR
Uwah!
?!
ZIEH

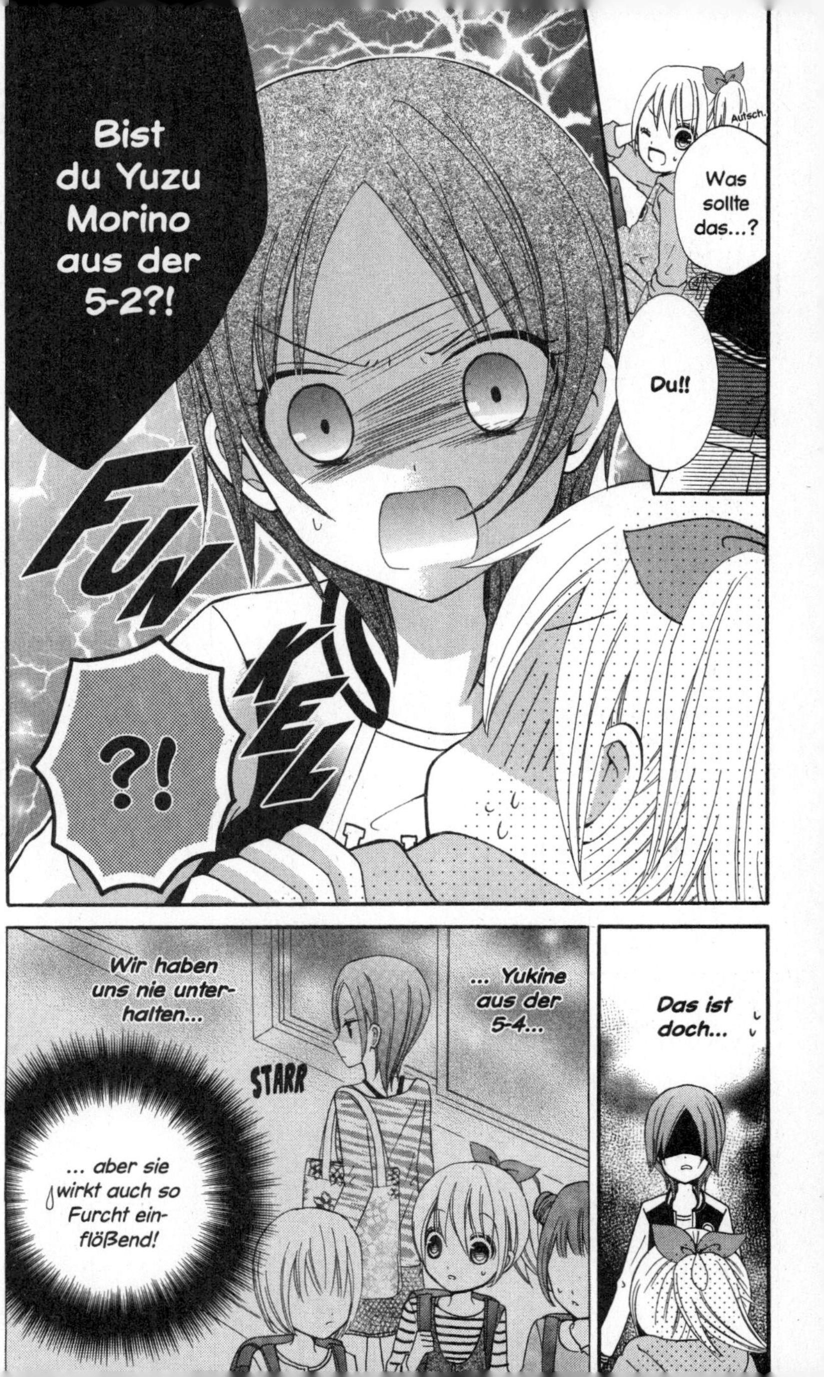
Autsch.
Was sollte das...?
Du!!
Bist du Yuzu Morino aus der 5-2?!
FUNKEL
?!
Das ist doch...
... Yukine aus der 5-4...
Wir haben uns nie unter-halten...
STARR
... aber sie wirkt auch so Furcht ein-flößend!

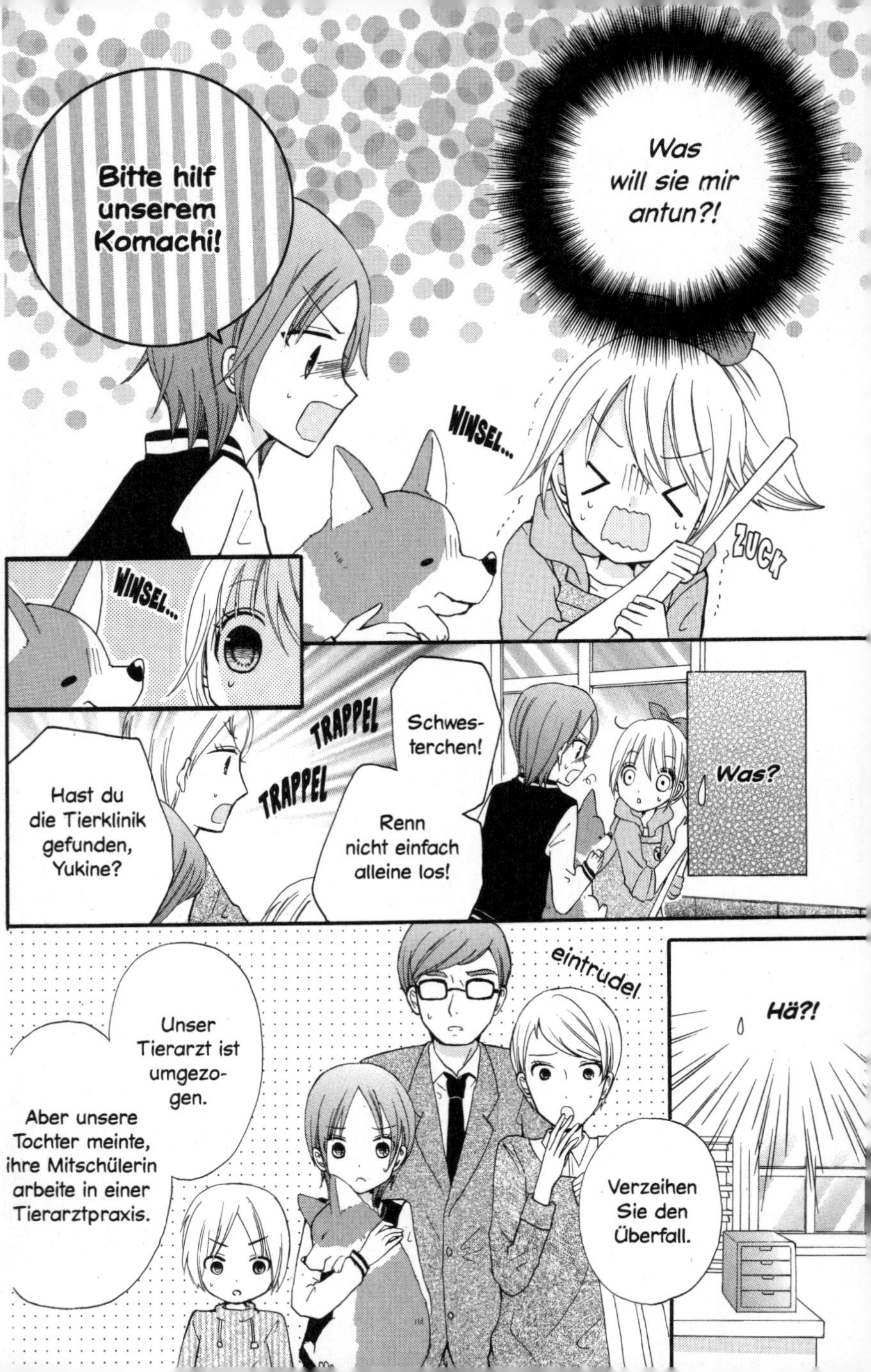
Was will sie mir antun?!
Bitte hilf unserem Komachi!
WINSEL...
ZUCK
WINSEL...
Was?
Schwesterchen!
Renn nicht einfach alleine los!
TRAPPEL
TRAPPEL
Hast du die Tierklinik gefunden, Yukine?
Hä?!
eintrudel
Verzeihen Sie den Überfall.
Unser Tierarzt ist umgezogen.
Aber unsere Tochter meinte, ihre Mitschülerin arbeite in einer Tierarztpraxis.

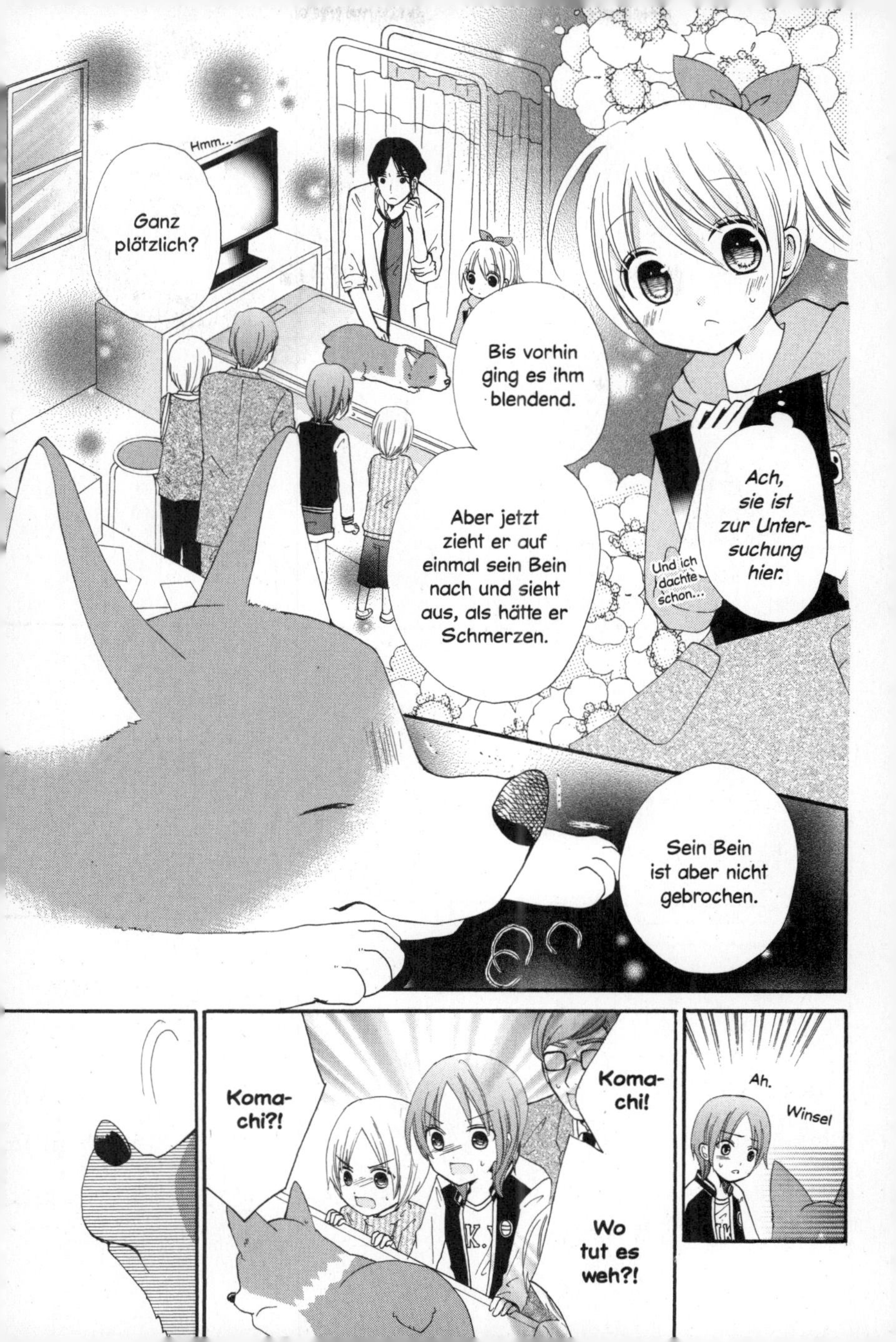
Ach, sie ist zur Untersuchung hier.
Und ich dachte schon...
Bis vorhin ging es ihm blendend.
Aber jetzt zieht er auf einmal sein Bein nach und sieht aus, als hätte er Schmerzen.
Hmm...
Ganz plötzlich?
Sein Bein ist aber nicht gebrochen.
Ah.
Winsel
Koma-chi!
Wo tut es weh?!
Koma-chi?!

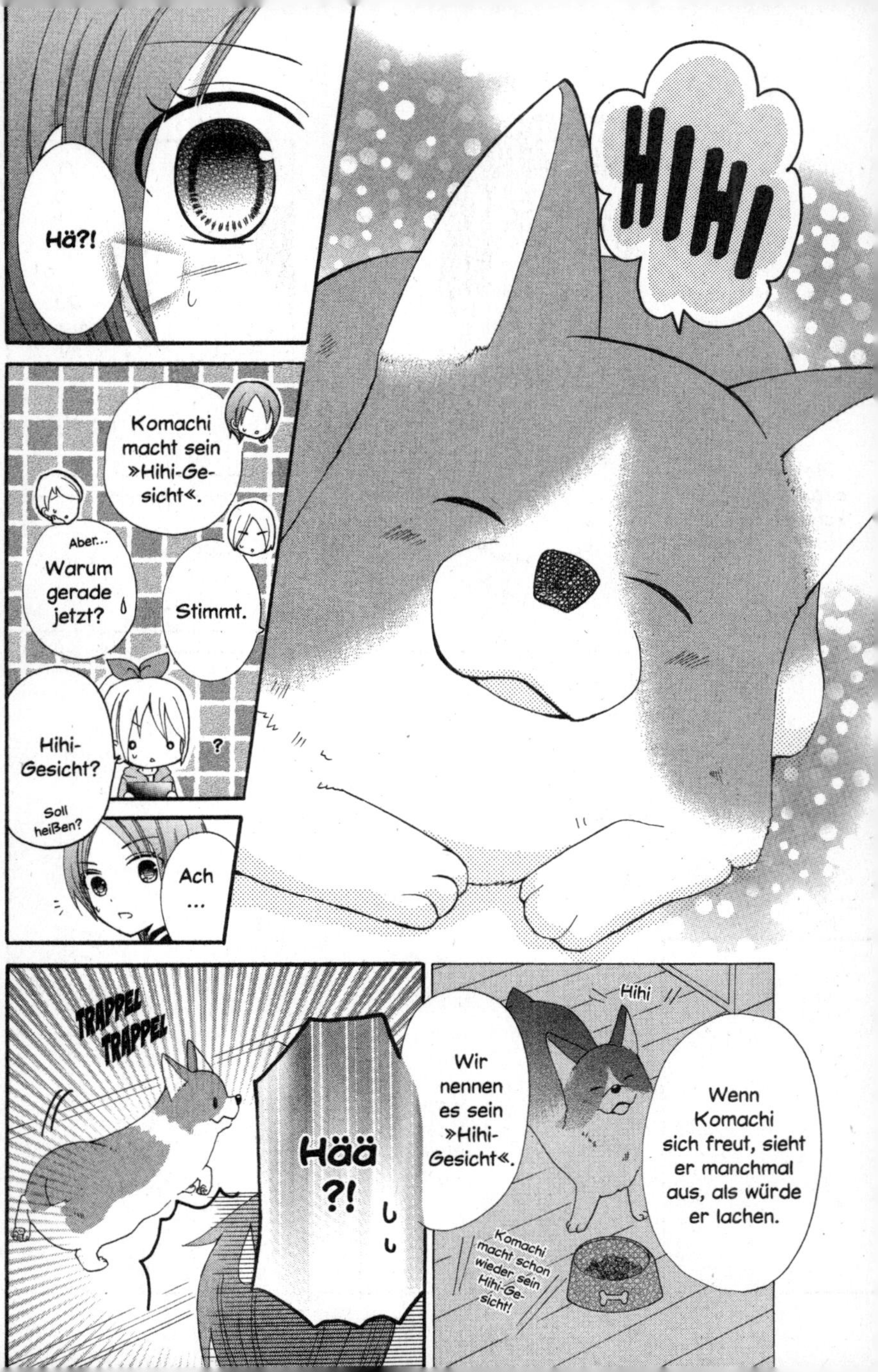
HIHI
Hä?!
Komachi macht sein »Hihi-Gesicht«.
Stimmt.
Aber... Warum gerade jetzt?
Hihi-Gesicht?
Soll heißen?
?
Ach ...
Wenn Komachi sich freut, sieht er manchmal aus, als würde er lachen.
Wir nennen es sein »Hihi-Gesicht«.
Hihi
Komachi macht schon wieder sein Hihi-Gesicht!
Hää ?!
TRAPPEL TRAPPEL

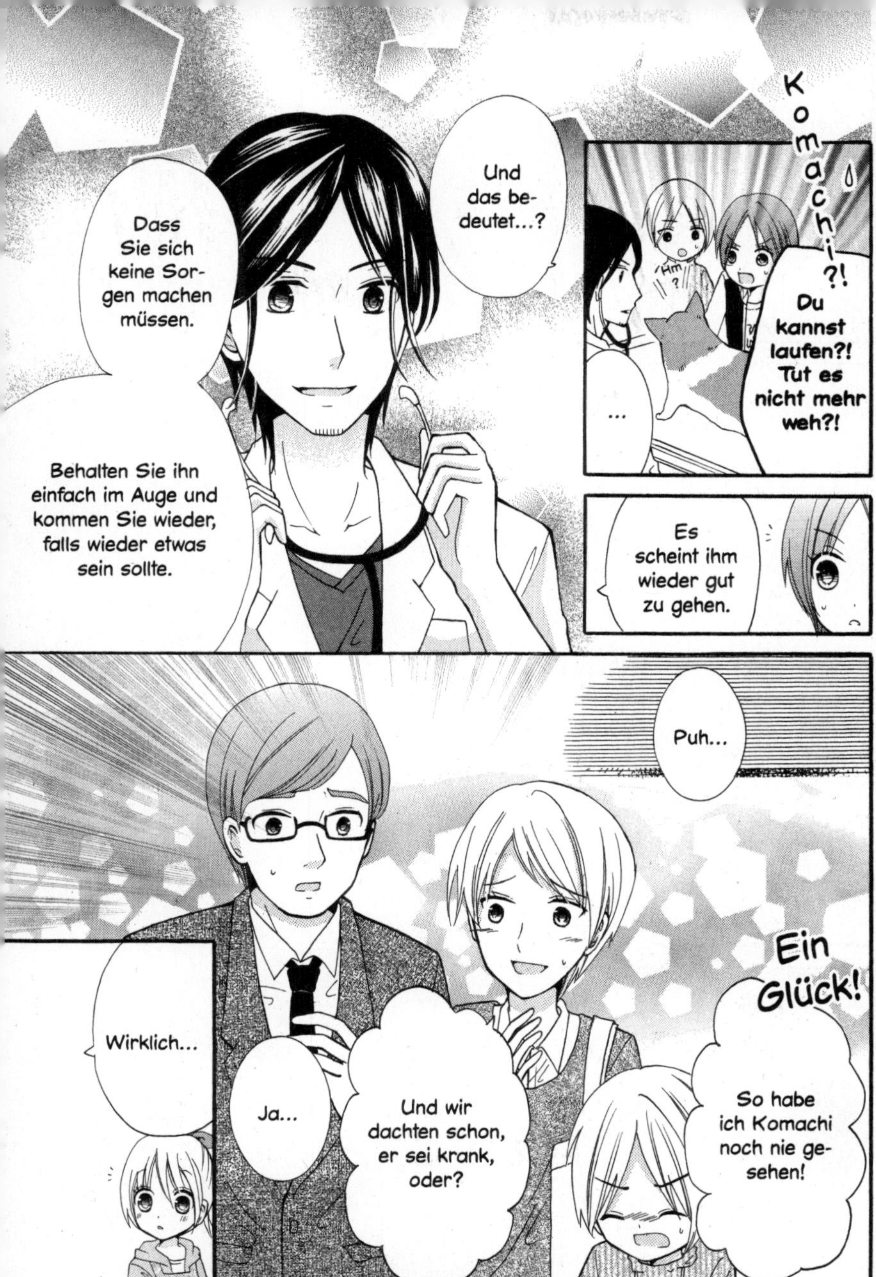

Komachi?!
Du kannst laufen?! Tut es nicht mehr weh?!
Hm ?
...
Es scheint ihm wieder gut zu gehen.
Und das bedeutet...?
Dass Sie sich keine Sorgen machen müssen.
Behalten Sie ihn einfach im Auge und kommen Sie wieder, falls wieder etwas sein sollte.
Puh...
Ein Glück!
So habe ich Komachi noch nie gesehen!
Und wir dachten schon, er sei krank, oder?
Ja...
Wirklich...

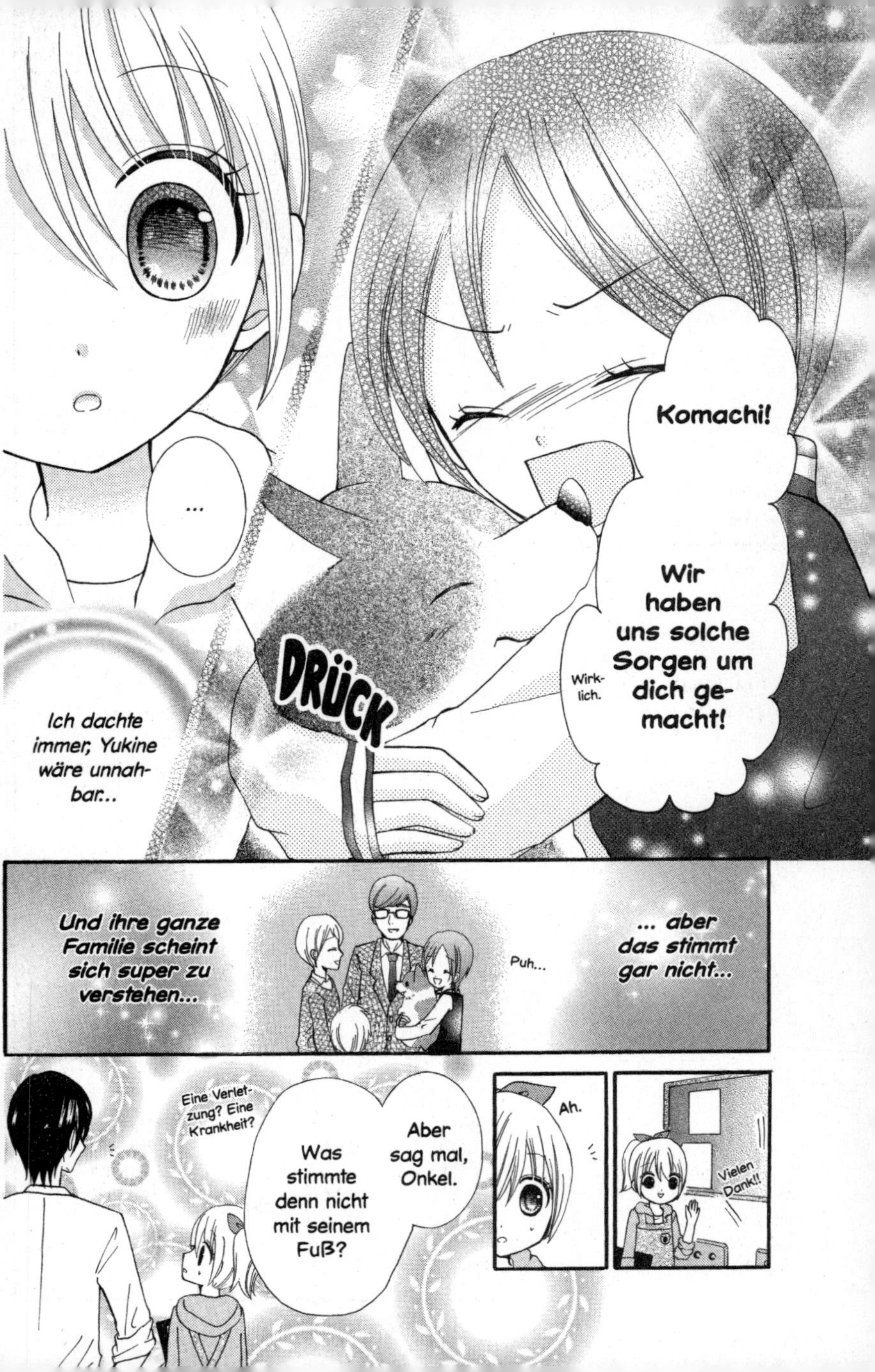
Komachi!
Wir haben uns solche Sorgen um dich gemacht!
Wirklich.
DRÜCK
...
Ich dachte immer, Yukine wäre unnahbar...
... aber das stimmt gar nicht...
Puh...
Und ihre ganze Familie scheint sich super zu verstehen...
Vielen Dank!!
Ah.
Aber sag mal, Onkel.
Was stimmte denn nicht mit seinem Fuß?
Eine Verletzung? Eine Krankheit?

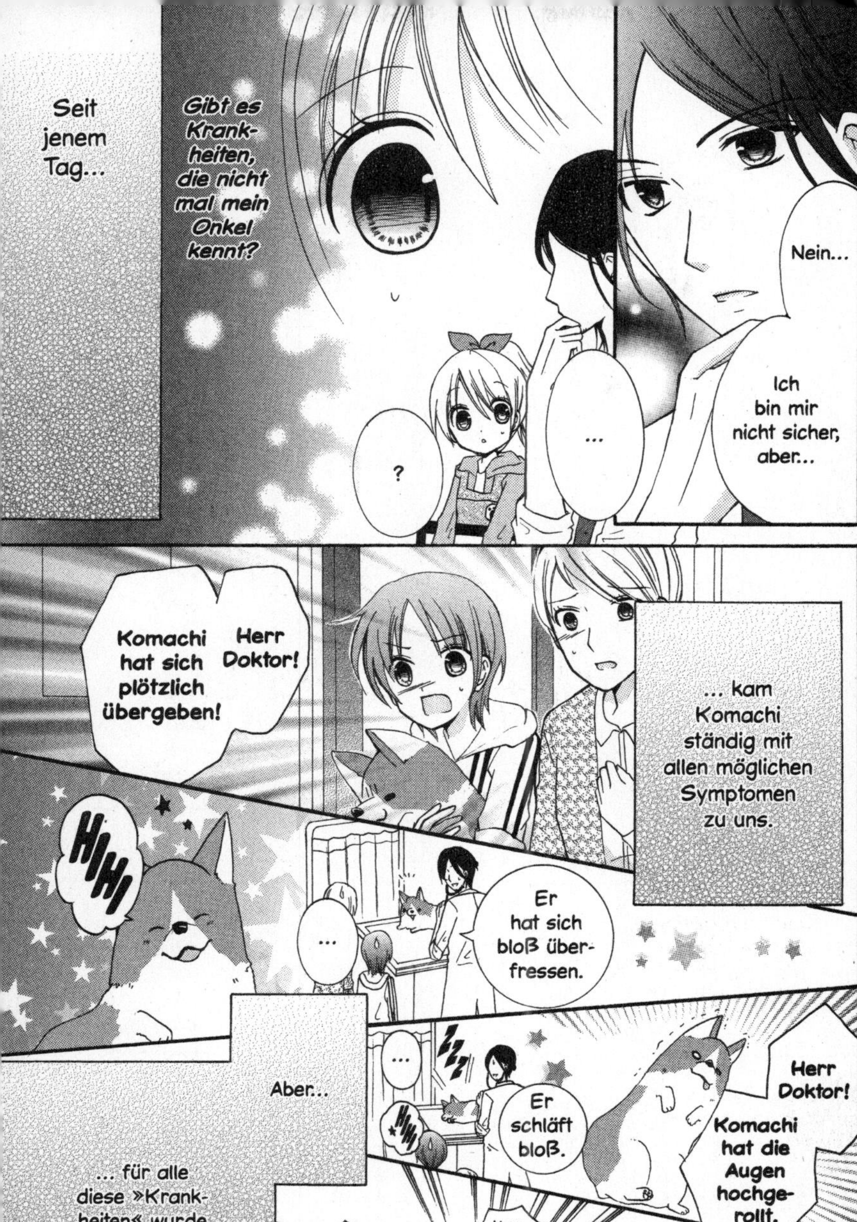

Nein...
Ich bin mir nicht sicher, aber...
...
?
Gibt es Krankheiten, die nicht mal mein Onkel kennt?
Seit jenem Tag...
... kam Komachi ständig mit allen möglichen Symptomen zu uns.
Herr Doktor!
Komachi hat sich plötzlich übergeben!
HIHI
Er hat sich bloß überfressen.
...
Herr Doktor!
Komachi hat die Augen hochgerollt.
Er schläft bloß.
ZZZ
HIHI
...
Aber...
Herr Doktor, Komachi hat...
Herr Doktor!
... für alle diese »Krankheiten« wurde keine Ursache gefunden.

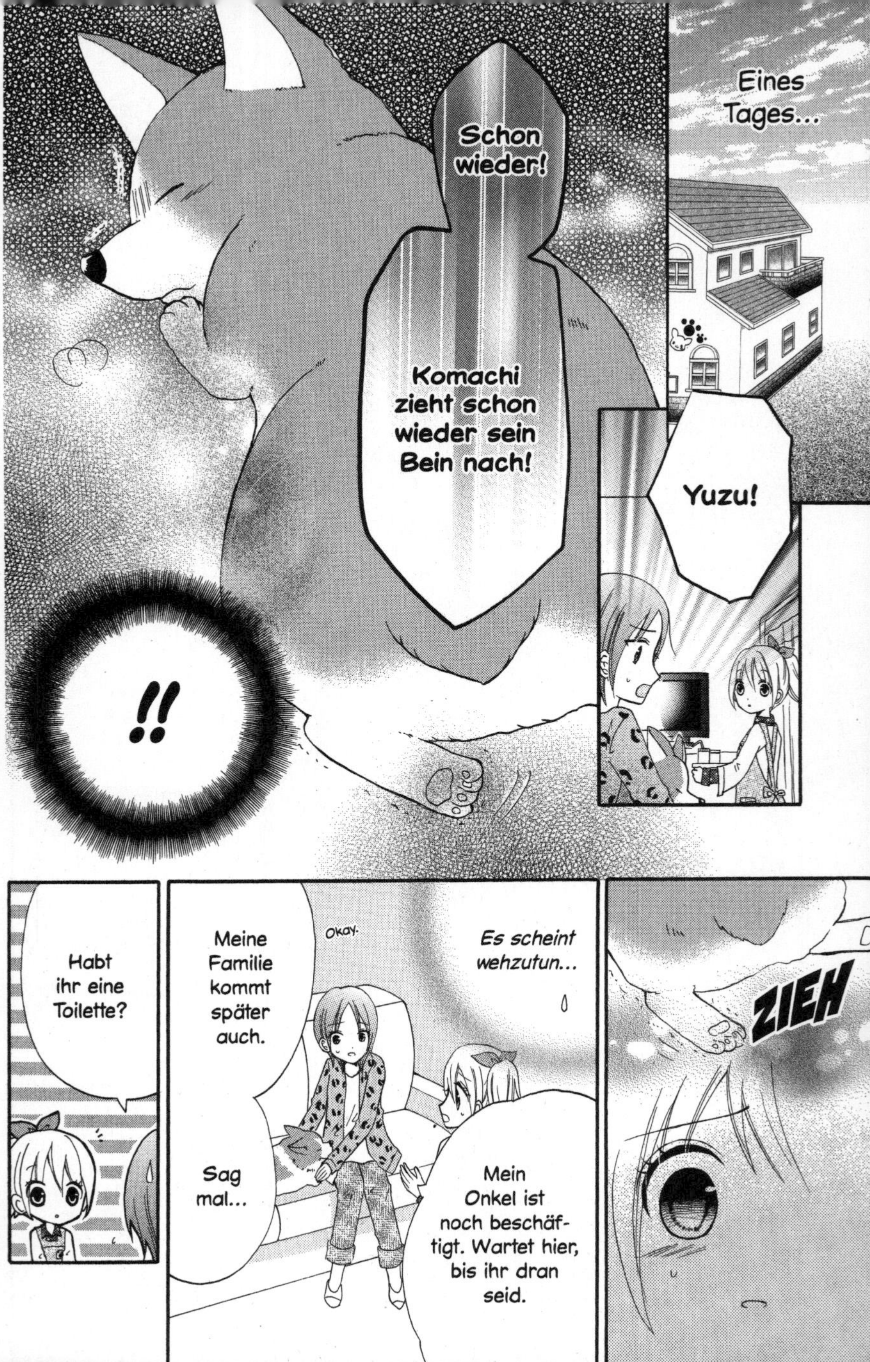
Eines Tages...
Yuzu!
Schon wieder!
Komachi zieht schon wieder sein Bein nach!
!!
ZIEH
Es scheint wehzutun...
Mein Onkel ist noch beschäftigt. Wartet hier, bis ihr dran seid.
Okay.
Meine Familie kommt später auch.
Sag mal...
Habt ihr eine Toilette?

Erinnerungen an meine Schulzeit

Wie schon in Band eins erwähnt, habe ich in meiner Schulzeit ständig Tiere gezeichnet. Daran muss ich jetzt wieder oft denken. ✧ Meine Kunstlehrerin hat mich mal gefragt, warum meine Motive immer Tiere seien. Natürlich mochte ich Tiere schon immer, aber warum es mir so viel Spaß macht, sie zu zeichnen, kann ich selbst nicht richtig erklären. Einmal gab es eine seltsame Situation im Zoo, wo ein Kind auf mich gezeigt hat, weil ich Skizzen gemacht habe (haha).

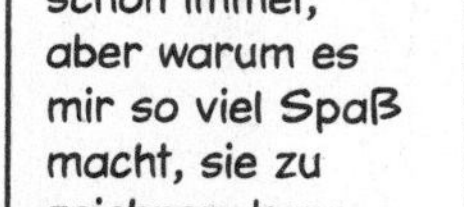

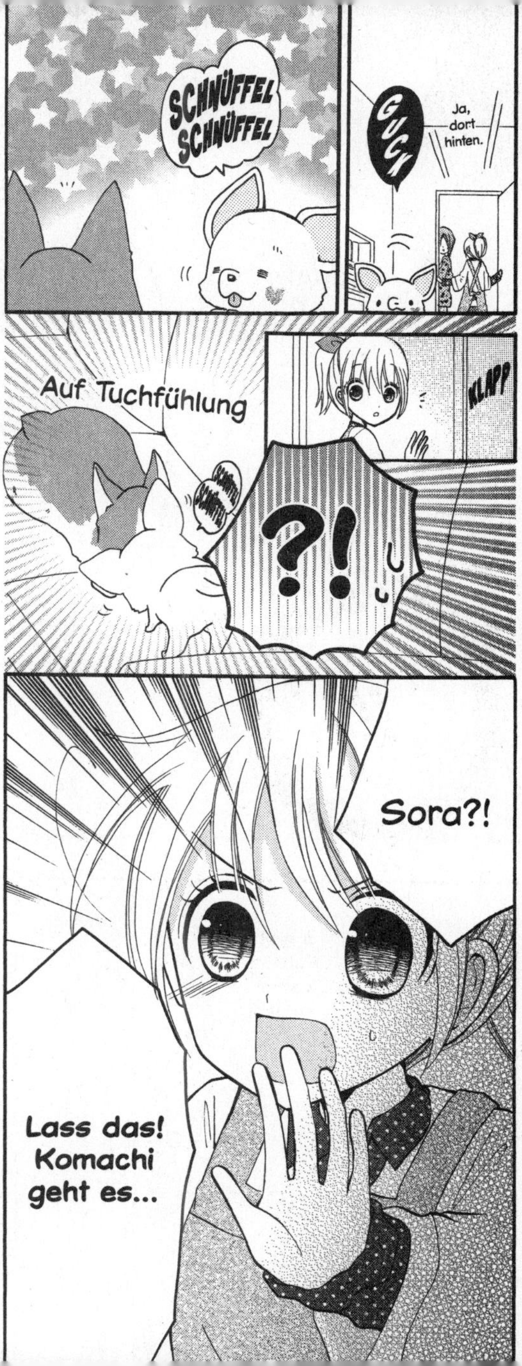

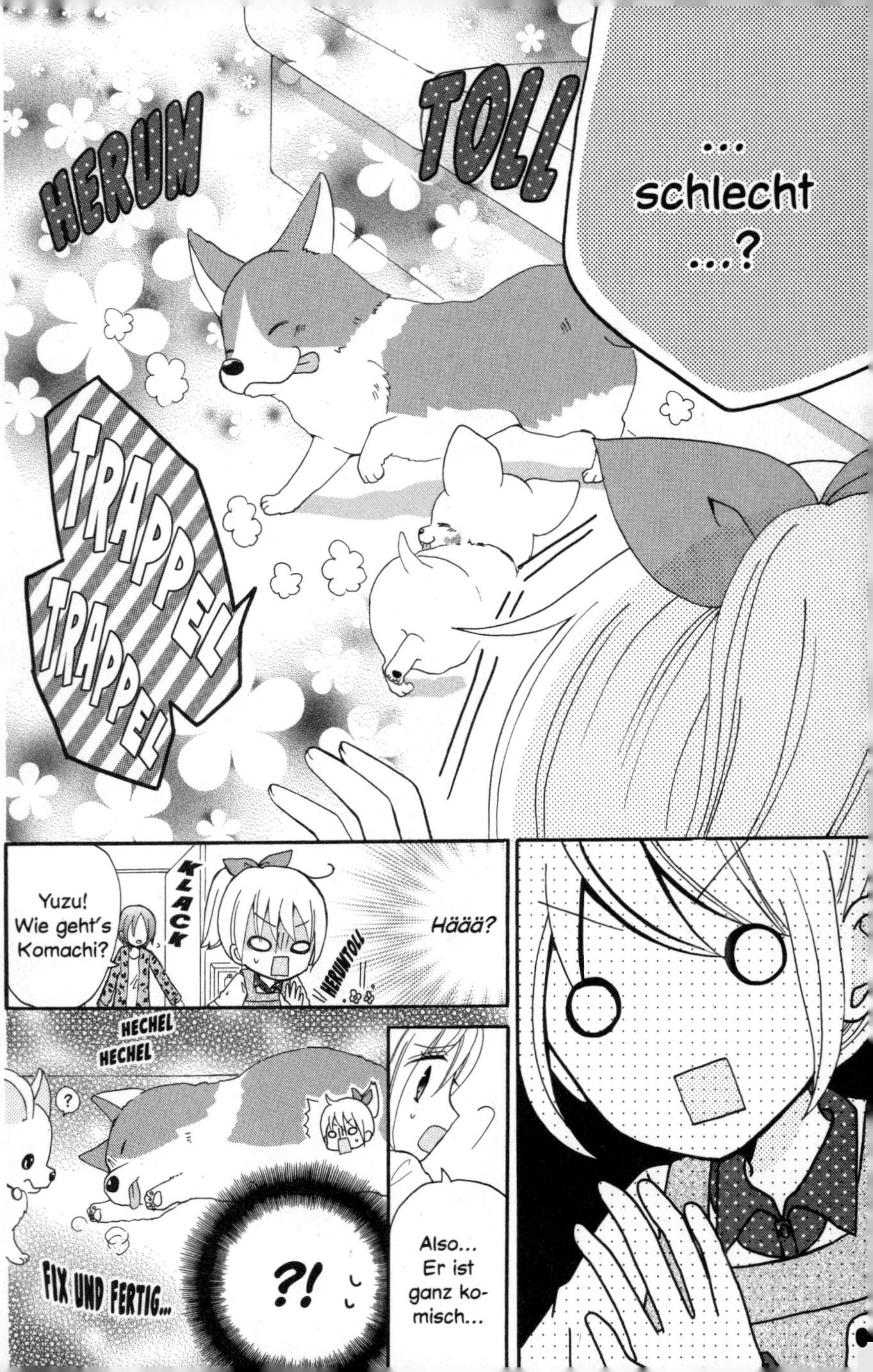
... schlecht ...?
TOLL
HERUM
TRAPPEL TRAPPEL
Häää?
KLACK
HERUMTOLL
Yuzu! Wie geht's Komachi?
Also... Er ist ganz komisch...
?!
HECHEL HECHEL
FIX UND FERTIG...

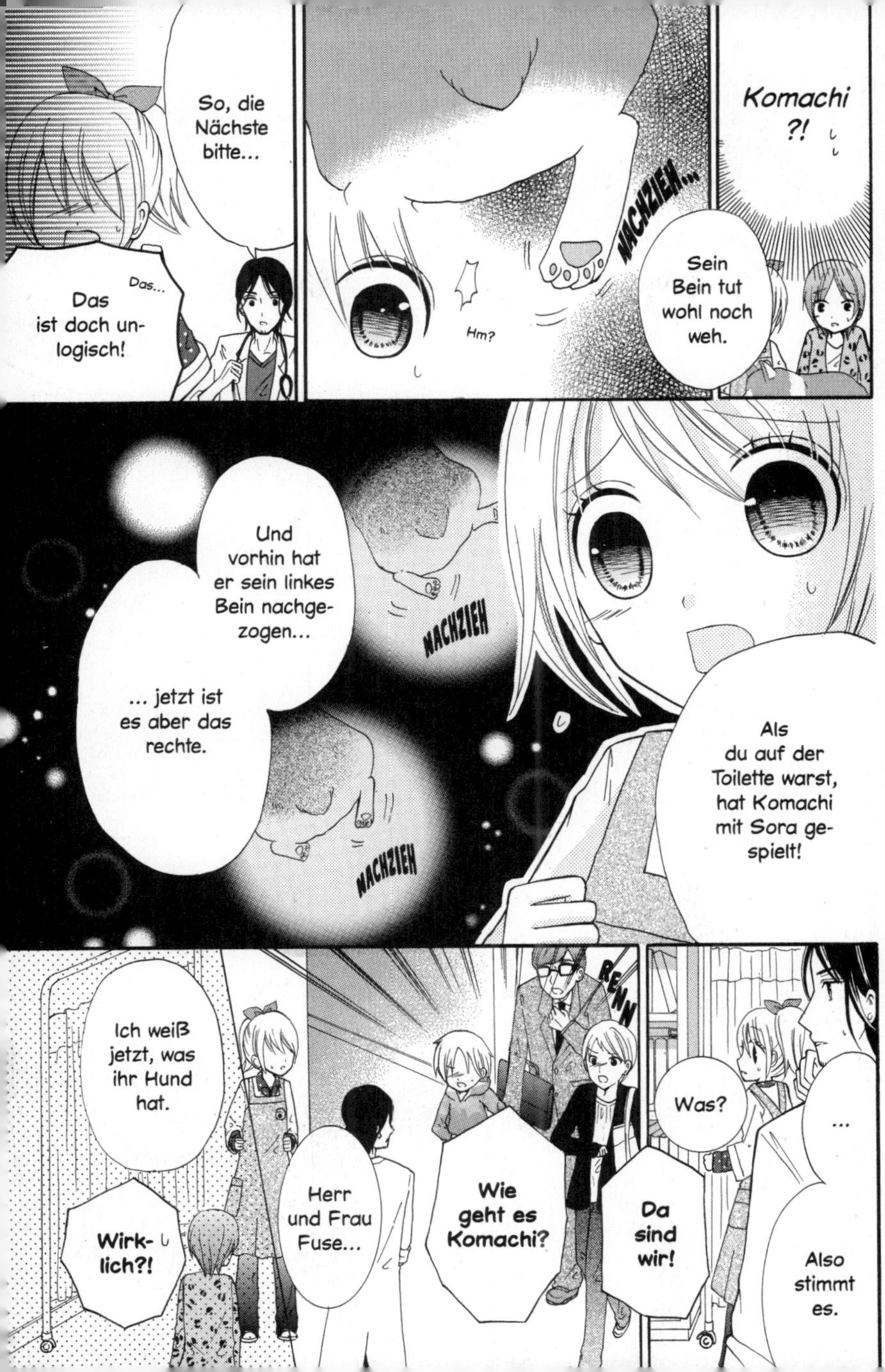
Komachi ?!
Sein Bein tut wohl noch weh.
NACHZIEH...
Hm?
So, die Nächste bitte...
Das...
Das ist doch unlogisch!
Als du auf der Toilette warst, hat Komachi mit Sora gespielt!
Und vorhin hat er sein linkes Bein nachgezogen...
NACHZIEH
... jetzt ist es aber das rechte.
NACHZIEH
...
Was?
Also stimmt es.
RENN
Da sind wir!
Wie geht es Komachi?
Herr und Frau Fuse...
Ich weiß jetzt, was ihr Hund hat.
Wirk-lich?!

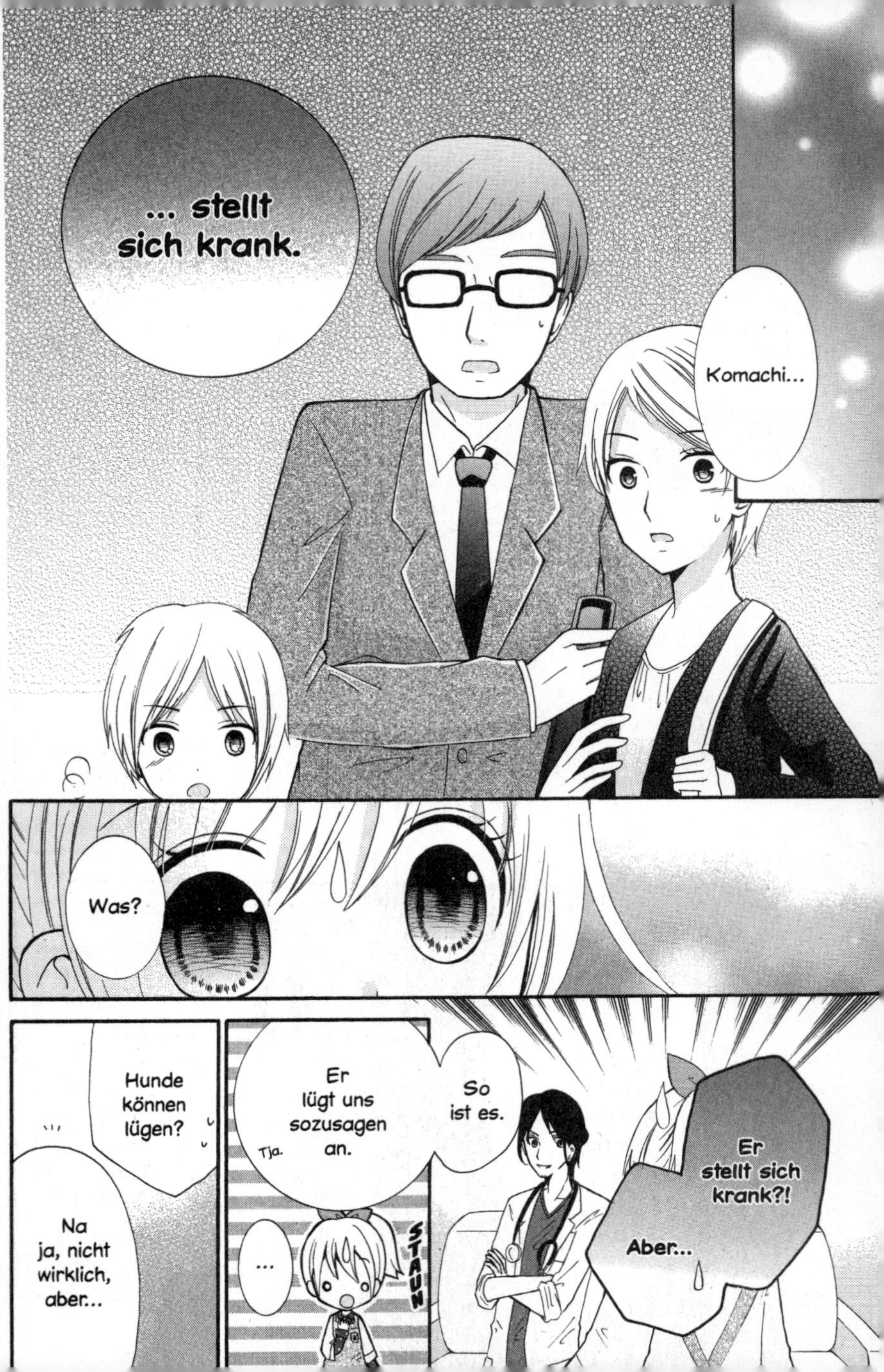
Komachi...
... stellt sich krank.
Was?
Er stellt sich krank?!
Aber...
So ist es.
Er lügt uns sozusagen an.
Tja.
...
STAUN
Hunde können lügen?
Na ja, nicht wirklich, aber...

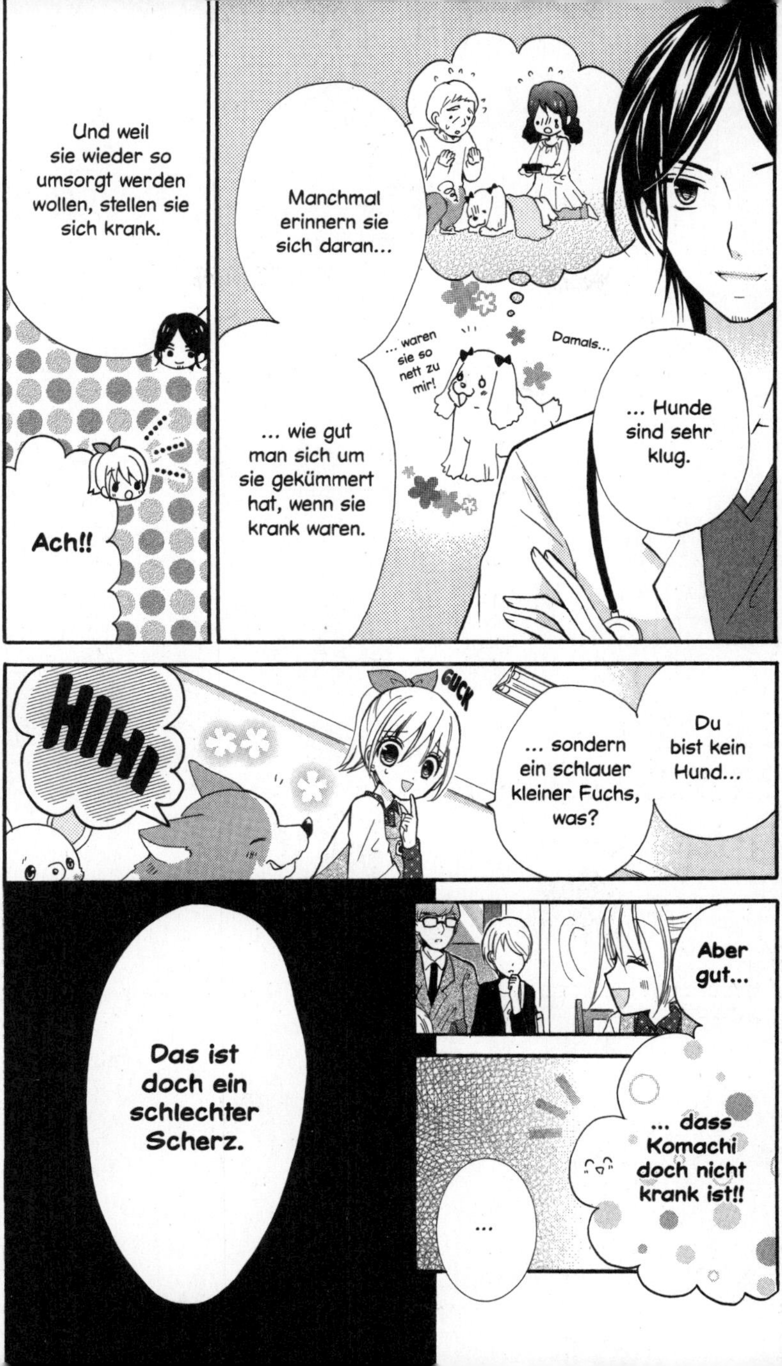

... Hunde sind sehr klug.
Damals...
... waren sie so nett zu mir!
Manchmal erinnern sie sich daran...
... wie gut man sich um sie gekümmert hat, wenn sie krank waren.
Und weil sie wieder so umsorgt werden wollen, stellen sie sich krank.
Ach!!
Du bist kein Hund...
... sondern ein schlauer kleiner Fuchs, was?
GUCK
HIHI
Aber gut...
... dass Komachi doch nicht krank ist!!
...
Das ist doch ein schlechter Scherz.

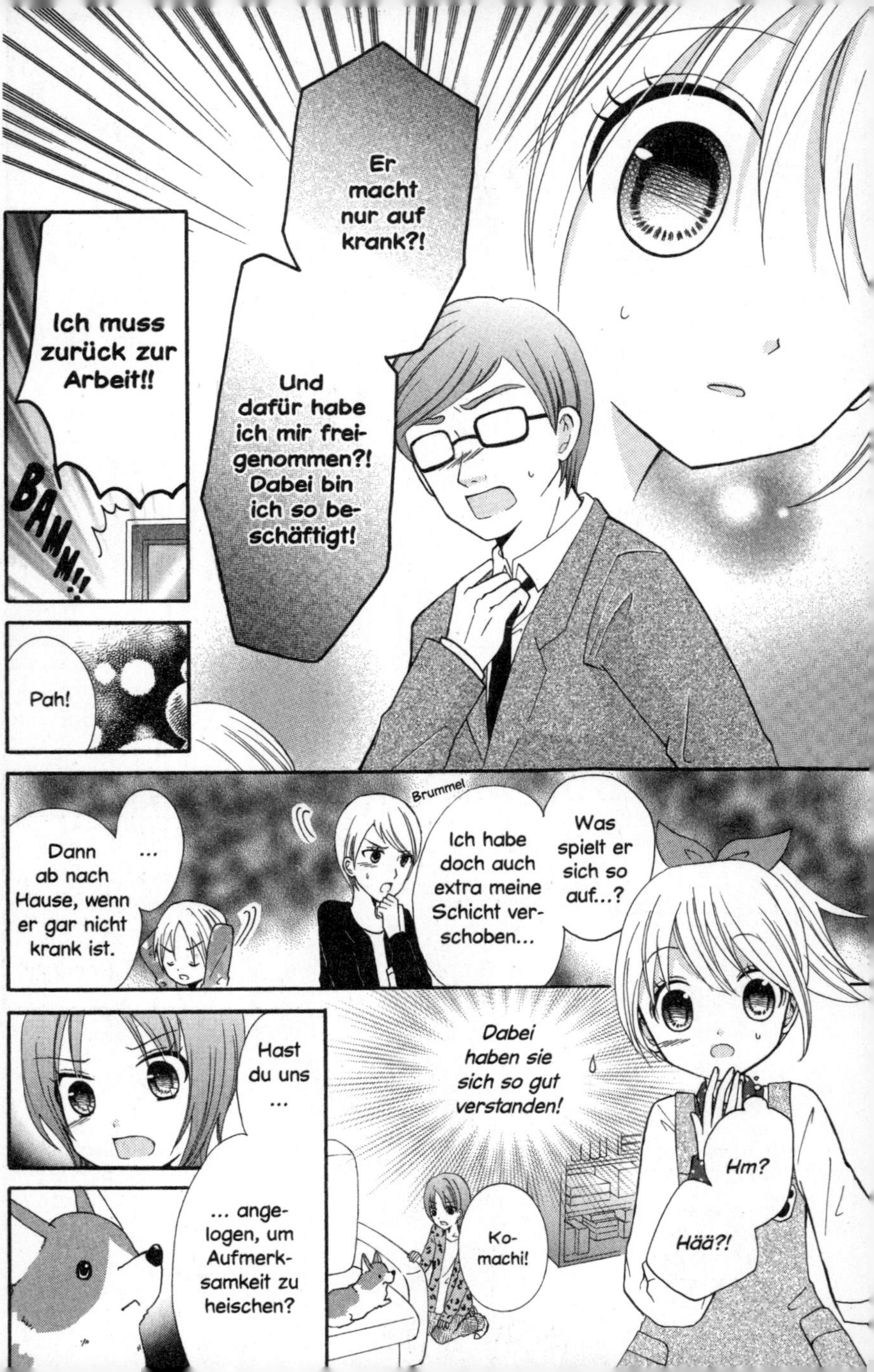
Er macht nur auf krank?!
Und dafür habe ich mir frei-genommen?! Dabei bin ich so be-schäftigt!
Ich muss zurück zur Arbeit!!
BAMM!!
Pah!
Was spielt er sich so auf...?
Brummel
Ich habe doch auch extra meine Schicht ver-schoben...
Dann ab nach Hause, wenn er gar nicht krank ist.
...
Hm?
Hää?!
Dabei haben sie sich so gut verstanden!
Ko-machi!
Hast du uns ...
... ange-logen, um Aufmerk-samkeit zu heischen?

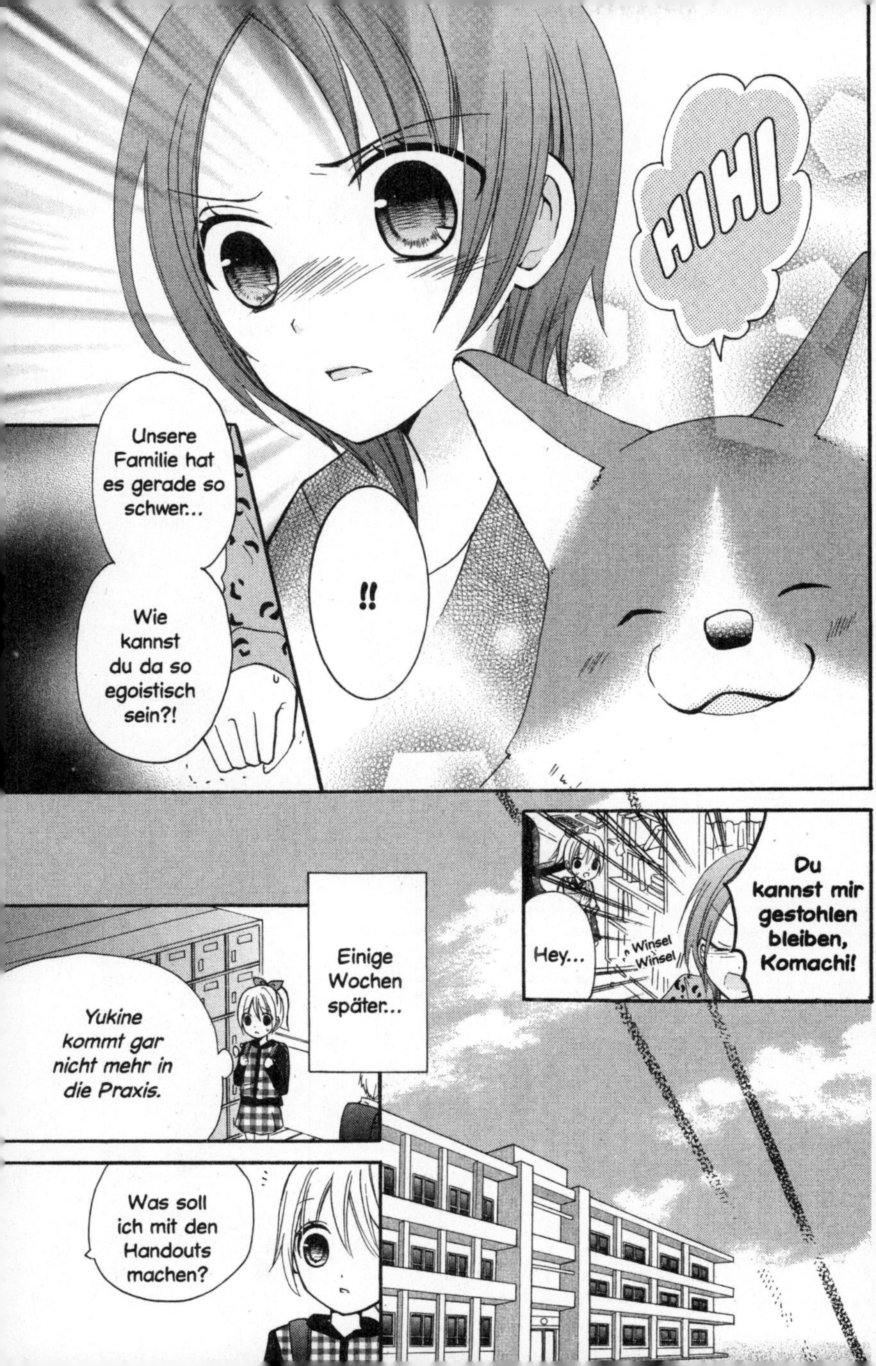
HIHI
!!
Unsere Familie hat es gerade so schwer...
Wie kannst du da so egoistisch sein?!
Du kannst mir gestohlen bleiben, Komachi!
Winsel Winsel
Hey...
Einige Wochen später...
Yukine kommt gar nicht mehr in die Praxis.
Was soll ich mit den Handouts machen?

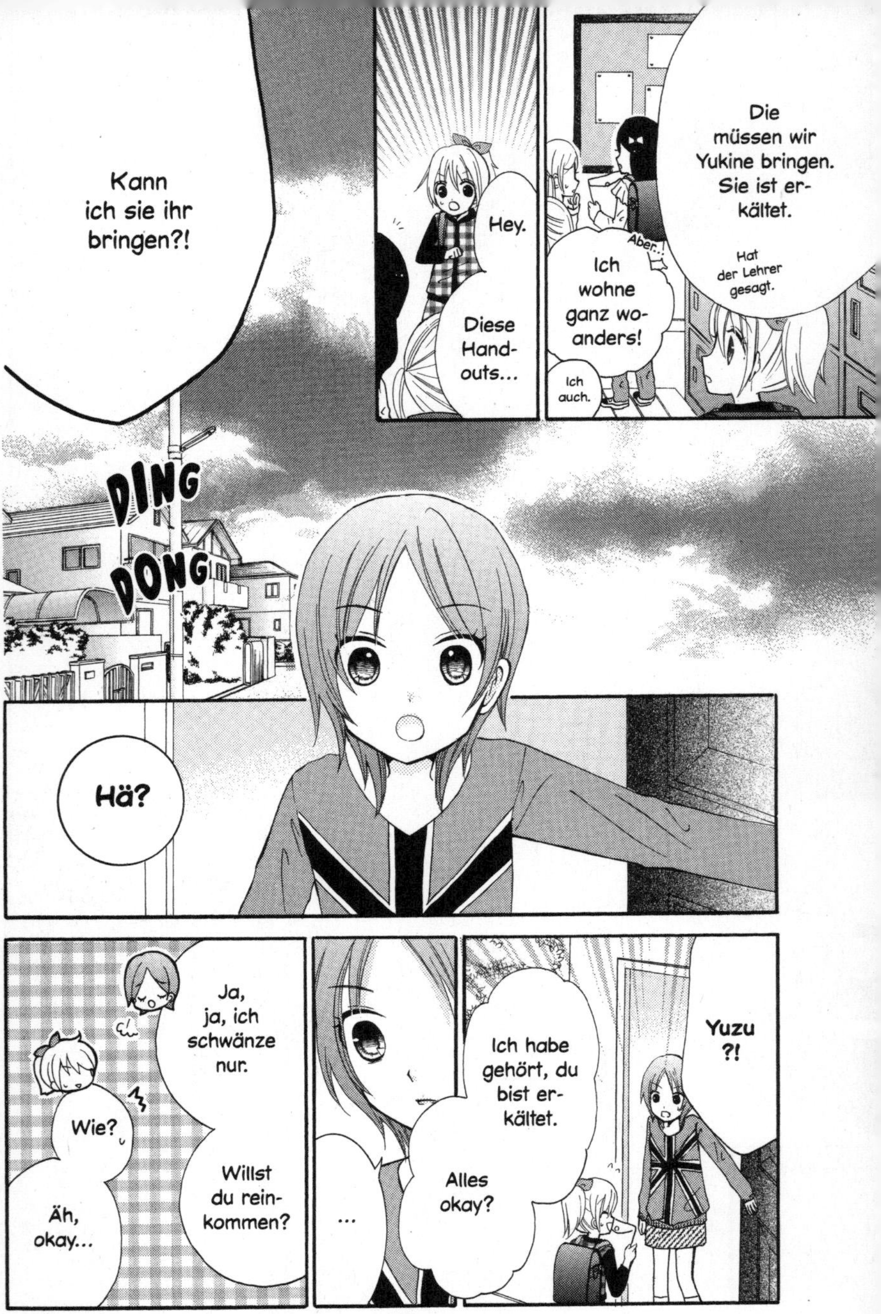
Die müssen wir Yukine bringen. Sie ist erkältet.
Hat der Lehrer gesagt.
Aber...
Ich wohne ganz woanders!
Ich auch.
Hey.
Diese Handouts...
Kann ich sie ihr bringen?!
DING DONG
Hä?
Yuzu ?!
Ich habe gehört, du bist erkältet.
Alles okay?
...
Ja, ja, ich schwänze nur.
Wie?
Willst du reinkommen?
Äh, okay...

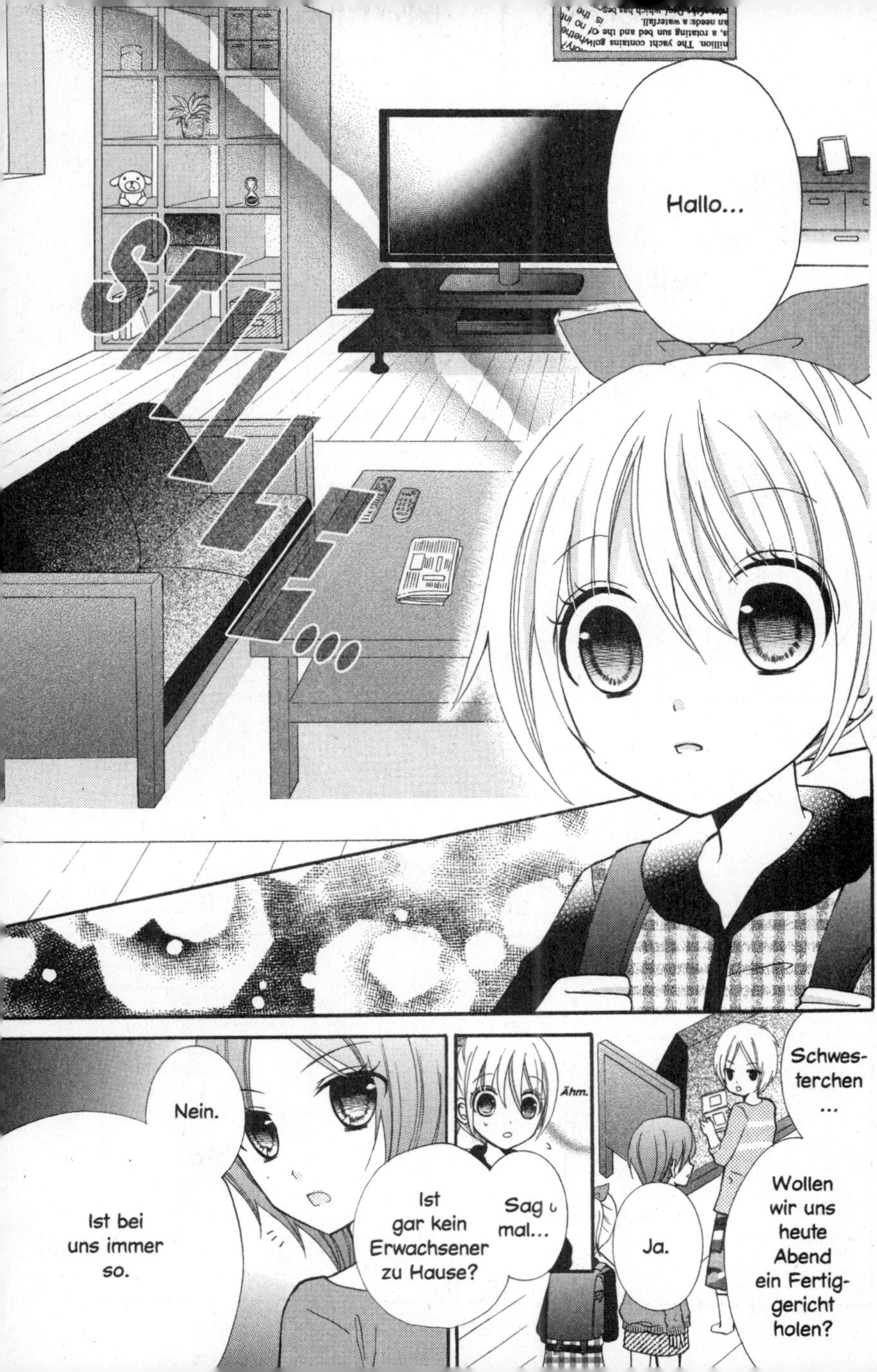
Hallo...
STILLE...
Schwes-
terchen
...
Wollen
wir uns
heute
Abend
ein Fertig-
gericht
holen?
Ja.
Ähm.
Sag
mal...
Ist
gar kein
Erwachsener
zu Hause?
Nein.
Ist bei
uns immer
so.

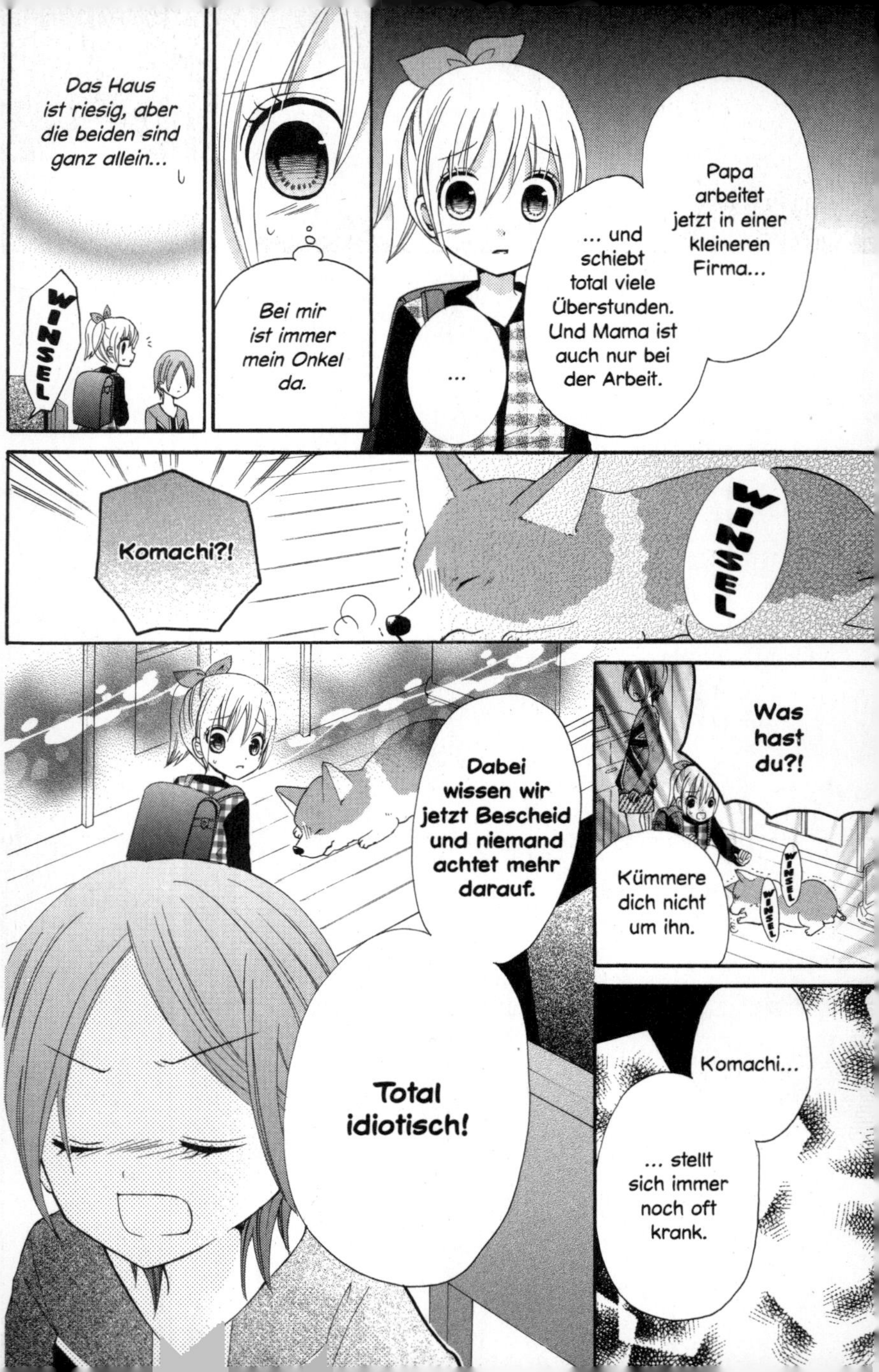
Papa arbeitet jetzt in einer kleineren Firma...
... und schiebt total viele Überstunden. Und Mama ist auch nur bei der Arbeit.
...
Bei mir ist immer mein Onkel da.
Das Haus ist riesig, aber die beiden sind ganz allein...
WINSEL
WINSEL
Komachi?!
Was hast du?!
Kümmere dich nicht um ihn.
WINSEL
WINSEL
Dabei wissen wir jetzt Bescheid und niemand achtet mehr darauf.
Total idiotisch!
Komachi...
... stellt sich immer noch oft krank.

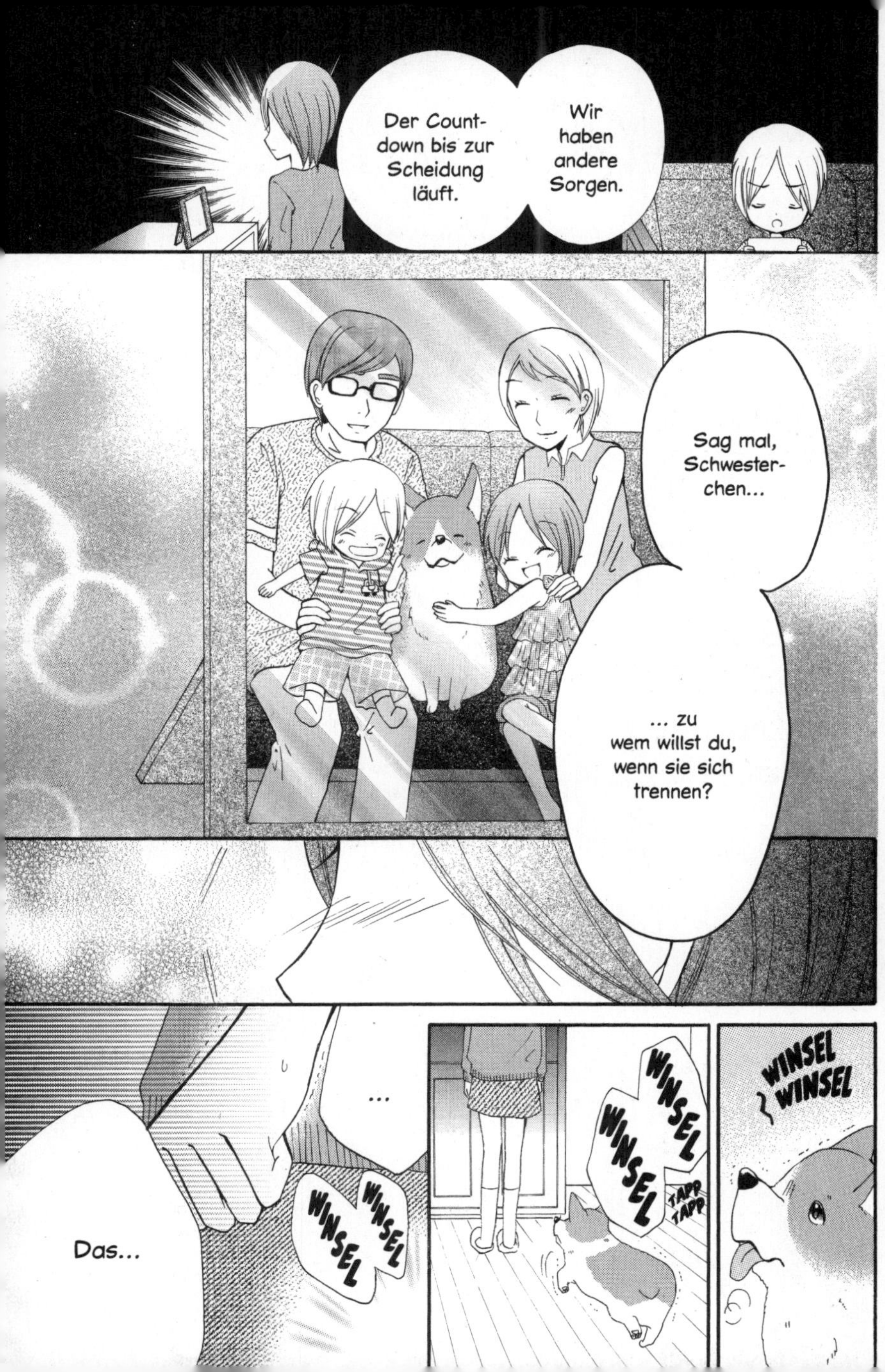
Wir haben andere Sorgen.
Der Countdown bis zur Scheidung läuft.
Sag mal, Schwesterchen...
... zu wem willst du, wenn sie sich trennen?
WINSEL WINSEL
WINSEL WINSEL
TAPP TAPP
...
WINSEL WINSEL
Das...

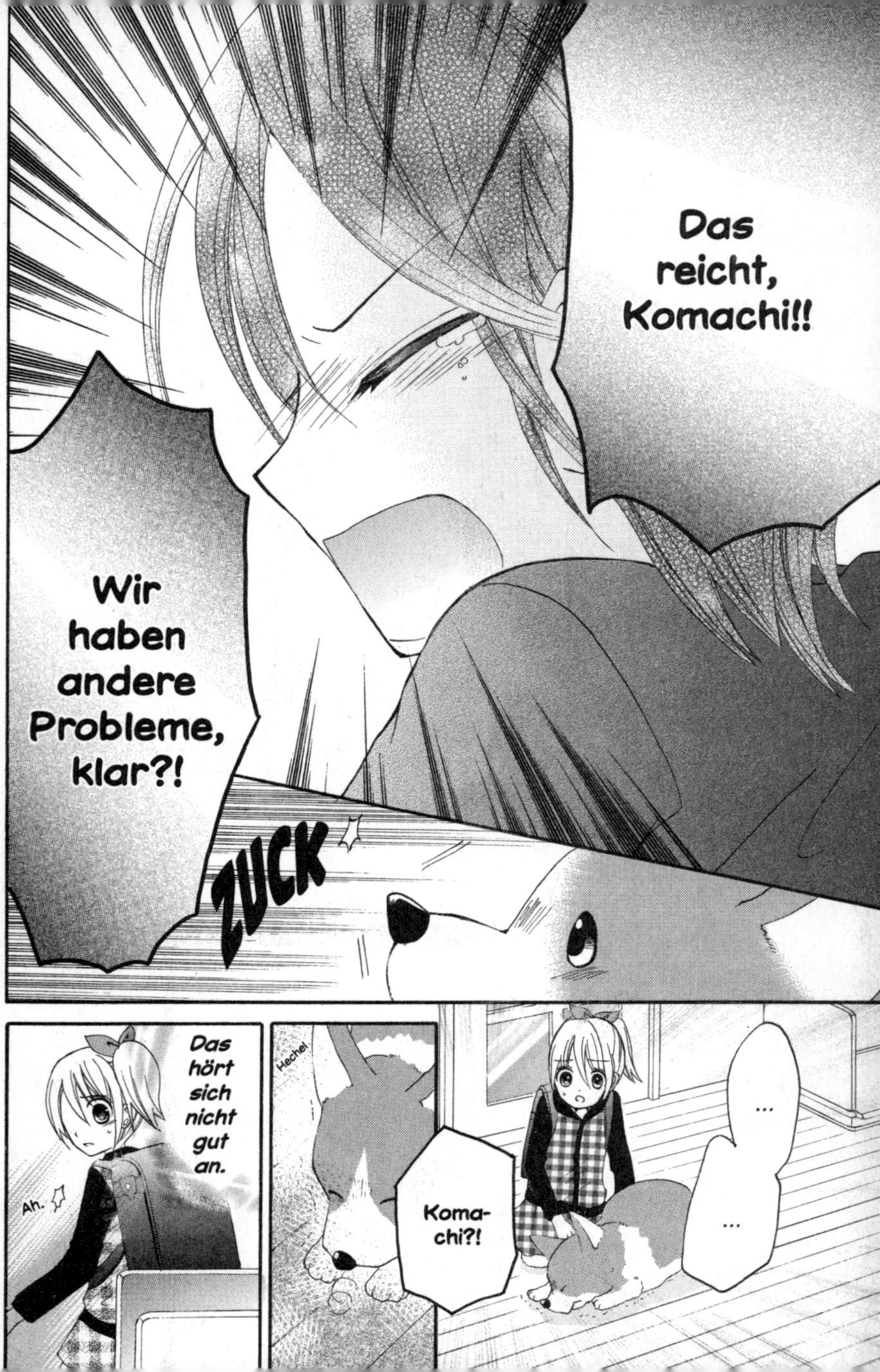
Das reicht, Komachi!!
Wir haben andere Probleme, klar?!
ZUCK
...
...
Komachi?!
Hechel
Das hört sich nicht gut an.
Ah.

In Komachis Urin...
... ist Blut!!
Yukine!!
Er...
... ist diesmal wirklich krank!!
AOZORACHO WAUMIAU TIERKLINIK
Yukine!
BAMM!
Was ist los?
Komachi stellt sich doch nur krank!
Familie Fuse...
Ich sage das wirklich ungern, aber diesmal ist es wirklich ernst.

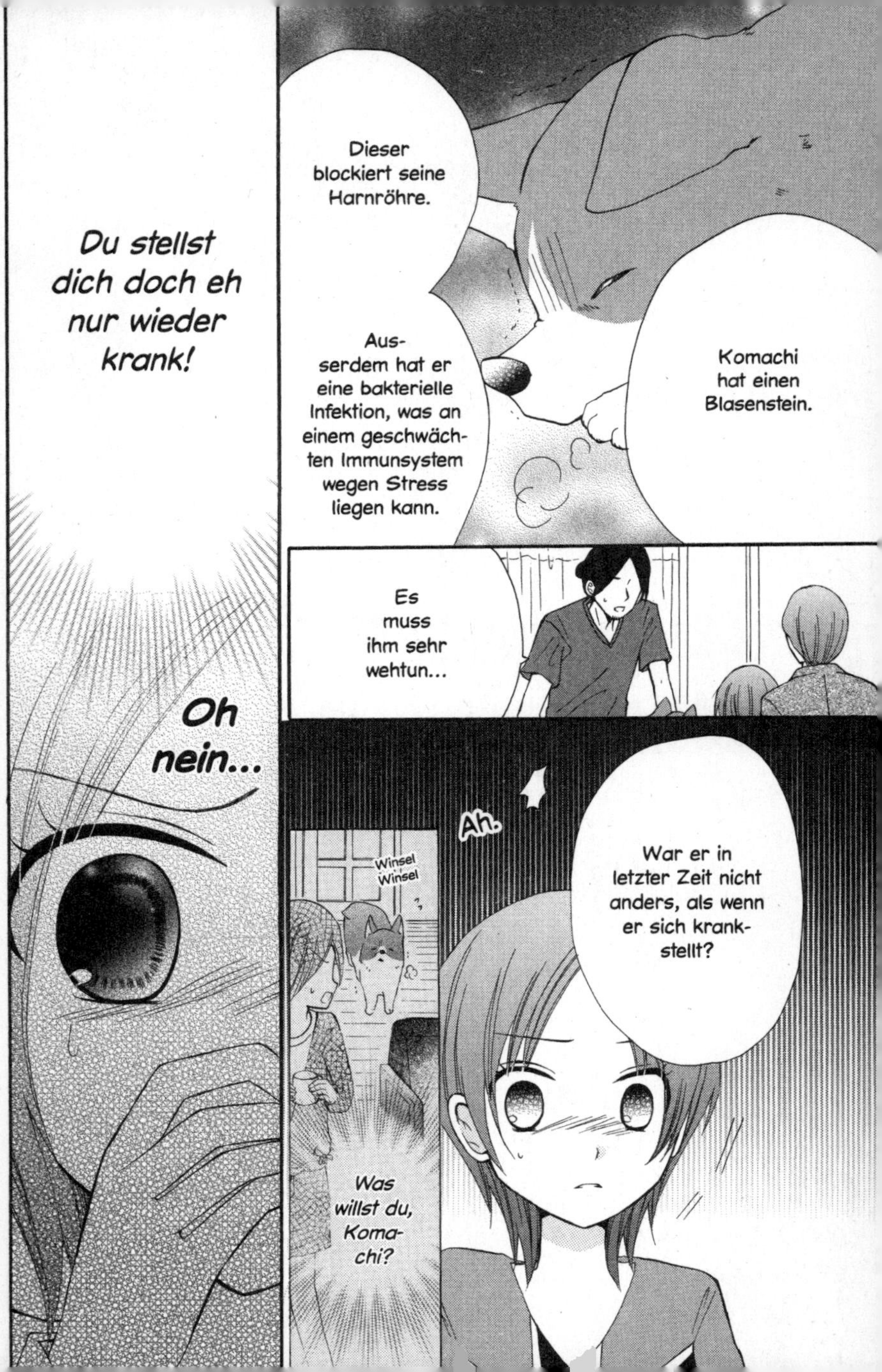

Komachi hat einen Blasenstein.
Dieser blockiert seine Harnröhre.
Aus-serdem hat er eine bakterielle Infektion, was an einem geschwächten Immunsystem wegen Stress liegen kann.
Es muss ihm sehr wehtun...
Ah.
War er in letzter Zeit nicht anders, als wenn er sich krank-stellt?
Winsel Winsel
Was willst du, Koma-chi?
Du stellst dich doch eh nur wieder krank!
Oh nein...

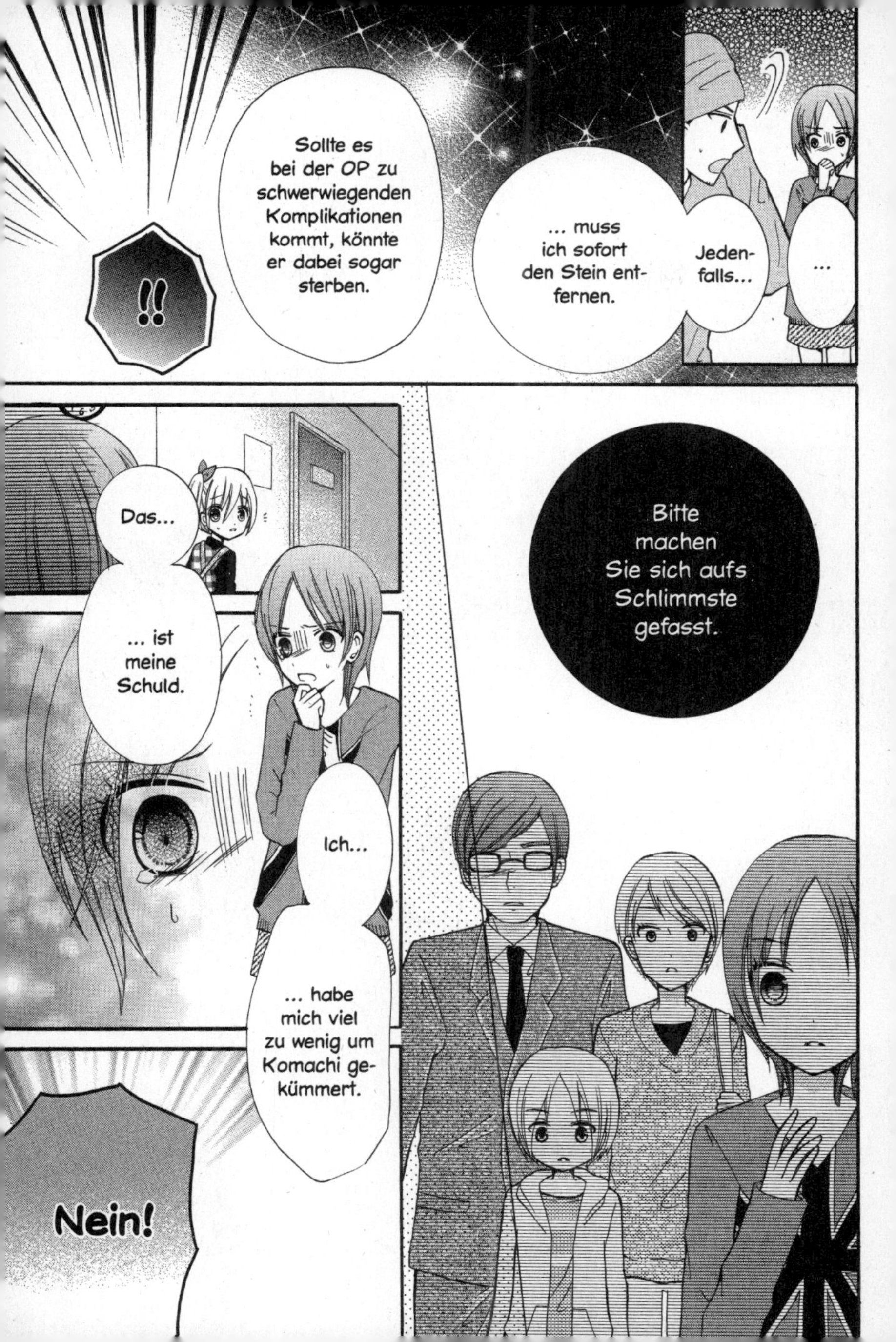
...
Jedenfalls...
... muss ich sofort den Stein entfernen.
Sollte es bei der OP zu schwerwiegenden Komplikationen kommt, könnte er dabei sogar sterben.
!!
Bitte machen Sie sich aufs Schlimmste gefasst.
Das...
... ist meine Schuld.
Ich...
... habe mich viel zu wenig um Komachi gekümmert.
Nein!

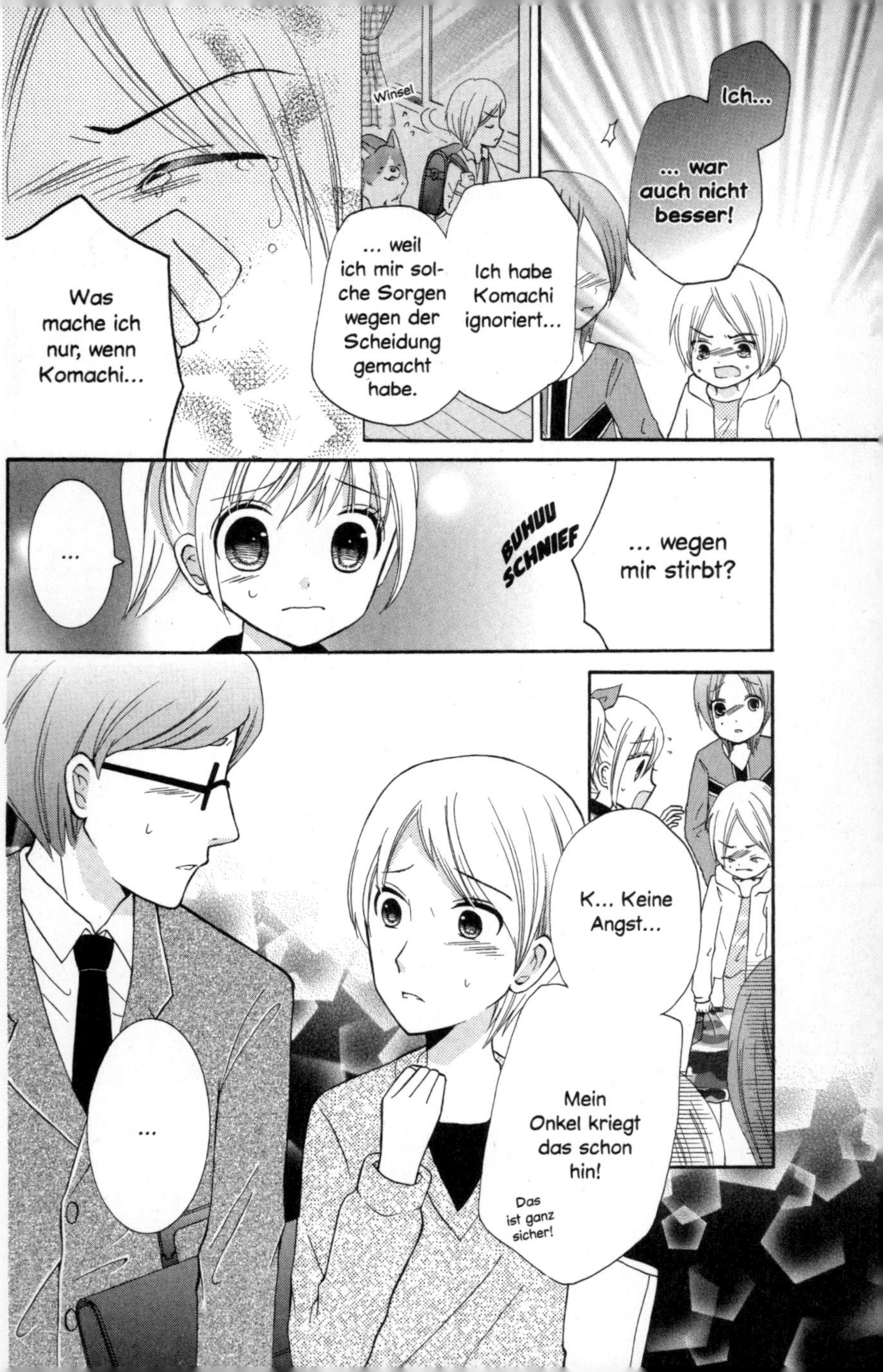
Ich...
... war auch nicht besser!
Winsel
Ich habe Komachi ignoriert...
... weil ich mir solche Sorgen wegen der Scheidung gemacht habe.
Was mache ich nur, wenn Komachi...
BUHUU SCHNIEF
... wegen mir stirbt?
...
K... Keine Angst...
Mein Onkel kriegt das schon hin!
Das ist ganz sicher!
...

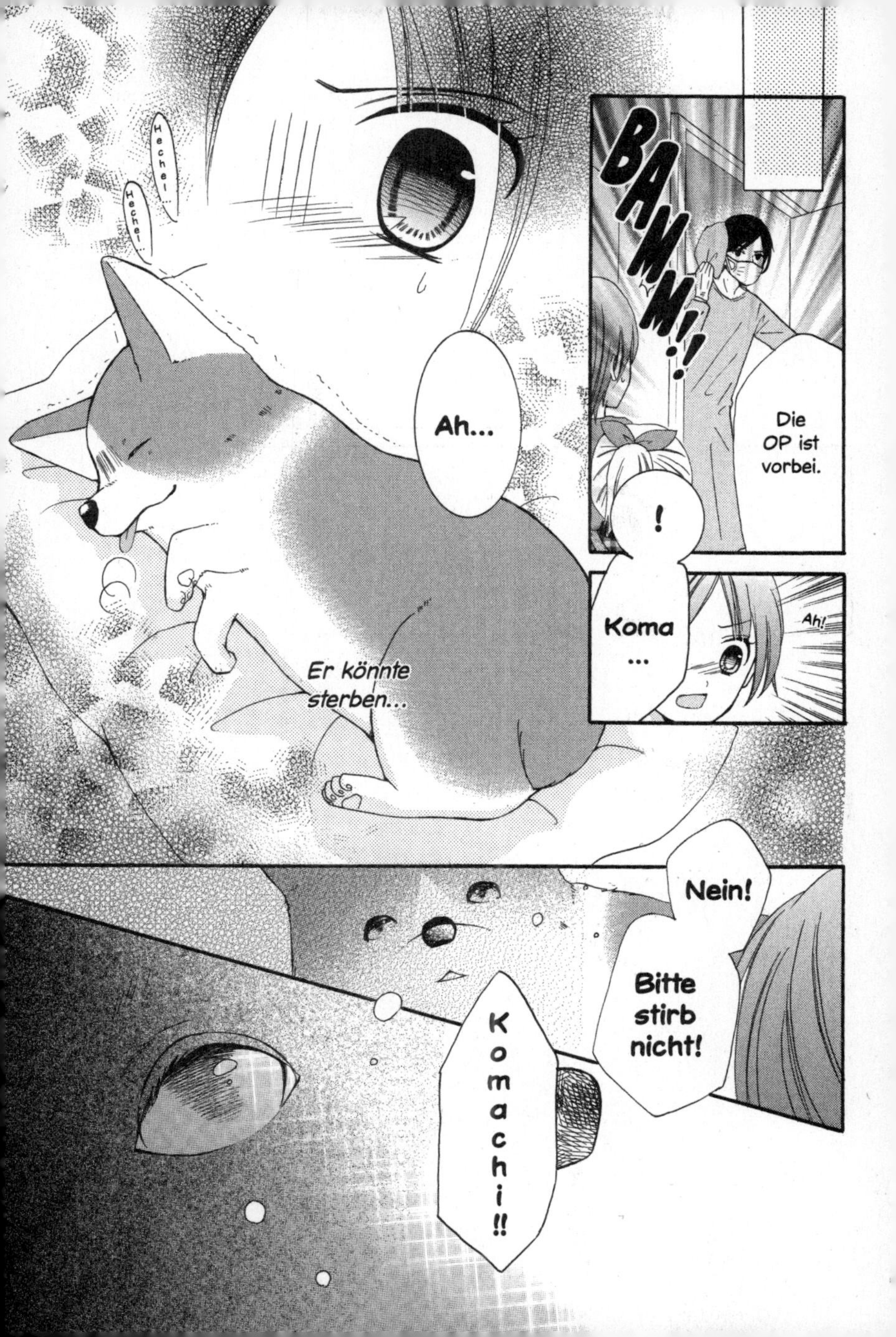
BAMM!!
Die OP ist vorbei.
!
Ah!
Koma ...
Ah...
Hechel...
Hechel...
Er könnte sterben...
Nein!
Bitte stirb nicht!
Komachi!!

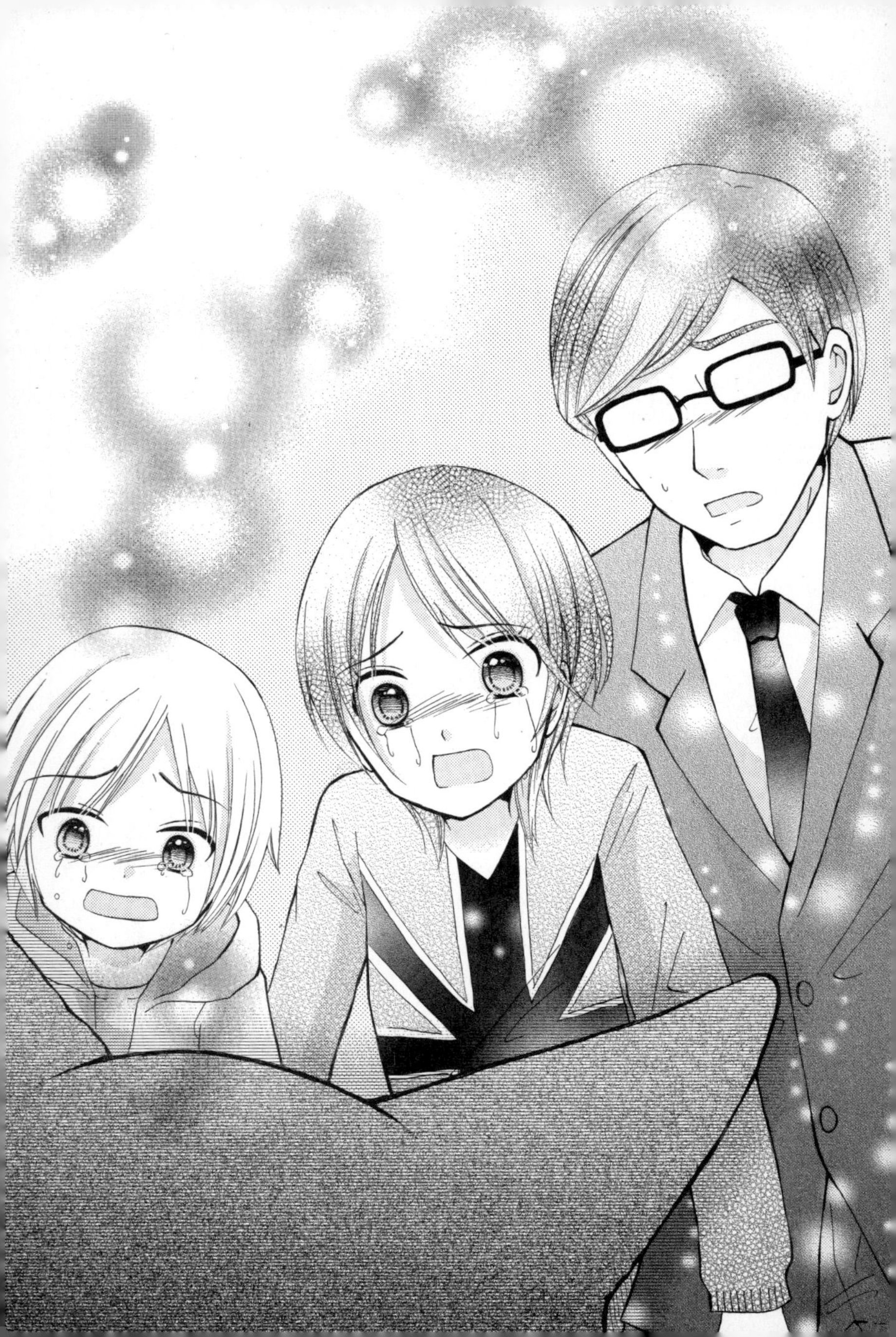

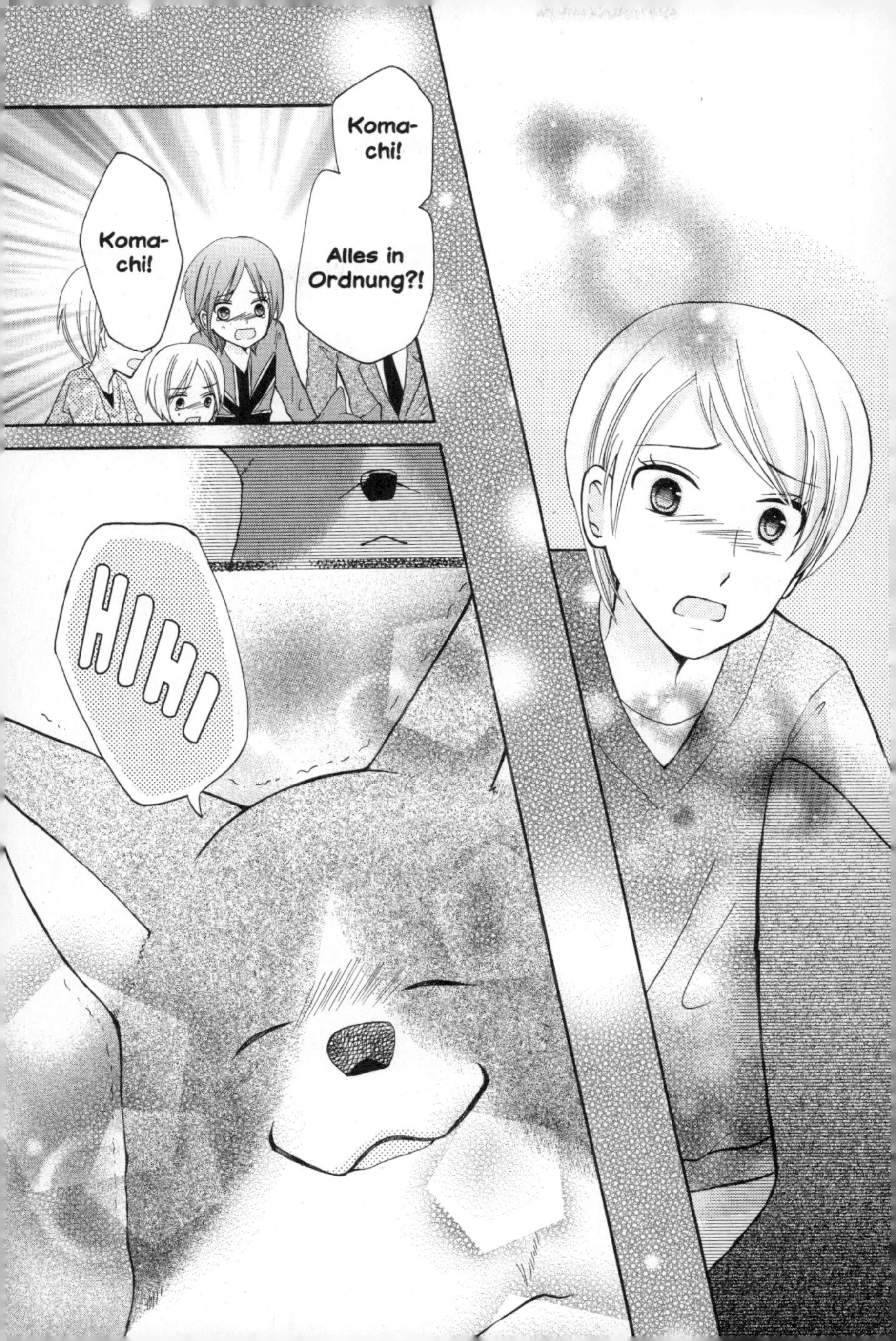
Koma-
chi!
Alles in
Ordnung?!
Koma-
chi!
HIHI

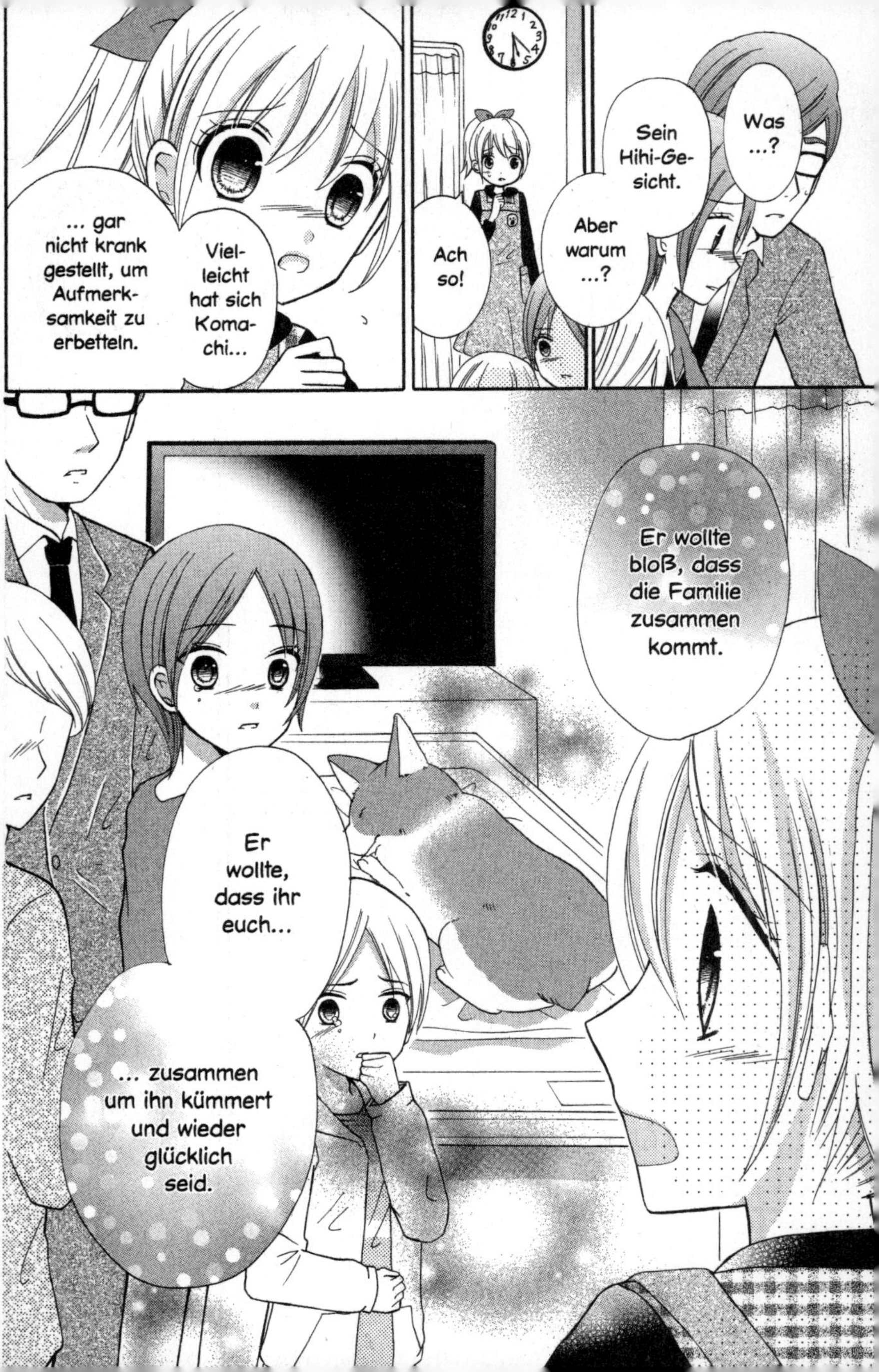
Was ...?
Sein Hihi-Gesicht.
Aber warum ...?
Ach so!
Vielleicht hat sich Komachi...
... gar nicht krank gestellt, um Aufmerksamkeit zu erbetteln.
Er wollte bloß, dass die Familie zusammen kommt.
Er wollte, dass ihr euch...
... zusammen um ihn kümmert und wieder glücklich seid.

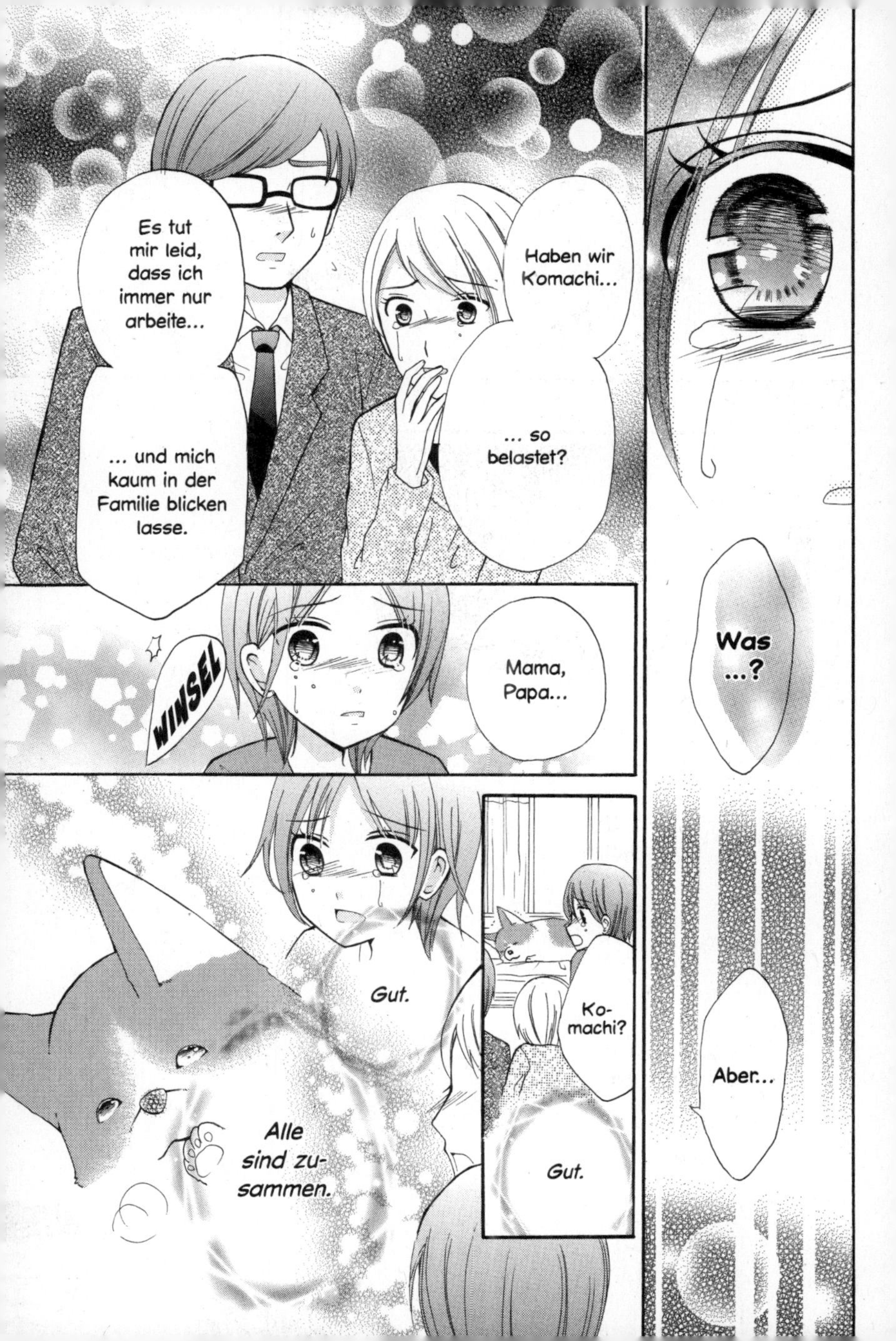

Haben wir Komachi...
... so belastet?
Es tut mir leid, dass ich immer nur arbeite...
... und mich kaum in der Familie blicken lasse.
Mama, Papa...
WINSEL
Ko-machi?
Gut.
Gut.
Alle sind zu-sammen.
Was ...?
Aber...

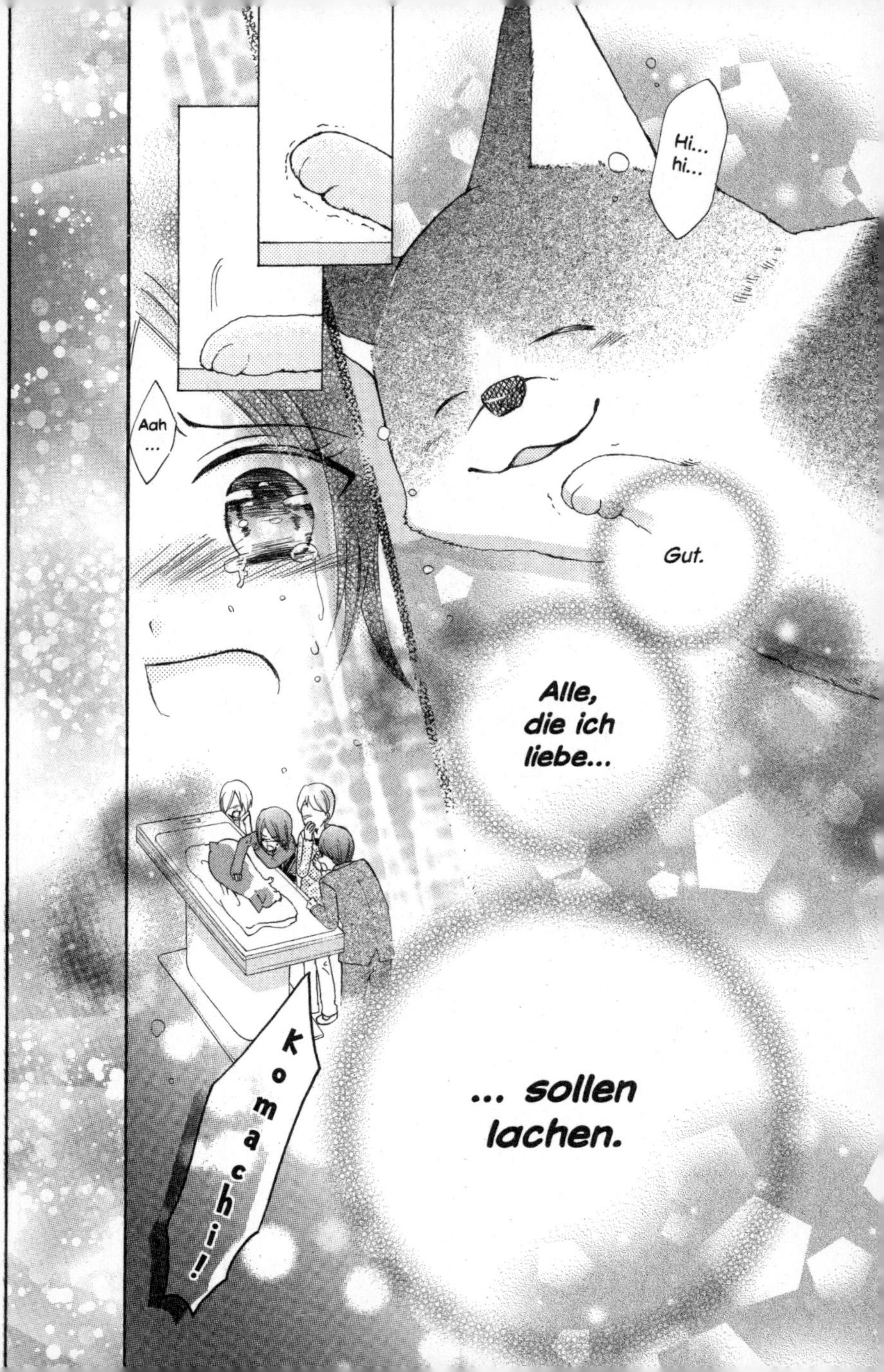

Hi... hi...
Aah ...
Gut.
Alle, die ich liebe...
... sollen lachen.
Komachi!!

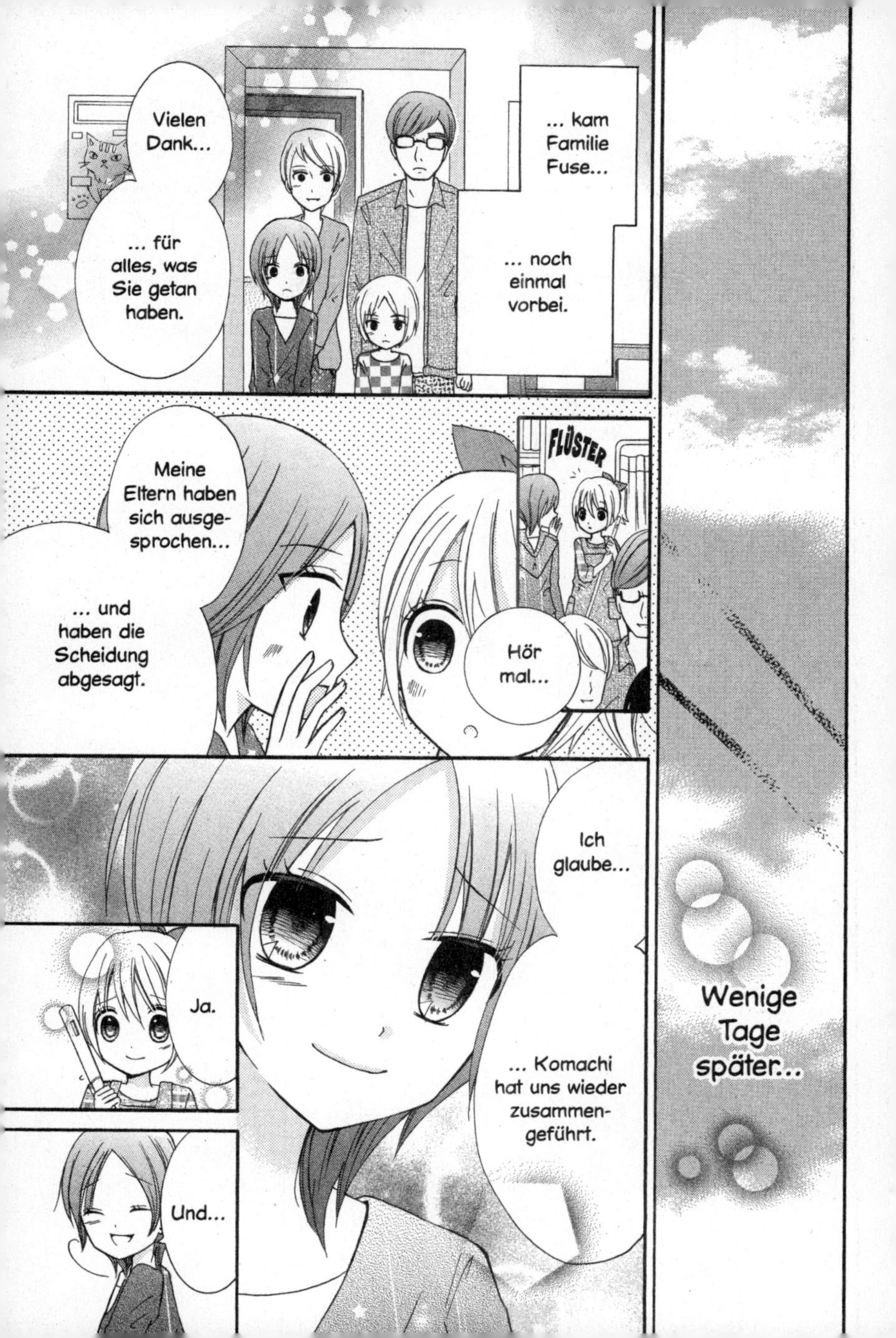
Wenige Tage später...
... kam Familie Fuse...
... noch einmal vorbei.
Vielen Dank...
... für alles, was Sie getan haben.
FLÜSTER
Hör mal...
Meine Eltern haben sich ausge-sprochen...
... und haben die Scheidung abgesagt.
Ich glaube...
... Komachi hat uns wieder zusammen-geführt.
Ja.
Und...

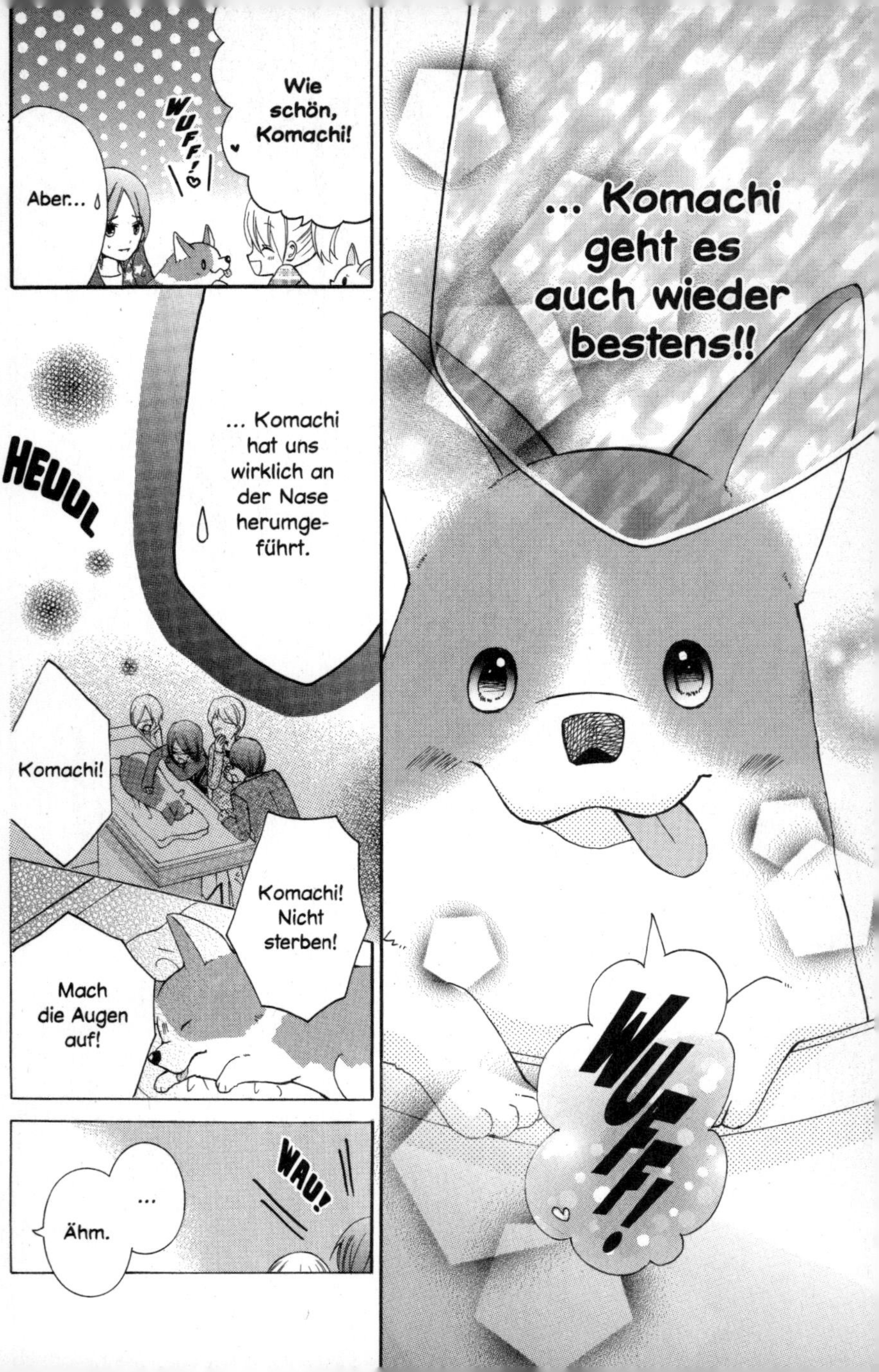

... Komachi geht es auch wieder bestens!!
WUFF!
Wie schön, Komachi!
WUFF!
Aber...
... Komachi hat uns wirklich an der Nase herumgeführt.
HEUUL
Komachi!
Komachi! Nicht sterben!
Mach die Augen auf!
WAU!
...
Ähm.

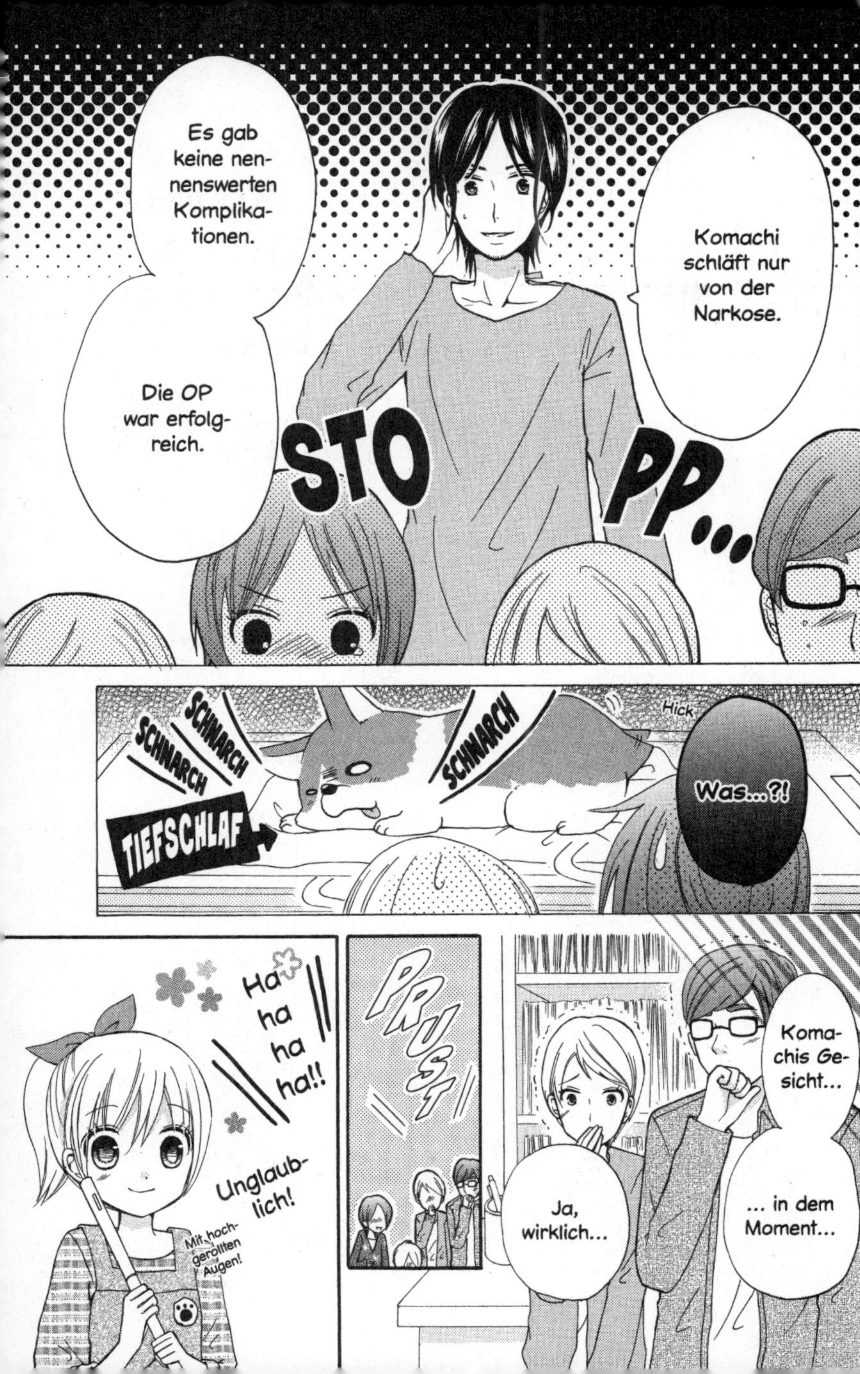
Komachi schläft nur von der Narkose.
Es gab keine nennenswerten Komplikationen.
Die OP war erfolgreich.
STOPP...
Hick
Was...?!
SCHNARCH
SCHNARCH
SCHNARCH
TIEFSCHLAF
Komachis Gesicht...
... in dem Moment...
Ja, wirklich...
PRUST
Ha ha ha ha!!
Unglaublich!
Mit hochgerollten Augen!

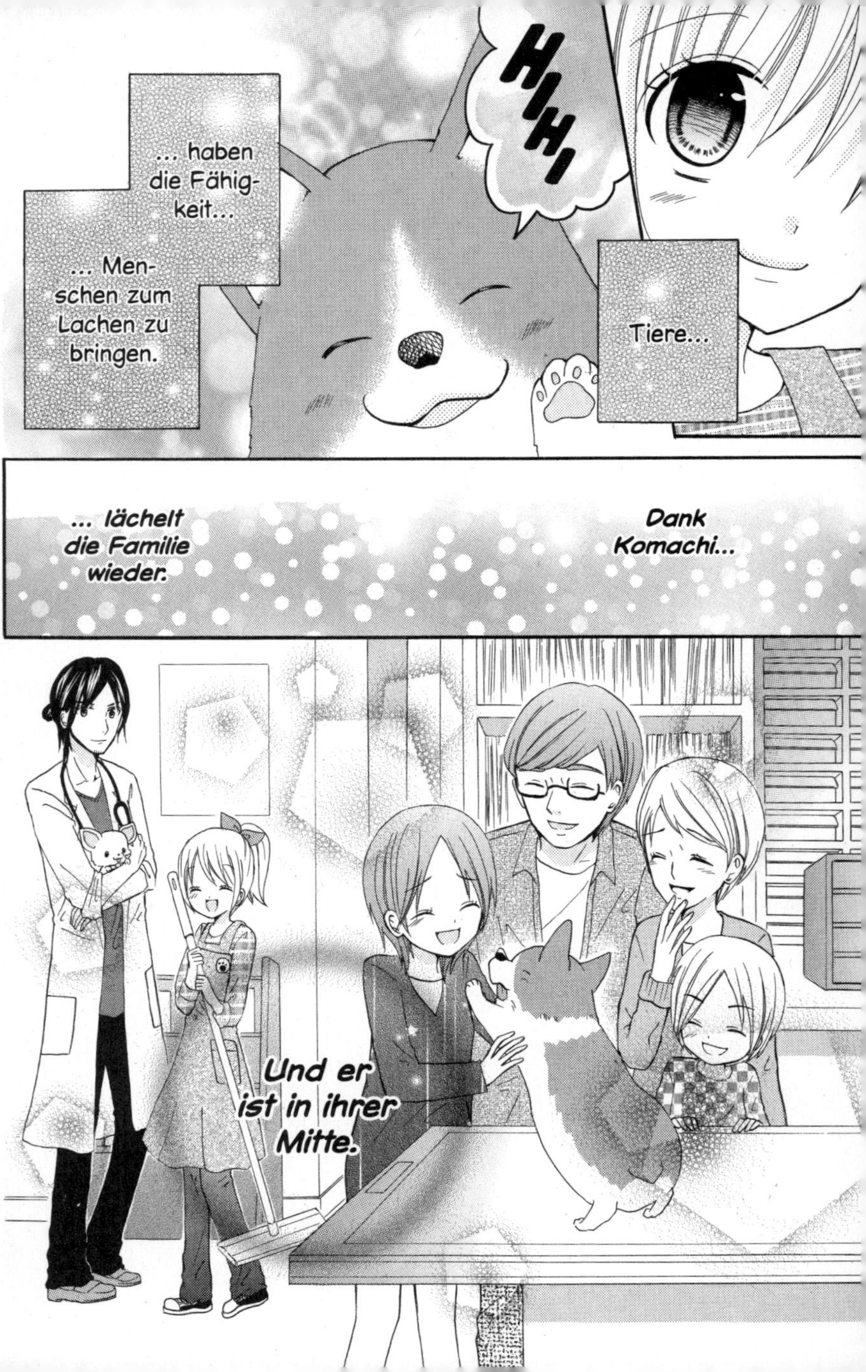

HIHI
Tiere...
... haben die Fähigkeit...
... Menschen zum Lachen zu bringen.
Dank Komachi...
... lächelt die Familie wieder.
Und er ist in ihrer Mitte.

Kartei 7 Hasenboss Chacha

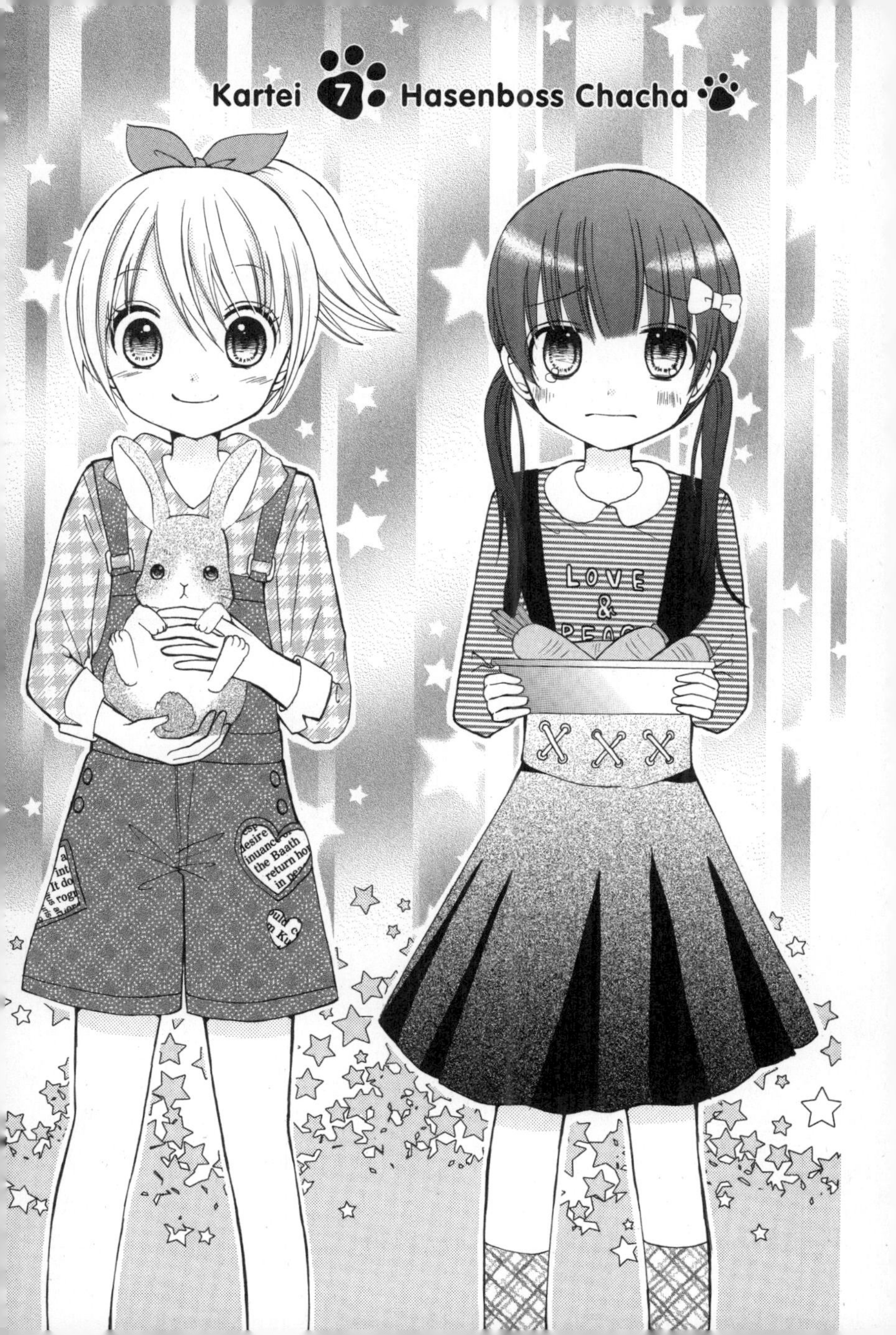

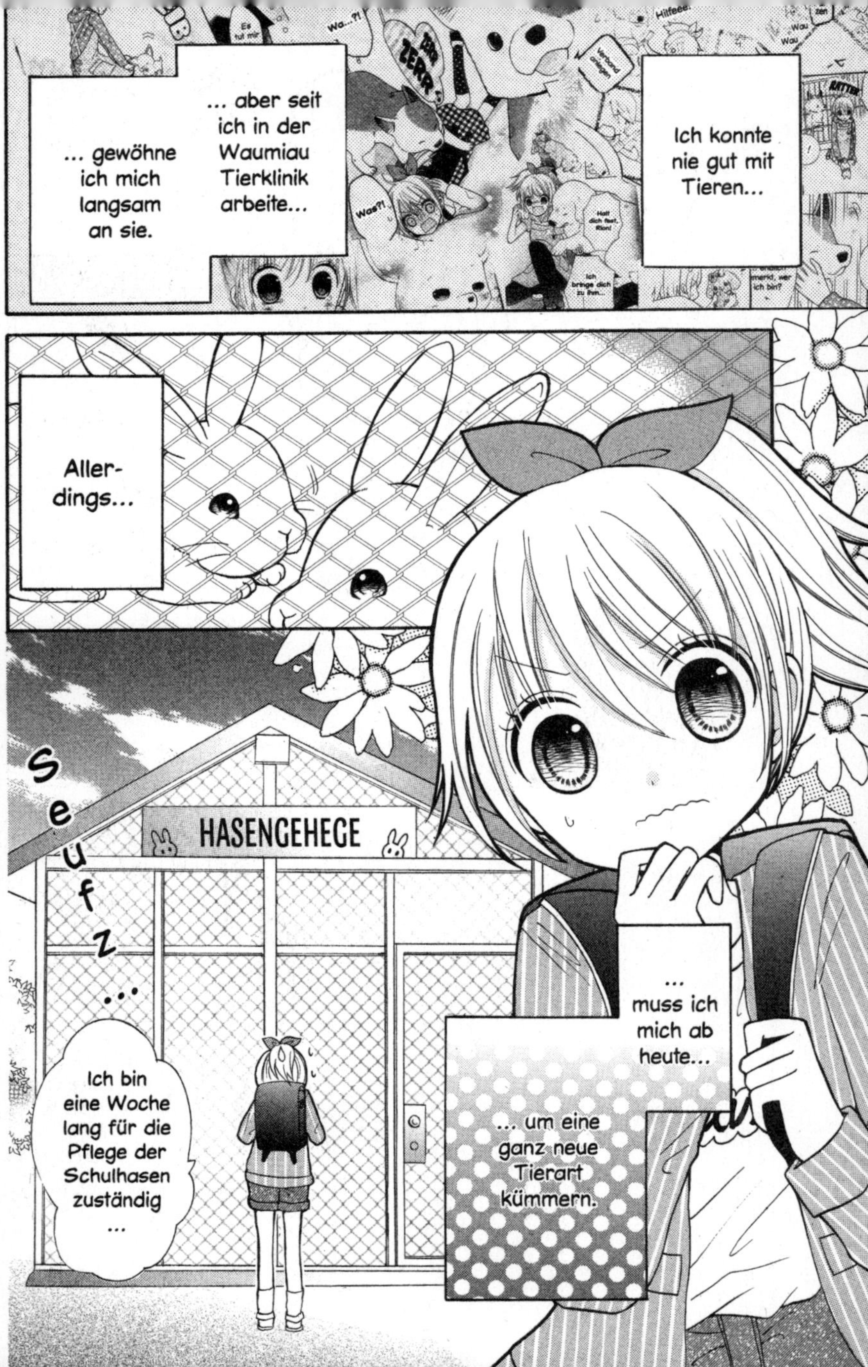
Ich konnte nie gut mit Tieren...
... aber seit ich in der Waumiau Tierklinik arbeite...
... gewöhne ich mich langsam an sie.
Aller-dings...
... muss ich mich ab heute...
... um eine ganz neue Tierart kümmern.
HASENGEHEGE
Seufz...
Ich bin eine Woche lang für die Pflege der Schulhasen zuständig ...

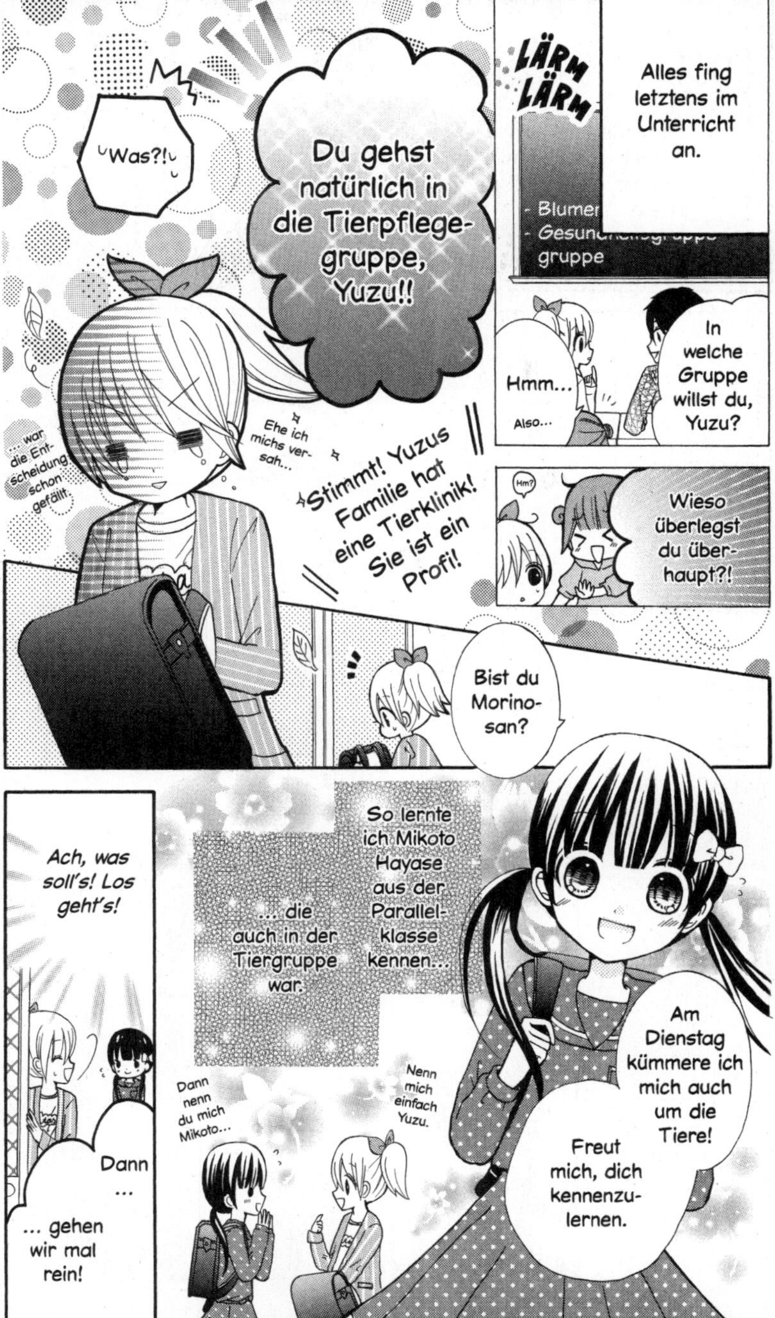
Alles fing letztens im Unterricht an.
LÄRM LÄRM
In welche Gruppe willst du, Yuzu?
Hmm...
Also...
Hm?
Wieso überlegst du überhaupt?!
Stimmt! Yuzus Familie hat eine Tierklinik! Sie ist ein Profi!
Du gehst natürlich in die Tierpflegegruppe, Yuzu!!
Was?!
Ehe ich michs versah...
... war die Entscheidung schon gefällt.
Bist du Morino-san?
Am Dienstag kümmere ich mich auch um die Tiere!
Freut mich, dich kennenzulernen.
So lernte ich Mikoto Hayase aus der Parallelklasse kennen...
... die auch in der Tiergruppe war.
Nenn mich einfach Yuzu.
Dann nenn du mich Mikoto...
Ach, was soll's! Los geht's!
Dann ...
... gehen wir mal rein!

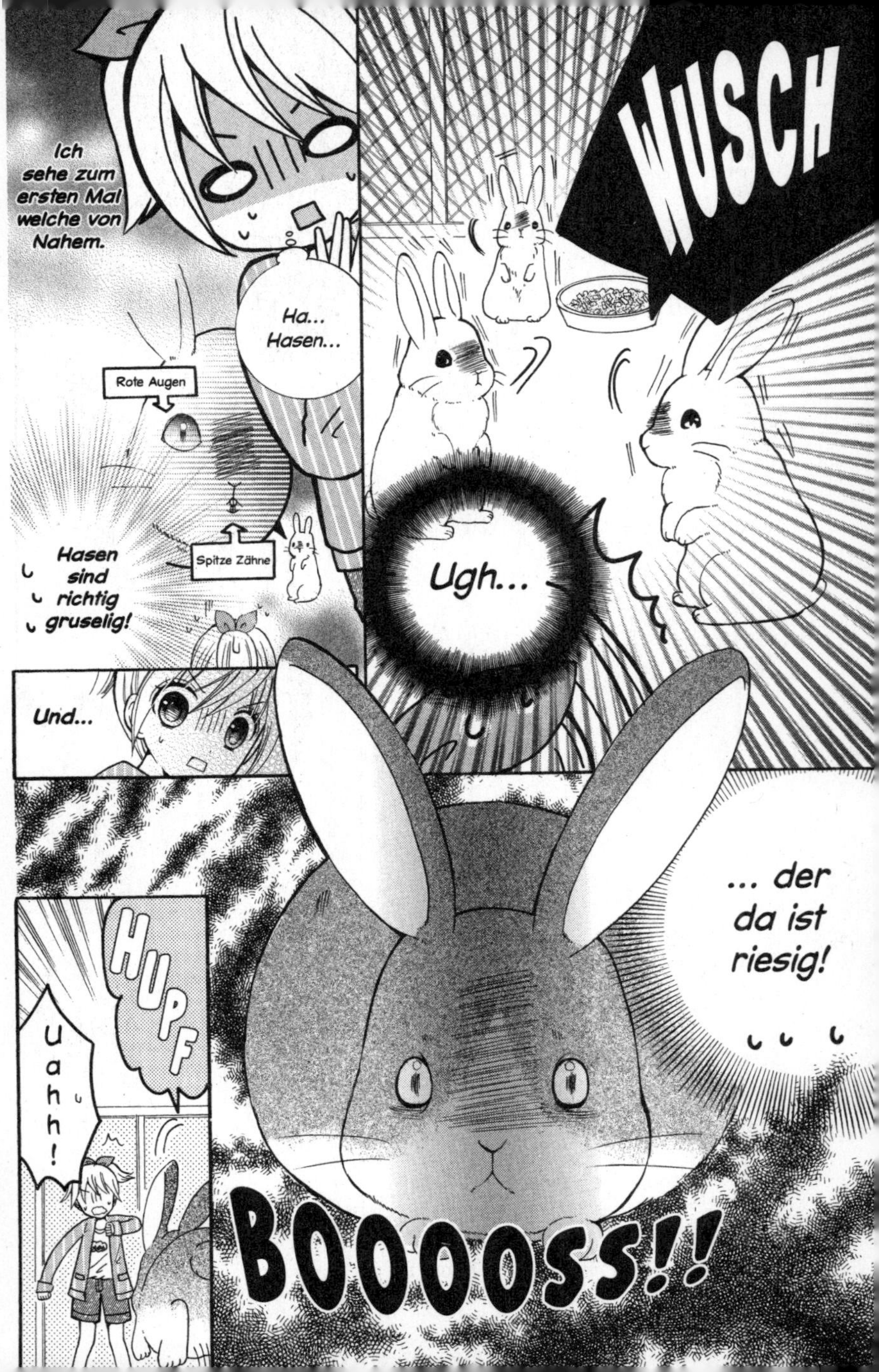
Ich sehe zum ersten Mal welche von Nahem.
Ha... Hasen...
WUSCH
Rote Augen
Spitze Zähne
Hasen sind richtig gruselig!
Ugh...
Und...
... der da ist riesig!
HUPF
Uahh!
BOOOOSS!!

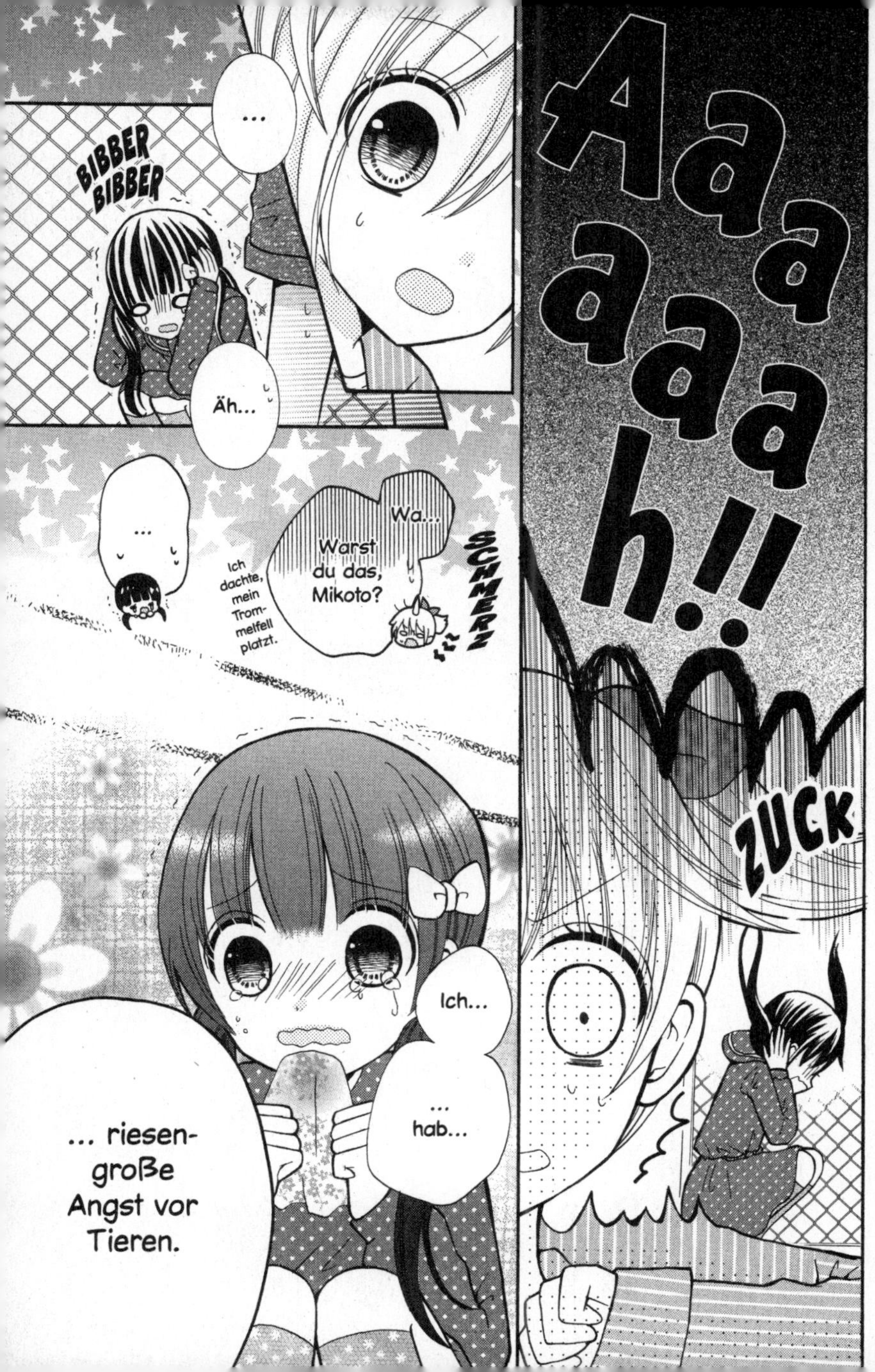
Aaaaaaaaah!!
ZUCK
...
BIBBER BIBBER
Äh...
...
Wa...
Warst du das, Mikoto?
SCHMERZ
Ich dachte, mein Trommelfell platzt.
Ich...
... hab...
... riesengroße Angst vor Tieren.

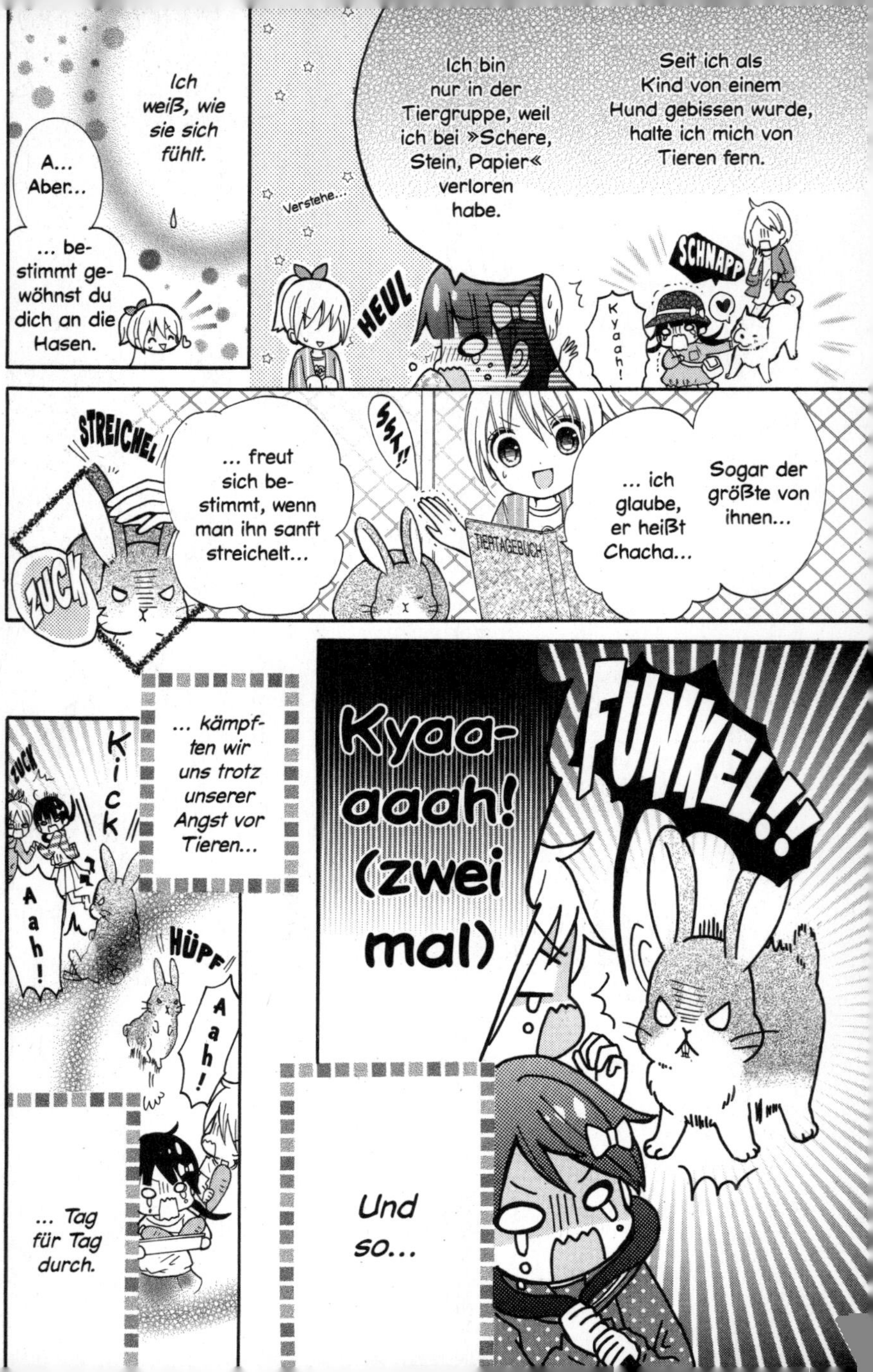
Seit ich als Kind von einem Hund gebissen wurde, halte ich mich von Tieren fern.
SCHNAPP
Kyaah!
Ich bin nur in der Tiergruppe, weil ich bei »Schere, Stein, Papier« verloren habe.
Verstehe...
HEUL
Ich weiß, wie sie sich fühlt.
A... Aber...
... bestimmt gewöhnst du dich an die Hasen.
Sogar der größte von ihnen...
... ich glaube, er heißt Chacha...
TIERTAGEBUCH
... freut sich bestimmt, wenn man ihn sanft streichelt...
STREICHEL
ZUCK
FUNKEL!!
Kyaa-aaah! (zwei mal)
Und so...
... kämpften wir uns trotz unserer Angst vor Tieren...
ZUCK
Kick
Aah!
HÜPF
Aah!
... Tag für Tag durch.

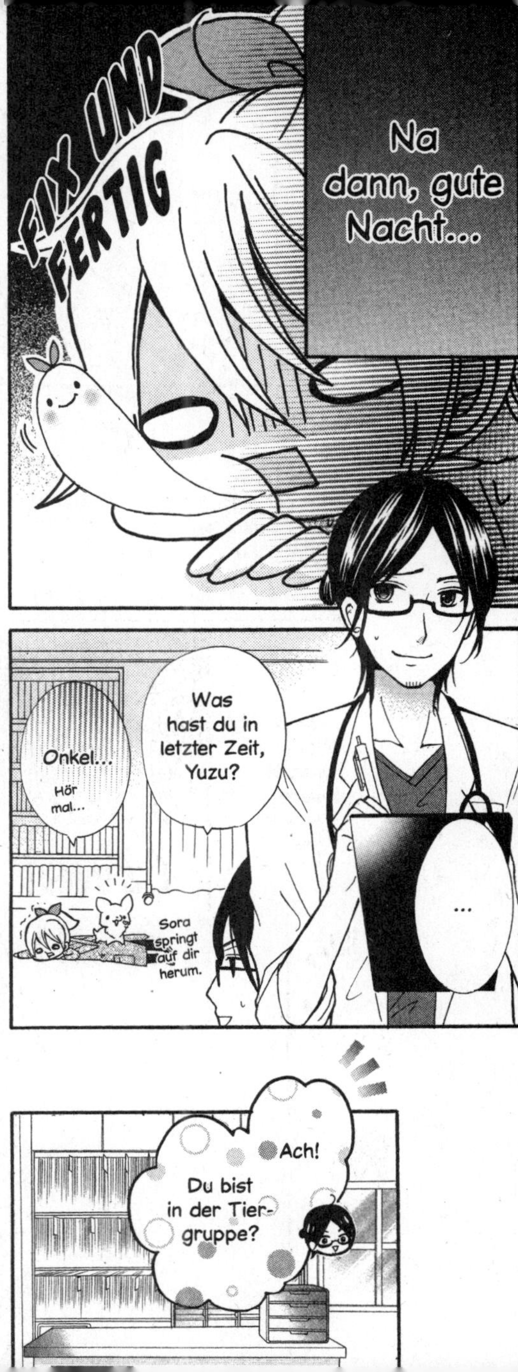
Na dann, gute Nacht...
FIX UND FERTIG
Was hast du in letzter Zeit, Yuzu?
Onkel... Hör mal...
...
Sora springt auf dir herum.
Ach! Du bist in der Tiergruppe?

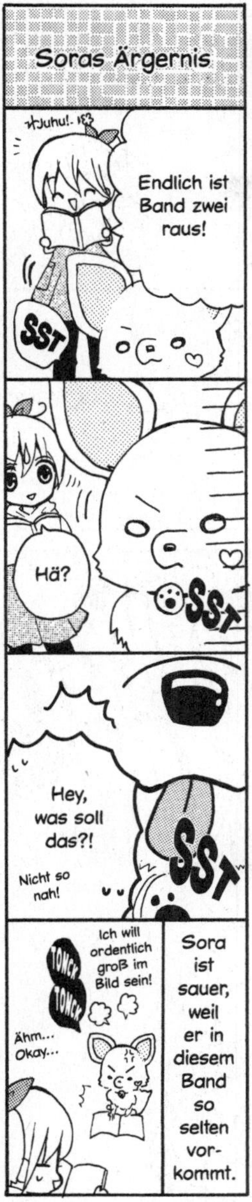
Soras Ärgernis
Juhu!
Endlich ist Band zwei raus!
SST
Hä?
SST
Hey, was soll das?!
Nicht so nah!
SST
Ich will ordentlich groß im Bild sein!
TONCK TONCK
Ähm... Okay...
Sora ist sauer, weil er in diesem Band so selten vorkommt.

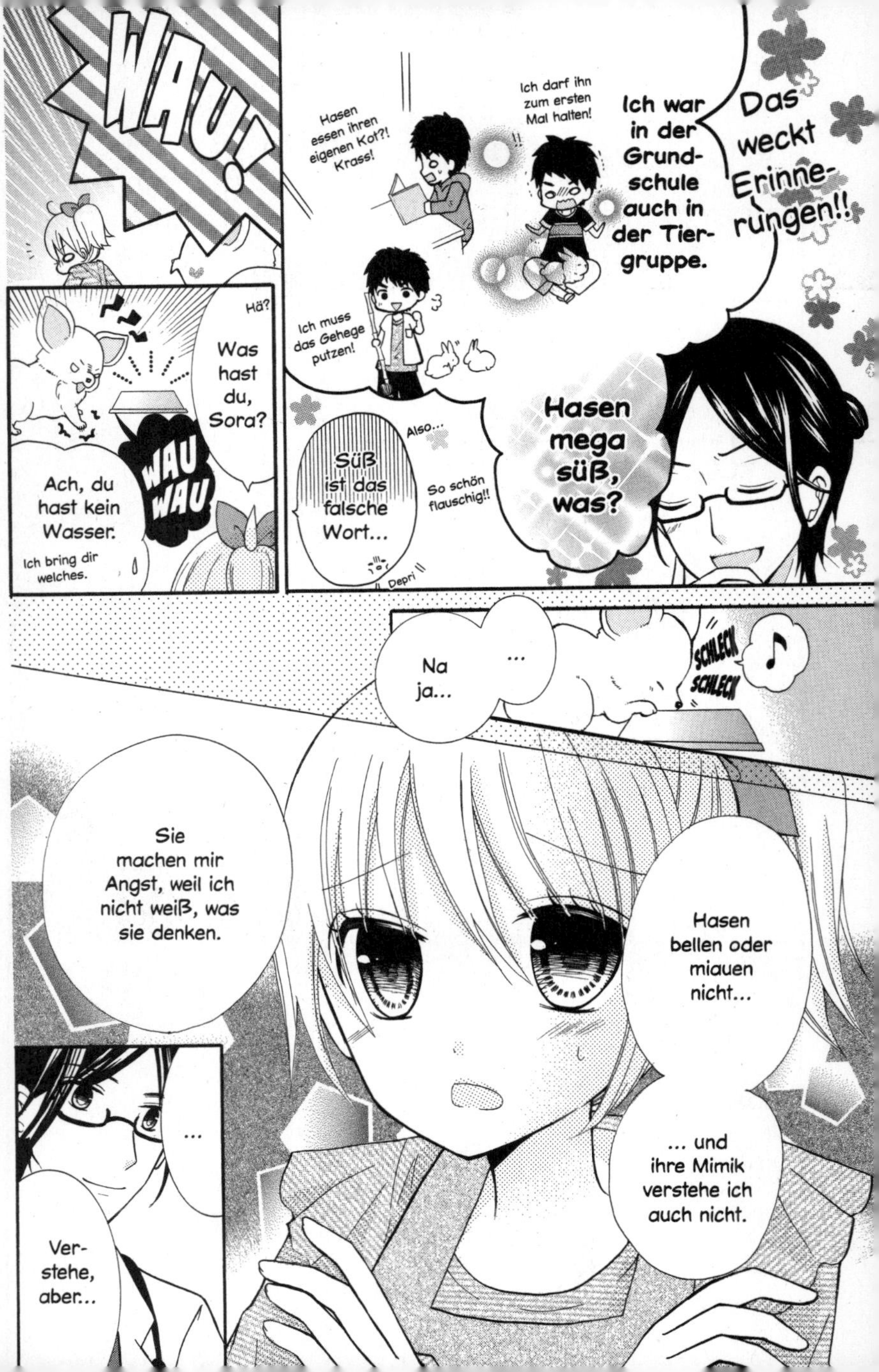

Das weckt Erinne-rungen!!
Ich war in der Grund-schule auch in der Tier-gruppe.
Ich darf ihn zum ersten Mal halten!
Hasen essen ihren eigenen Kot?! Krass!
Ich muss das Gehege putzen!
Hasen mega süß, was?
So schön flauschig!!
Also...
Süß ist das falsche Wort...
Depri
WAU!
Hä?
Was hast du, Sora?
WAU WAU
Ach, du hast kein Wasser.
Ich bring dir welches.
SCHLECK SCHLECK
♪
...
Na ja...
Hasen bellen oder miauen nicht...
Sie machen mir Angst, weil ich nicht weiß, was sie denken.
... und ihre Mimik verstehe ich auch nicht.
...
Ver-stehe, aber...

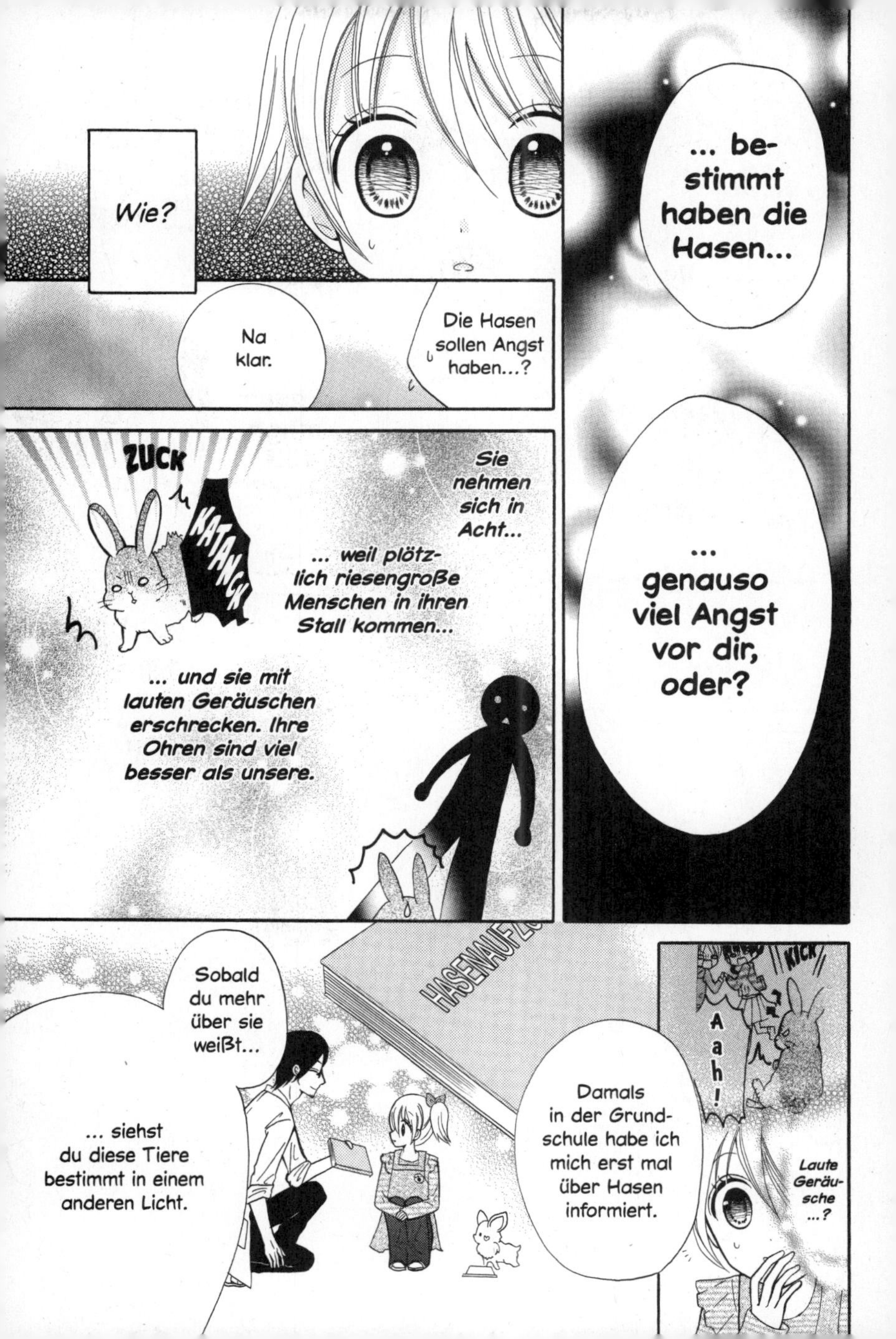

... bestimmt haben die Hasen...
... genauso viel Angst vor dir, oder?
Wie?
Die Hasen sollen Angst haben...?
Na klar.
ZUCK
KATANCK
Sie nehmen sich in Acht...
... weil plötzlich riesengroße Menschen in ihren Stall kommen...
... und sie mit lauten Geräuschen erschrecken. Ihre Ohren sind viel besser als unsere.
KICK
Aah!
Laute Geräusche ...?
Damals in der Grundschule habe ich mich erst mal über Hasen informiert.
Sobald du mehr über sie weißt...
... siehst du diese Tiere bestimmt in einem anderen Licht.

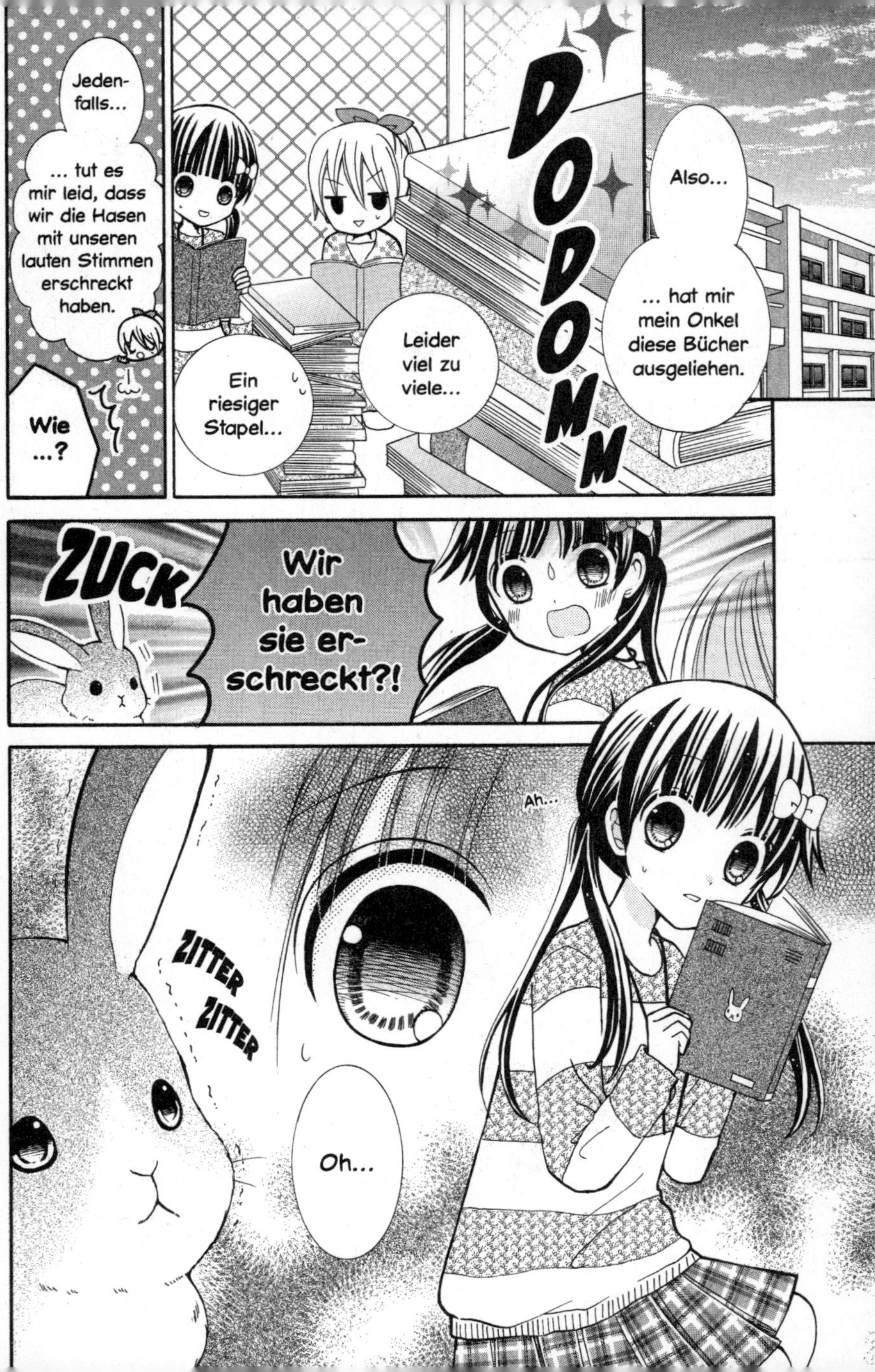
Also...
... hat mir mein Onkel diese Bücher ausgeliehen.
DODOMM
Leider viel zu viele...
Ein riesiger Stapel...
Jeden-falls...
... tut es mir leid, dass wir die Hasen mit unseren lauten Stimmen erschreckt haben.
Wie ...?
Wir haben sie er-schreckt?!
ZUCK
Ah...
ZITTER
ZITTER
Oh...

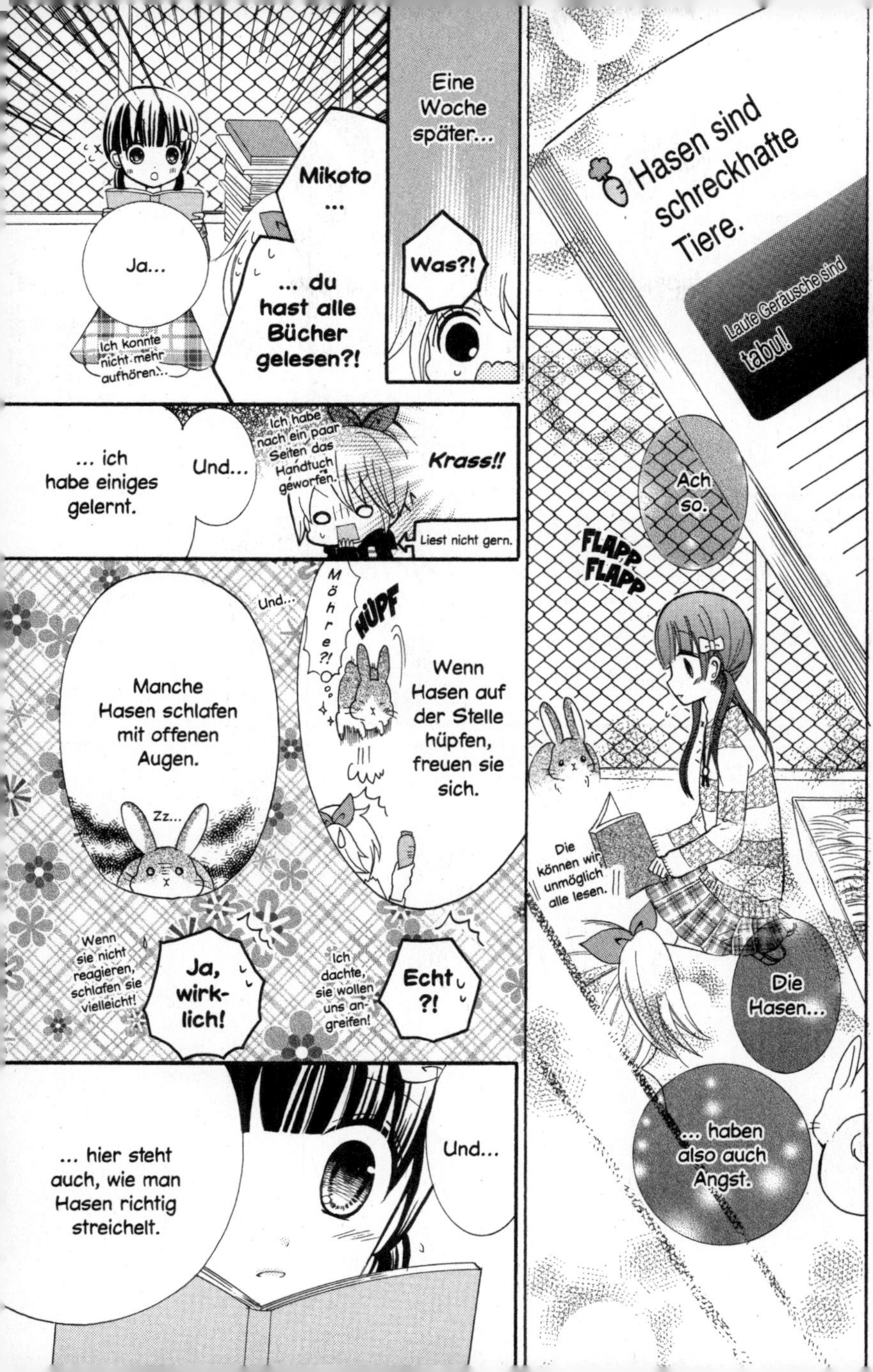
Eine Woche später...
Was?!
Mikoto ...
... du hast alle Bücher gelesen?!
Ja...
Ich konnte nicht mehr aufhören...
Krass!!
Liest nicht gern.
Ich habe nach ein paar Seiten das Handtuch geworfen.
Und...
... ich habe einiges gelernt.
Wenn Hasen auf der Stelle hüpfen, freuen sie sich.
Möhre?!
HÜPF
Und...
Manche Hasen schlafen mit offenen Augen.
Zz...
Echt?!
Ich dachte, sie wollen uns angreifen!
Ja, wirklich!
Wenn sie nicht reagieren, schlafen sie vielleicht!
Und...
... hier steht auch, wie man Hasen richtig streichelt.
Hasen sind schreckhafte Tiere.
Laute Geräusche sind tabu!
Ach so.
FLAPP FLAPP
Die können wir unmöglich alle lesen.
Die Hasen...
... haben also auch Angst.

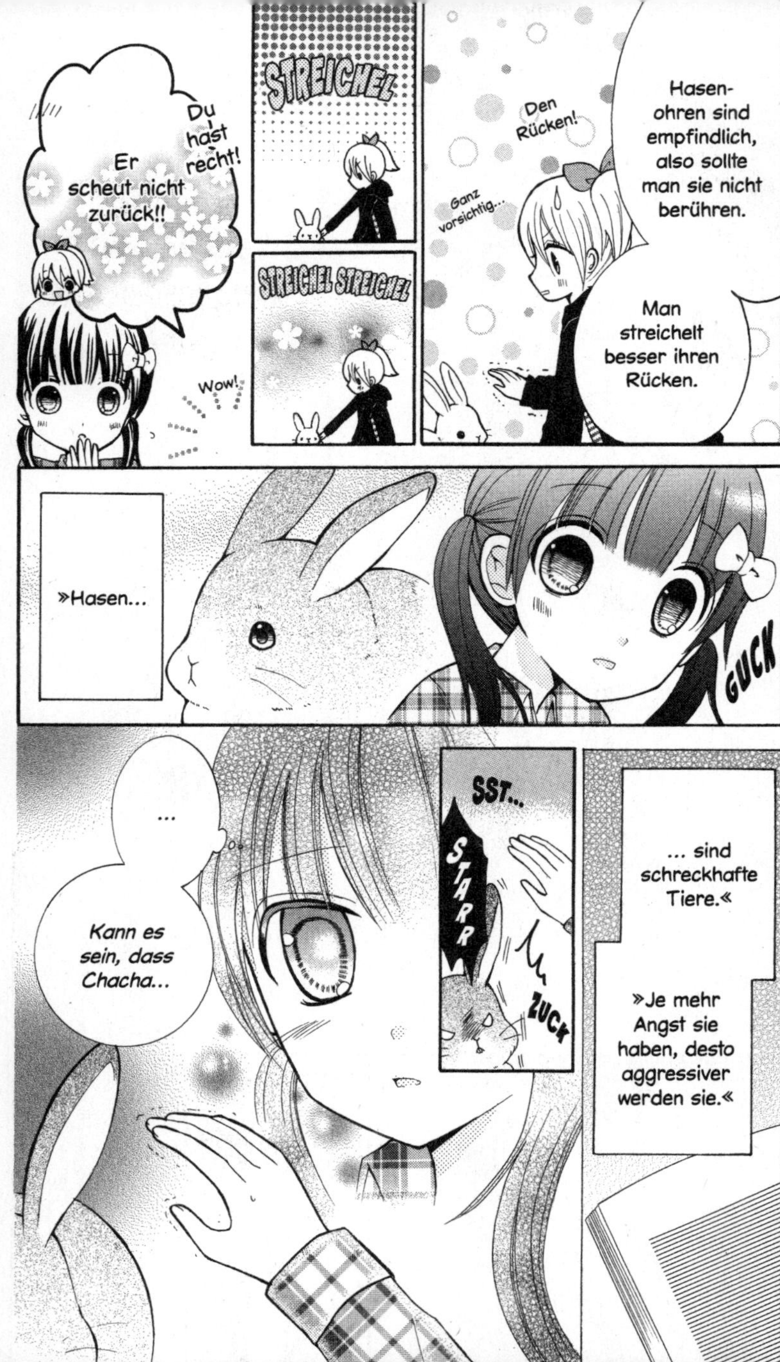
Hasen-ohren sind empfindlich, also sollte man sie nicht berühren.
Man streichelt besser ihren Rücken.
Den Rücken!
Ganz vorsichtig...
STREICHEL
STREICHEL STREICHEL
Du hast recht!
Er scheut nicht zurück!!
Wow!
»Hasen...
GUCK
... sind schreckhafte Tiere.«
»Je mehr Angst sie haben, desto aggressiver werden sie.«
SST...
STARR
ZUCK
...
Kann es sein, dass Chacha...

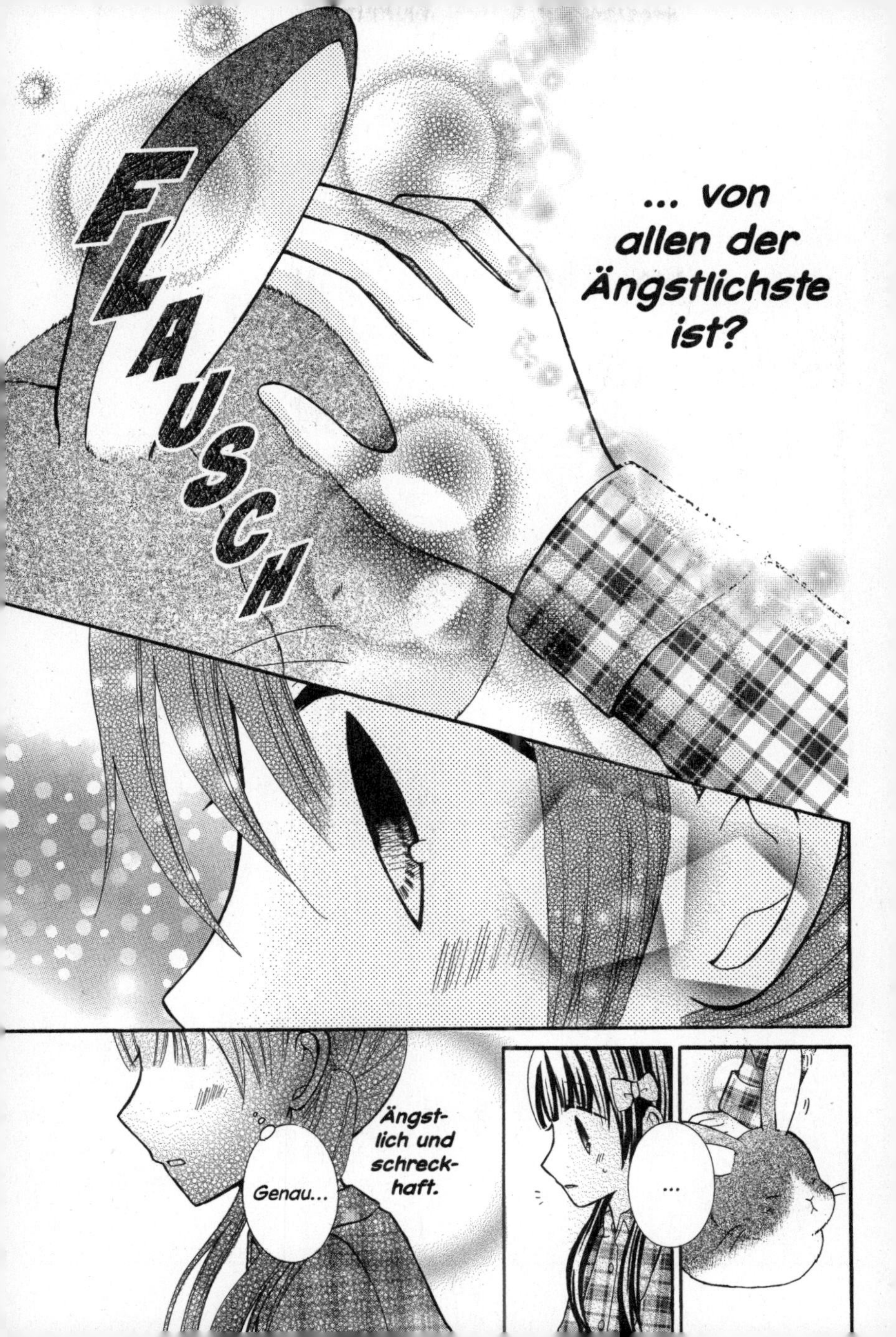
... von allen der Ängstlichste ist?
FLAUSCH
...
Ängstlich und schreckhaft.
Genau...

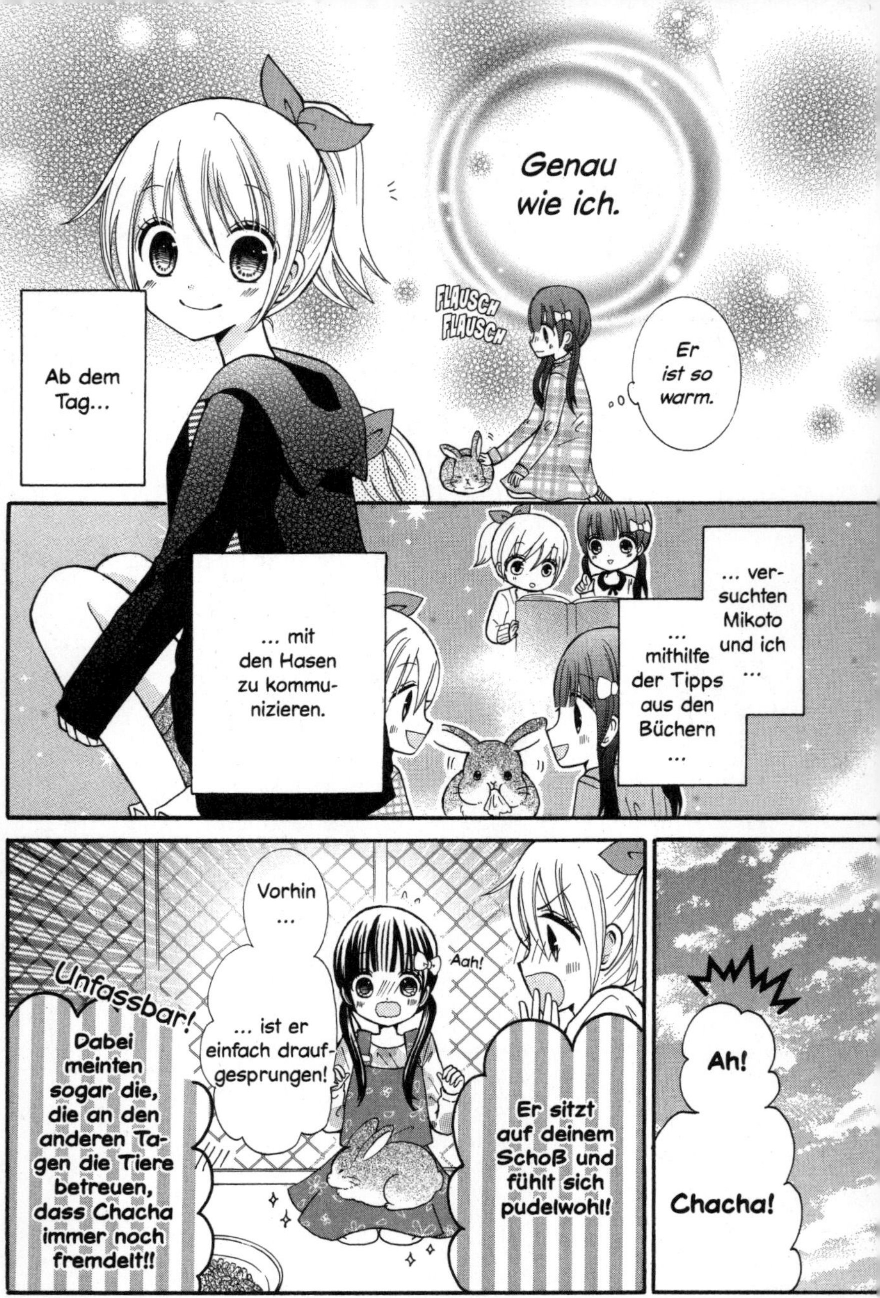
Genau wie ich.
Er ist so warm.
FLAUSCH FLAUSCH
Ab dem Tag…
… versuchten Mikoto und ich …
… mithilfe der Tipps aus den Büchern …
… mit den Hasen zu kommunizieren.
Ah!
Chacha!
Er sitzt auf deinem Schoß und fühlt sich pudelwohl!
Vorhin …
… ist er einfach draufgesprungen!
Aah!
Unfassbar!
Dabei meinten sogar die, die an den anderen Tagen die Tiere betreuen, dass Chacha immer noch fremdelt!!

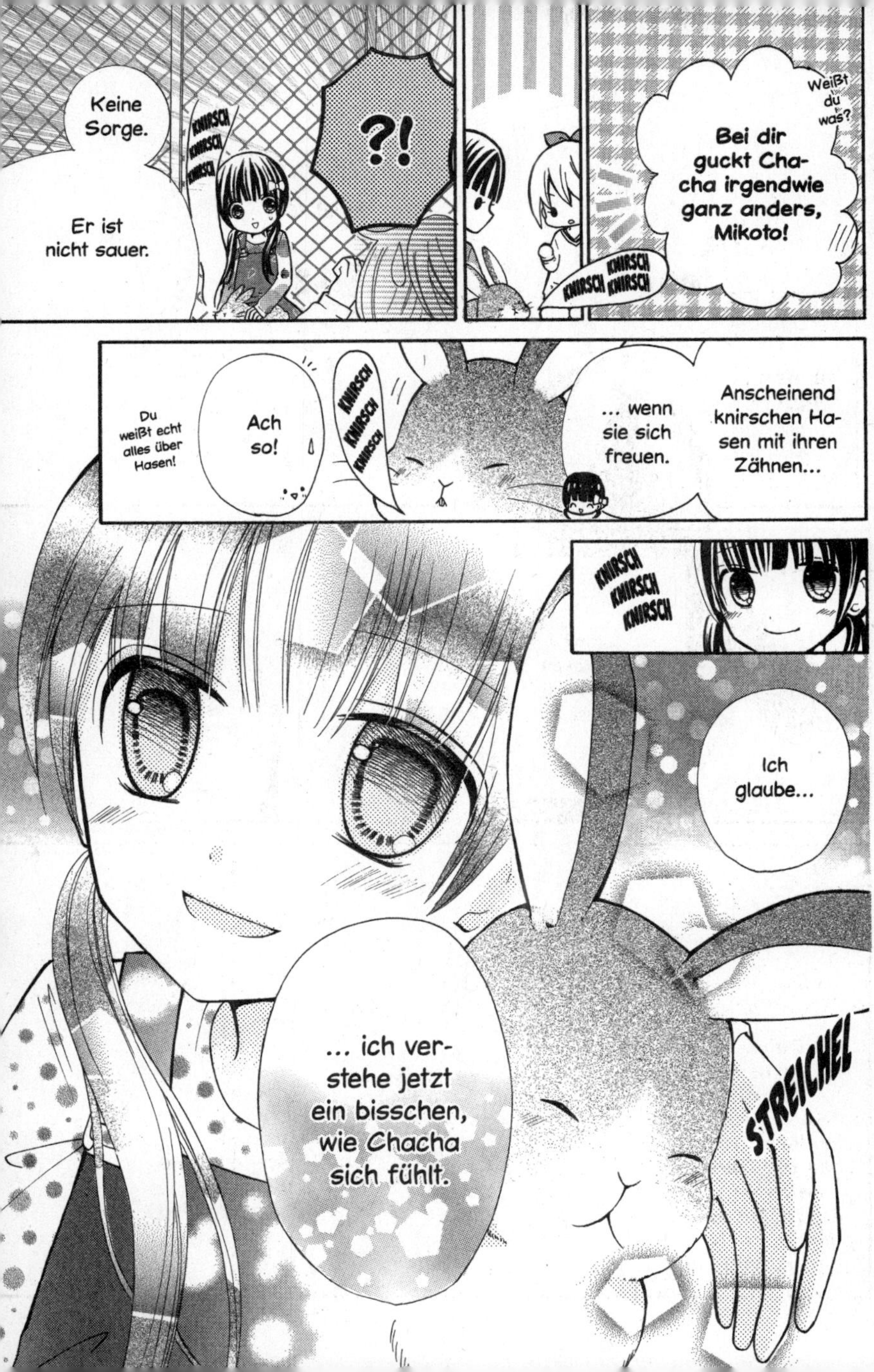
Weißt du was?
Bei dir guckt Chacha irgendwie ganz anders, Mikoto!
KNIRSCH KNIRSCH KNIRSCH
?!
KNIRSCH KNIRSCH KNIRSCH
Keine Sorge.
Er ist nicht sauer.
Anscheinend knirschen Hasen mit ihren Zähnen...
... wenn sie sich freuen.
KNIRSCH KNIRSCH KNIRSCH
Ach so!
Du weißt echt alles über Hasen!
KNIRSCH KNIRSCH KNIRSCH
Ich glaube...
... ich verstehe jetzt ein bisschen, wie Chacha sich fühlt.
STREICHEL

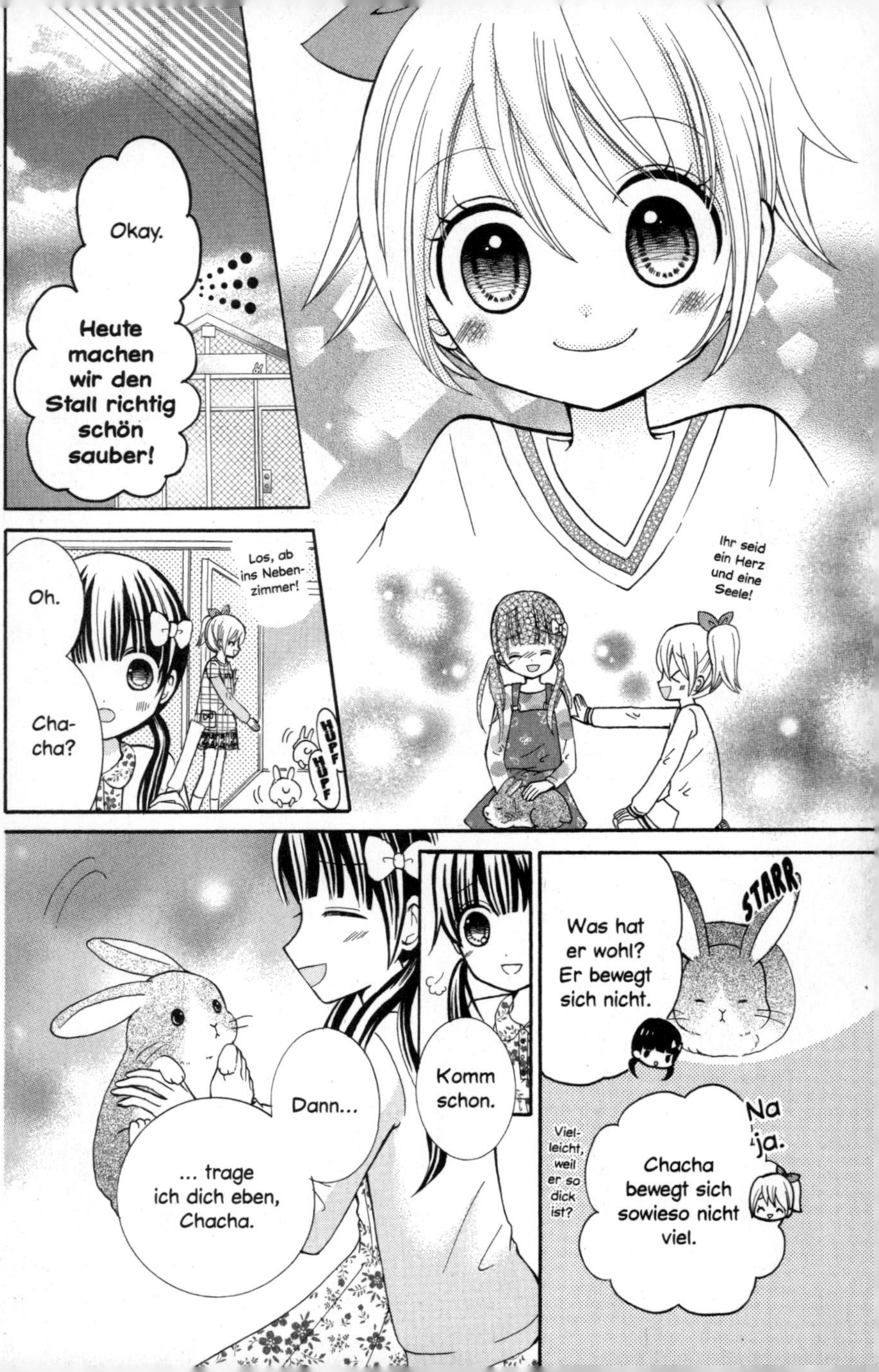

Okay.
Heute machen wir den Stall richtig schön sauber!
Ihr seid ein Herz und eine Seele!
Los, ab ins Neben-zimmer!
HUPF HUPF
Oh.
Cha-cha?
STARR
Was hat er wohl? Er bewegt sich nicht.
Na ja.
Chacha bewegt sich sowieso nicht viel.
Viel-leicht, weil er so dick ist?
Komm schon.
Dann...
... trage ich dich eben, Chacha.

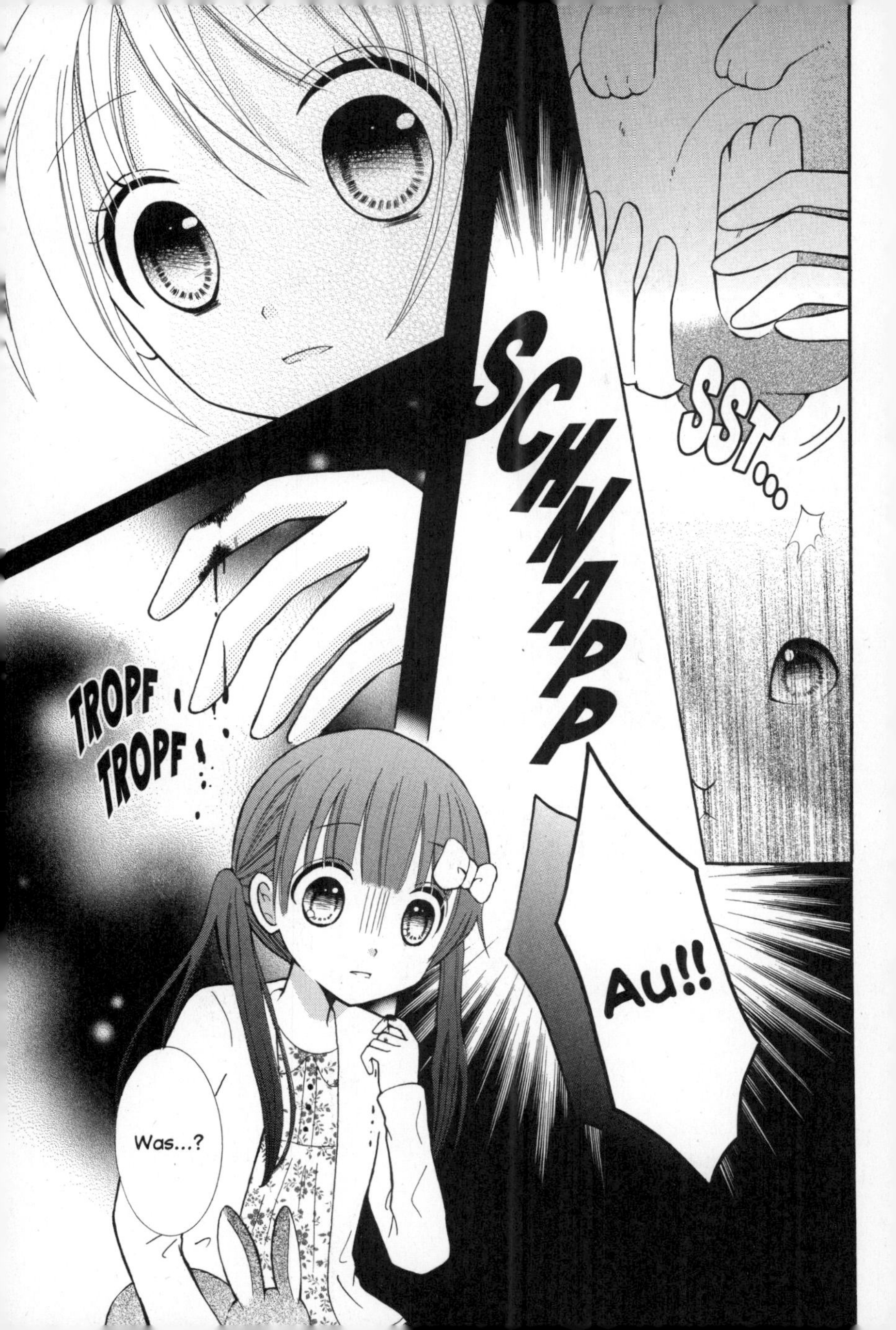
SST...
SCHNAPP
AU!!
TROPF
TROPF
Was...?

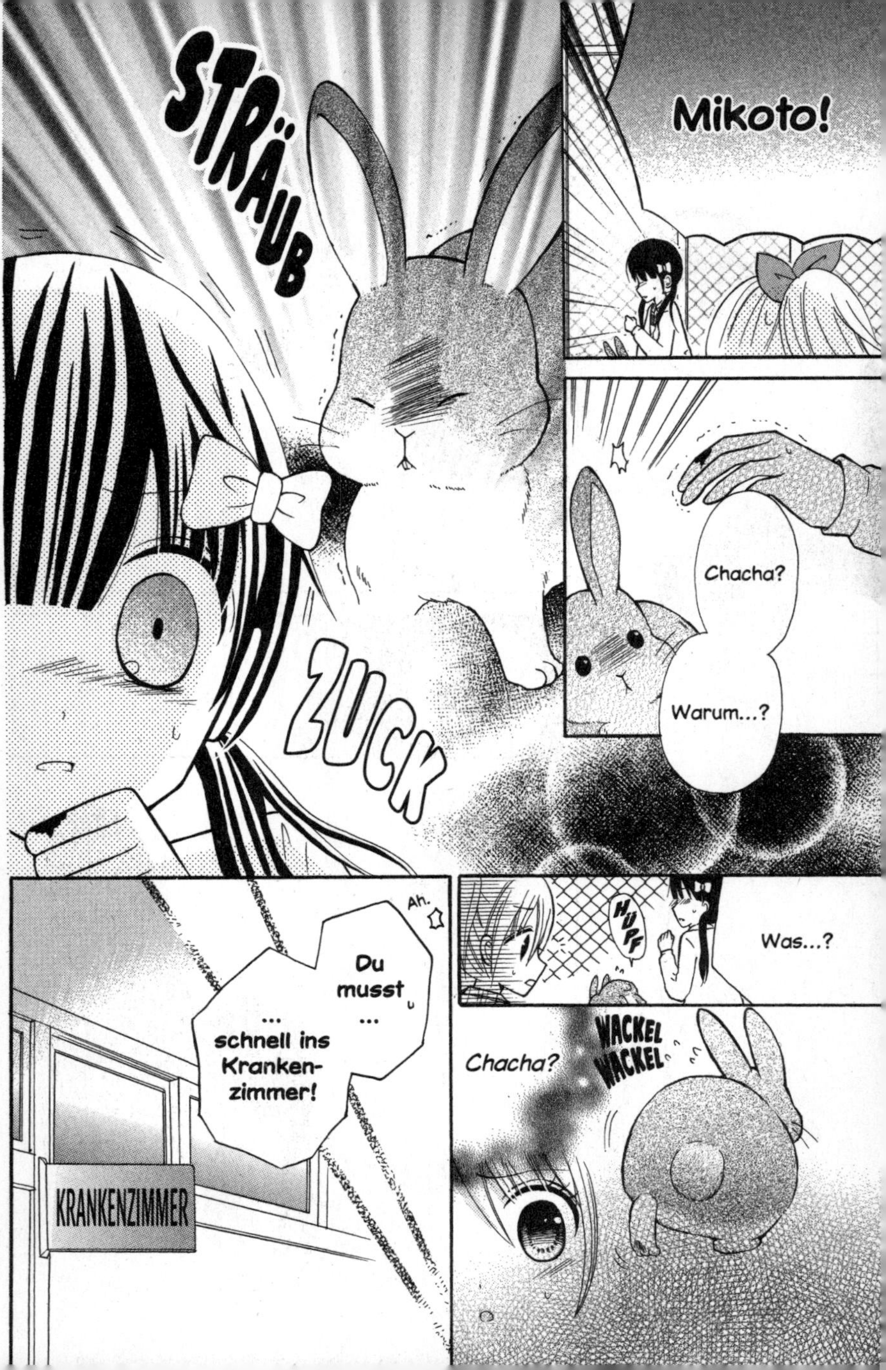
Mikoto!
STRÄUB
Chacha?
Warum...?
ZUCK
Was...?
HÜPF
Ah.
Du musst ...
... schnell ins Kranken-zimmer!
KRANKENZIMMER
WACKEL WACKEL
Chacha?

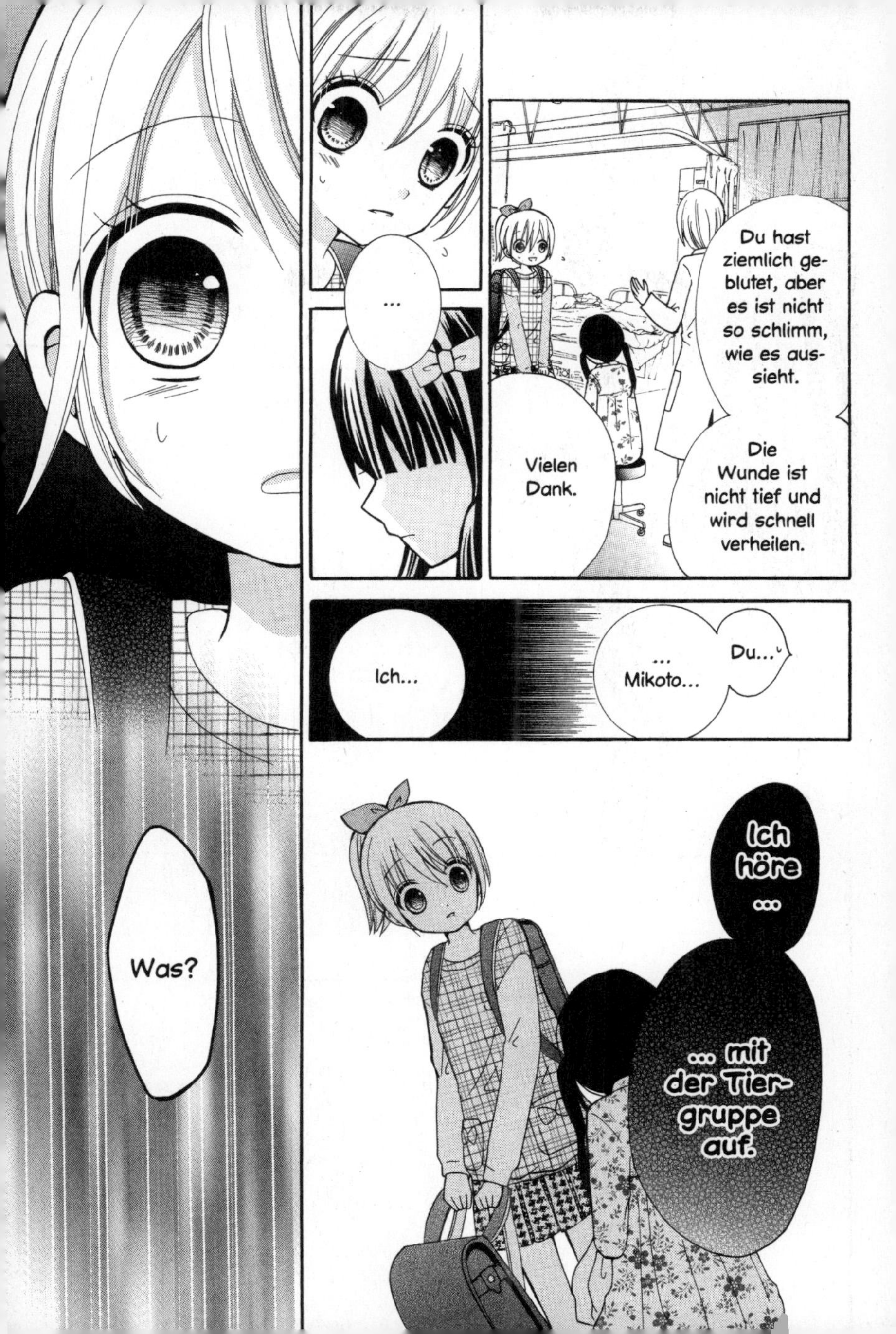
Du hast ziemlich geblutet, aber es ist nicht so schlimm, wie es aussieht.
Die Wunde ist nicht tief und wird schnell verheilen.
Vielen Dank.
...
Du...
... Mikoto...
Ich...
Ich höre ...
... mit der Tiergruppe auf.
Was?

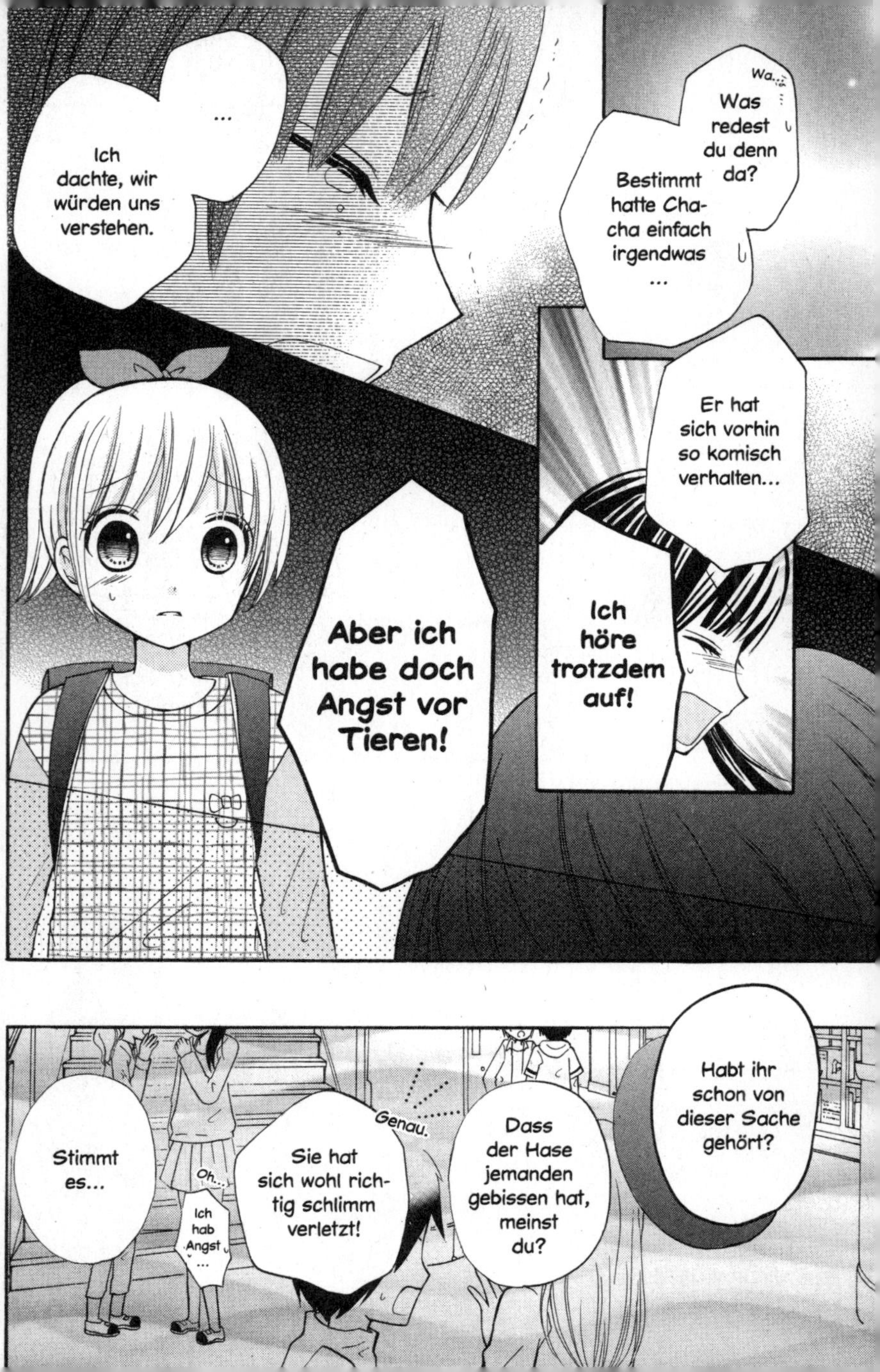
Wa...
Was redest du denn da?
Bestimmt hatte Chacha einfach irgendwas ...
...
Ich dachte, wir würden uns verstehen.
Er hat sich vorhin so komisch verhalten...
Ich höre trotzdem auf!
Aber ich habe doch Angst vor Tieren!
Habt ihr schon von dieser Sache gehört?
Dass der Hase jemanden gebissen hat, meinst du?
Genau.
Sie hat sich wohl richtig schlimm verletzt!
Oh...
Ich hab Angst ...
Stimmt es...

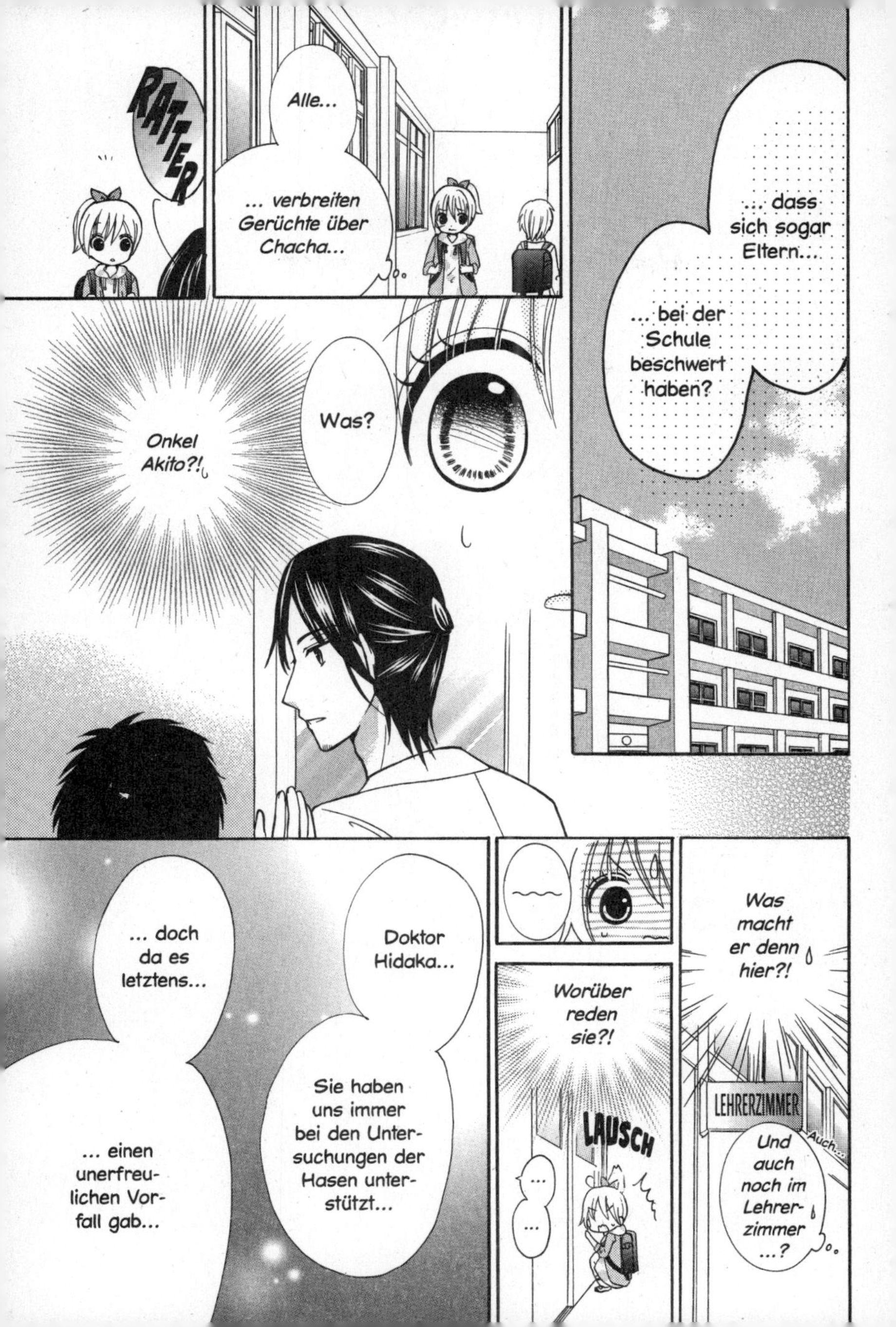
... dass sich sogar Eltern...
... bei der Schule beschwert haben?
Alle...
... verbreiten Gerüchte über Chacha...
RATTER
Was?
Onkel Akito?!
Was macht er denn hier?!
LEHRERZIMMER
Auch...
Und auch noch im Lehrerzimmer ...?
Worüber reden sie?!
LAUSCH
...
...
Doktor Hidaka...
Sie haben uns immer bei den Untersuchungen der Hasen unterstützt...
... doch da es letztens...
... einen unerfreulichen Vorfall gab...

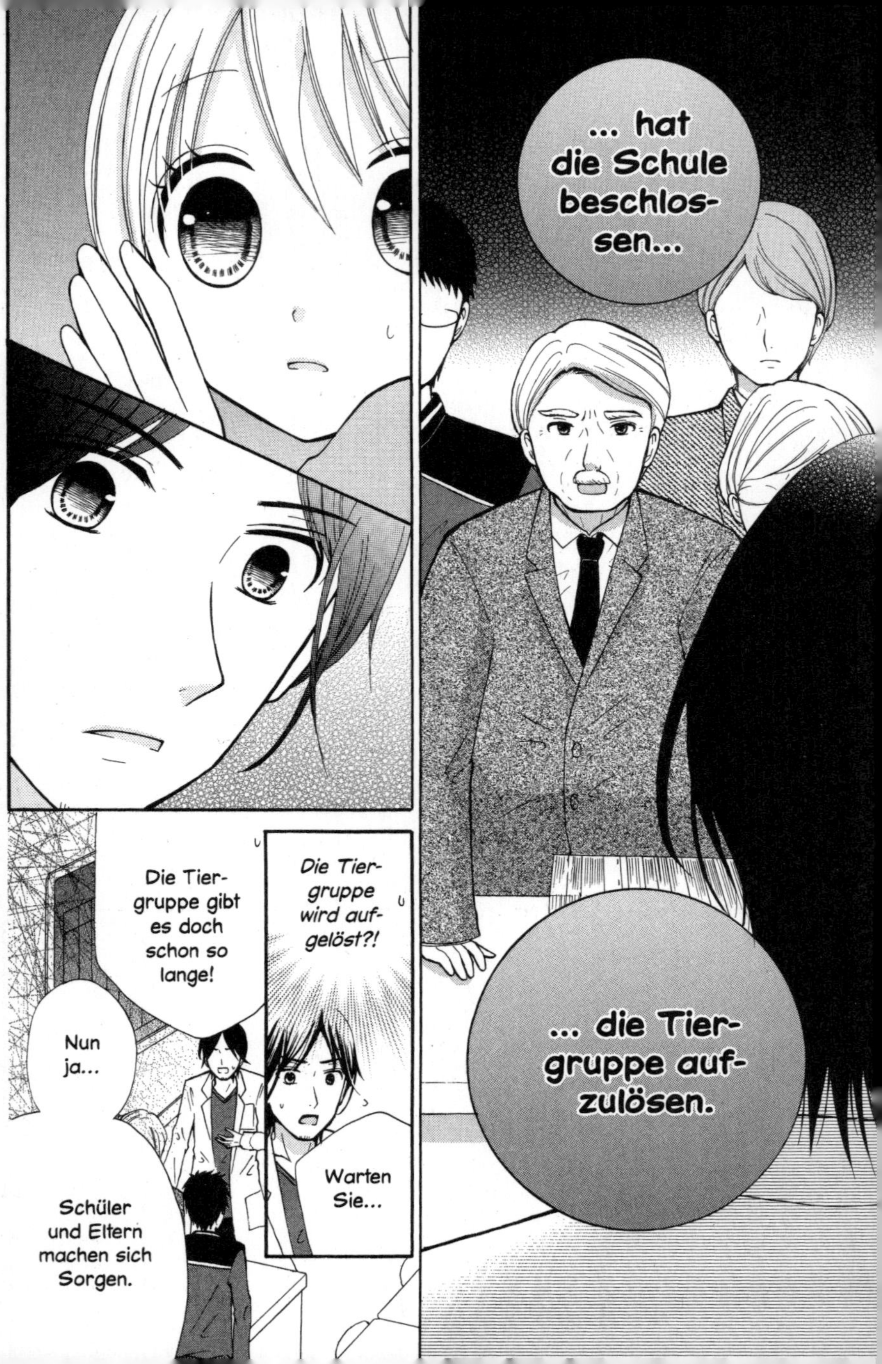
... hat die Schule beschlossen...
... die Tiergruppe aufzulösen.
Die Tiergruppe wird aufgelöst?!
Warten Sie...
Die Tiergruppe gibt es doch schon so lange!
Nun ja...
Schüler und Eltern machen sich Sorgen.

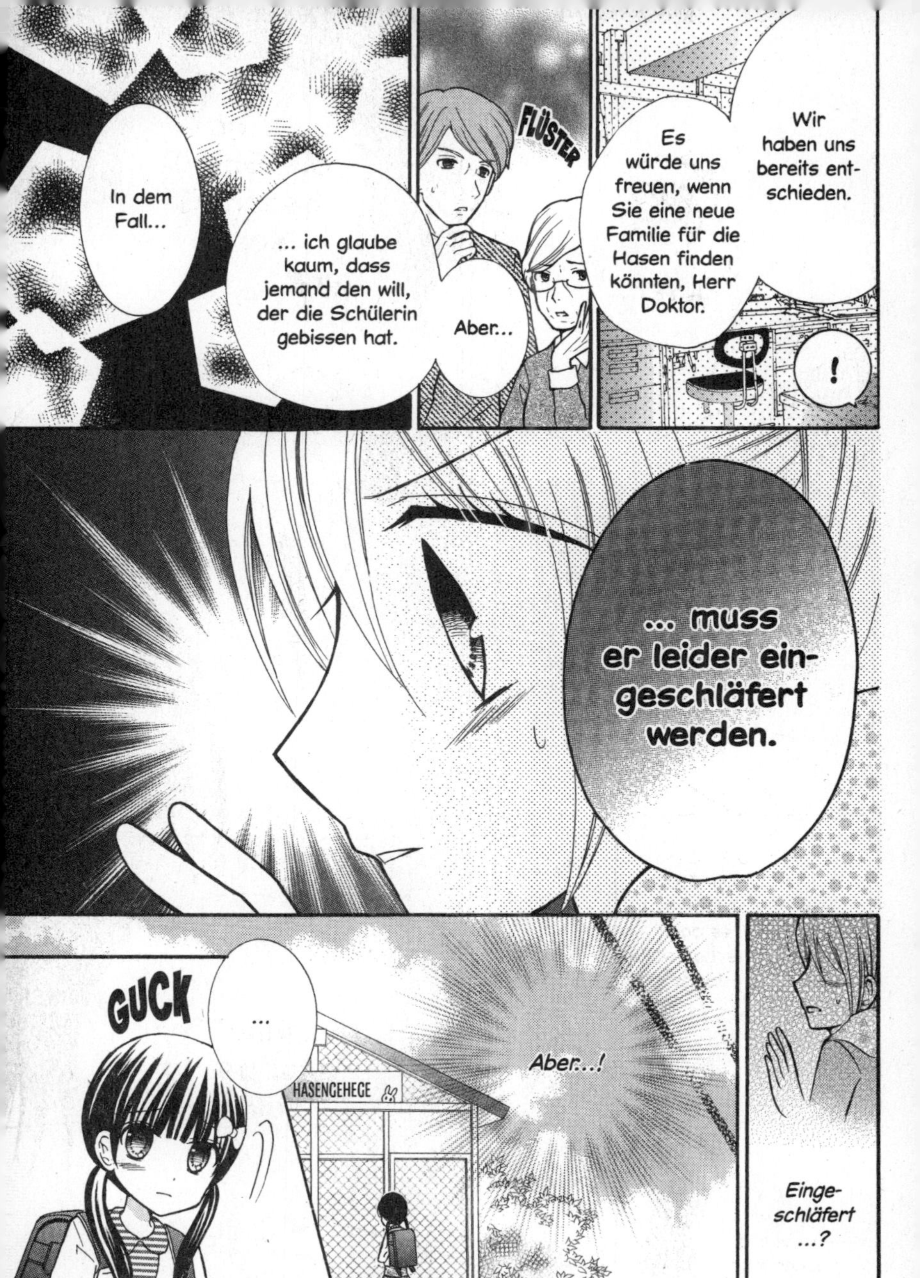
Wir haben uns bereits entschieden.
Es würde uns freuen, wenn Sie eine neue Familie für die Hasen finden könnten, Herr Doktor.
!
FLÜSTER
Aber...
... ich glaube kaum, dass jemand den will, der die Schülerin gebissen hat.
In dem Fall...
... muss er leider eingeschläfert werden.
Eingeschläfert ...?
Aber...!
HASENGEHEGE
...
GUCK

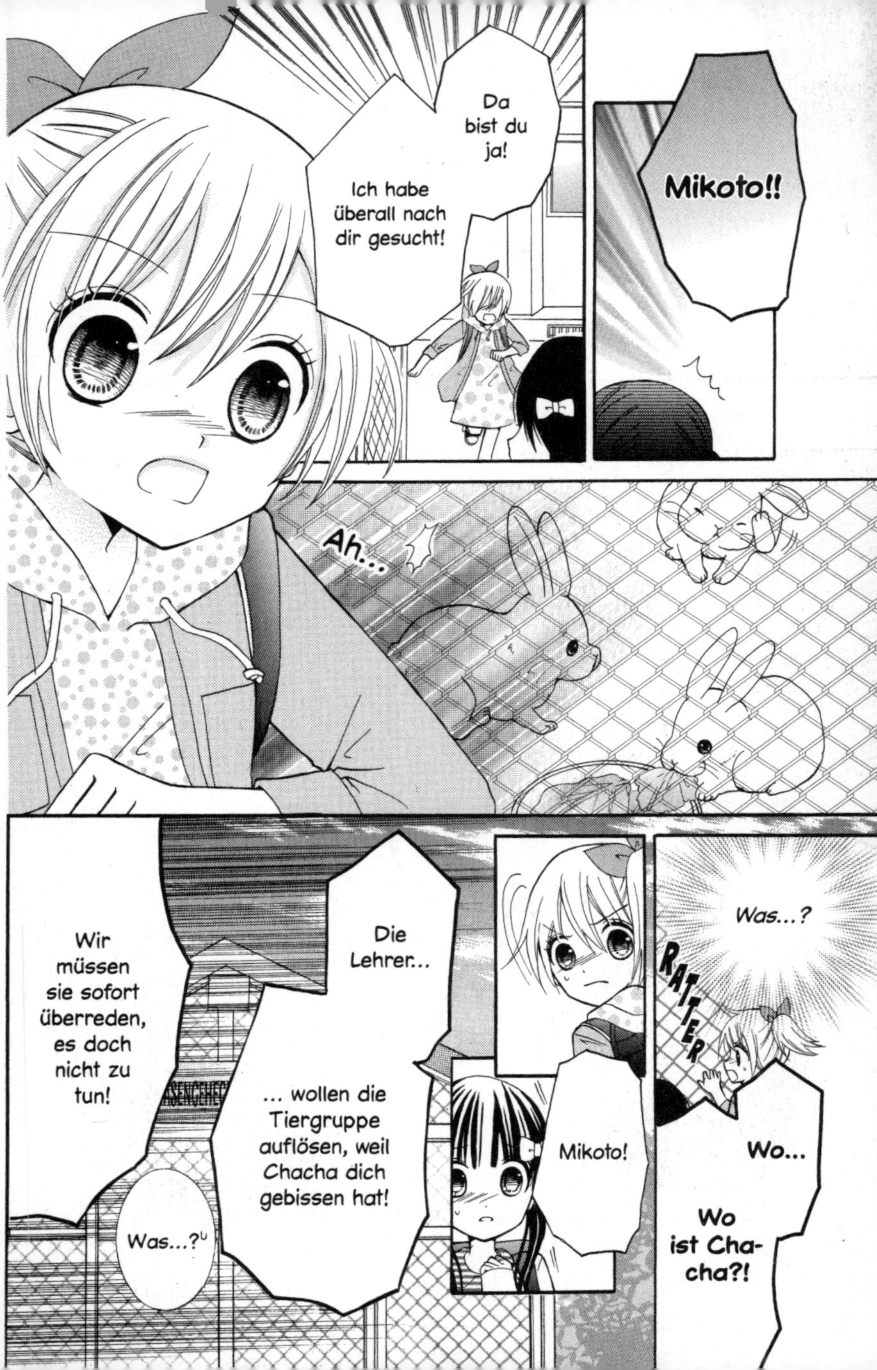
Mikoto!!
Da bist du ja!
Ich habe überall nach dir gesucht!
Ah...
Was...?
RATTER
Wo...
Wo ist Cha-cha?!
Mikoto!
Die Lehrer...
... wollen die Tiergruppe auflösen, weil Chacha dich gebissen hat!
Was...?
Wir müssen sie sofort überreden, es doch nicht zu tun!

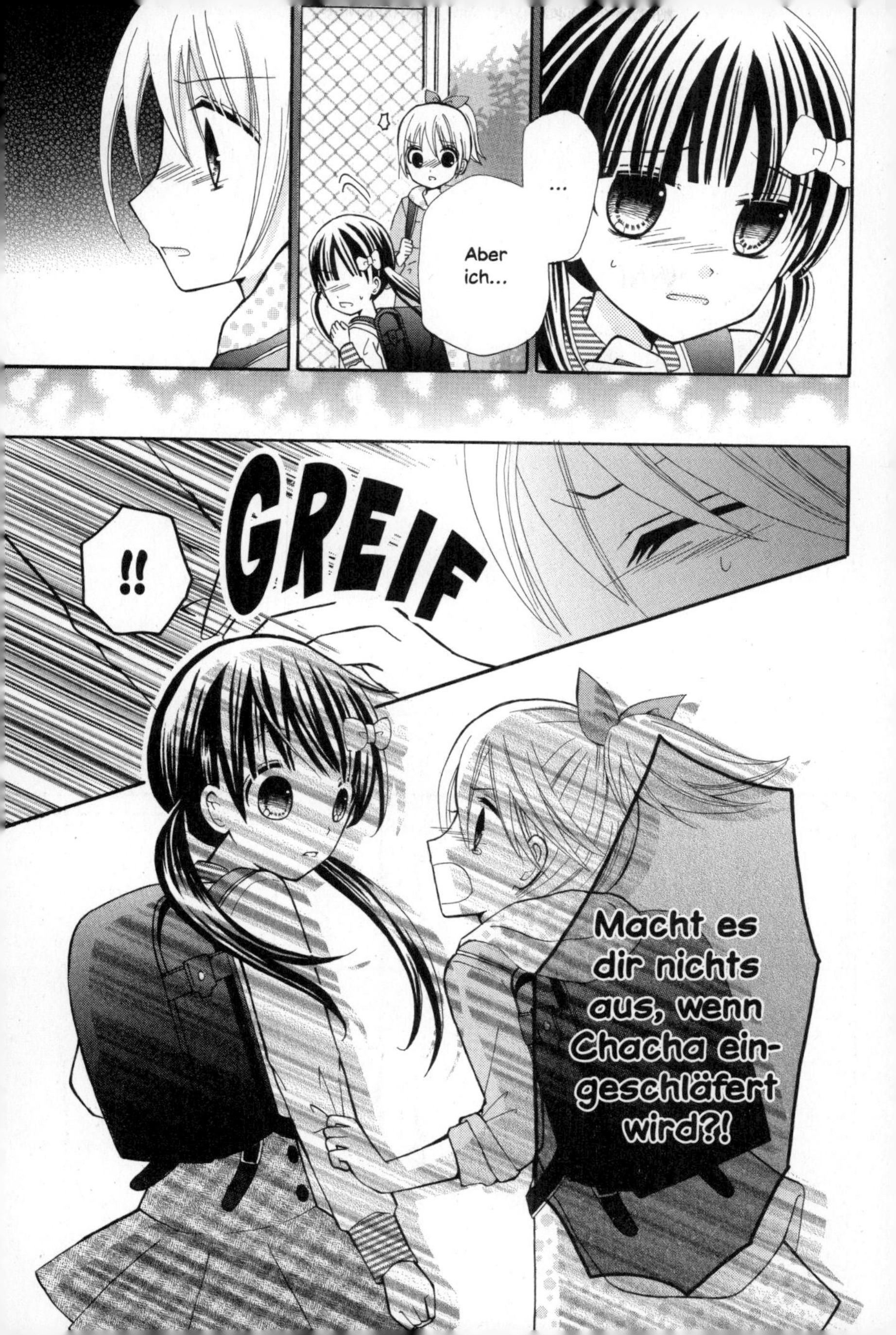
...
Aber ich...
GREIF
!!
Macht es dir nichts aus, wenn Chacha ein-geschläfert wird?!

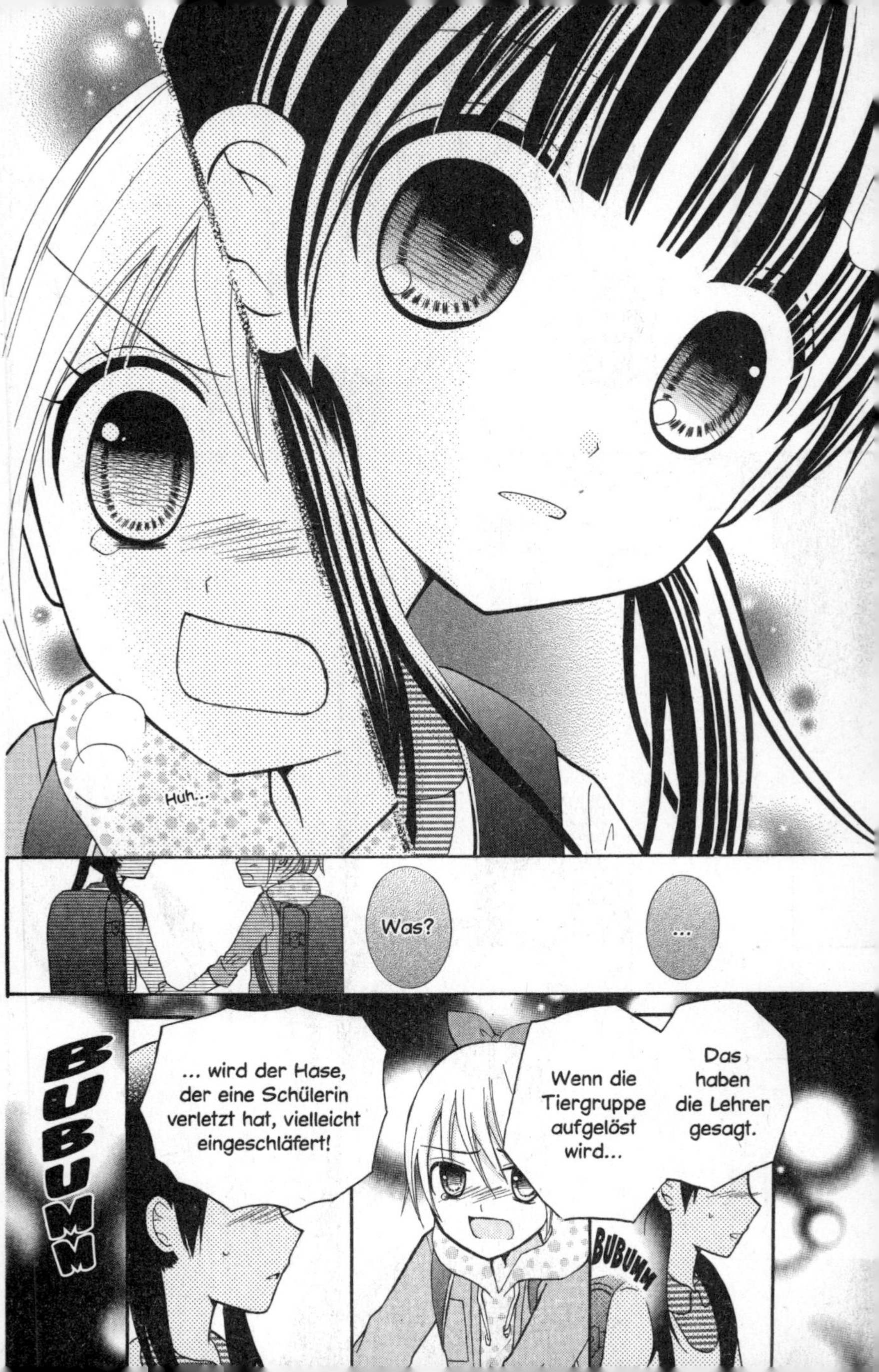
Huh...
...
Was?
Das haben die Lehrer gesagt.
Wenn die Tiergruppe aufgelöst wird...
BUBUMM
... wird der Hase, der eine Schülerin verletzt hat, vielleicht eingeschläfert!
BUBUMM

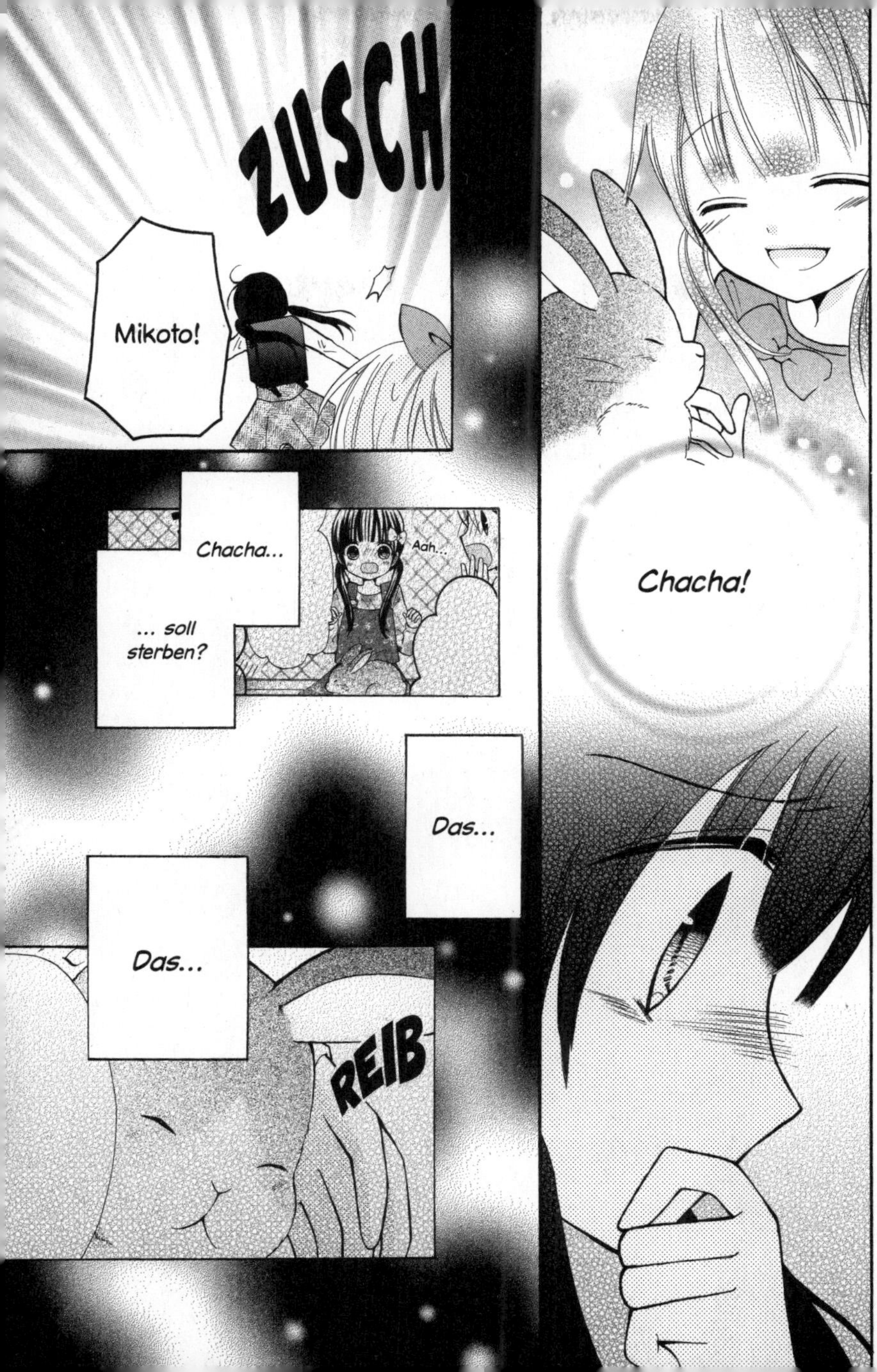

Chacha!
ZUSCH
Mikoto!
Chacha...
... soll sterben?
Aah...
Das...
Das...
REIB

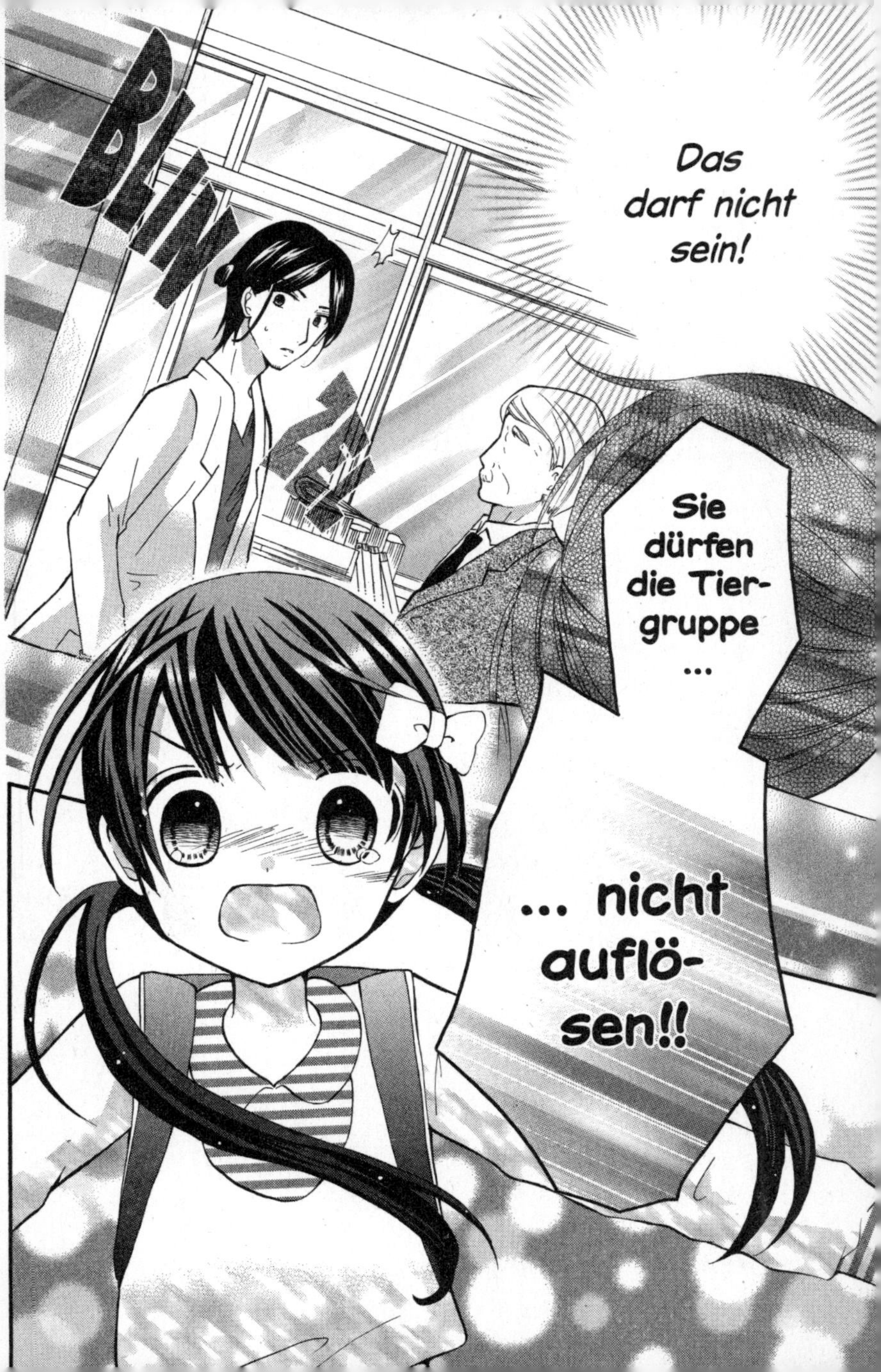
Das darf nicht sein!
Sie dürfen die Tier-gruppe ...
... nicht auflö-sen!!

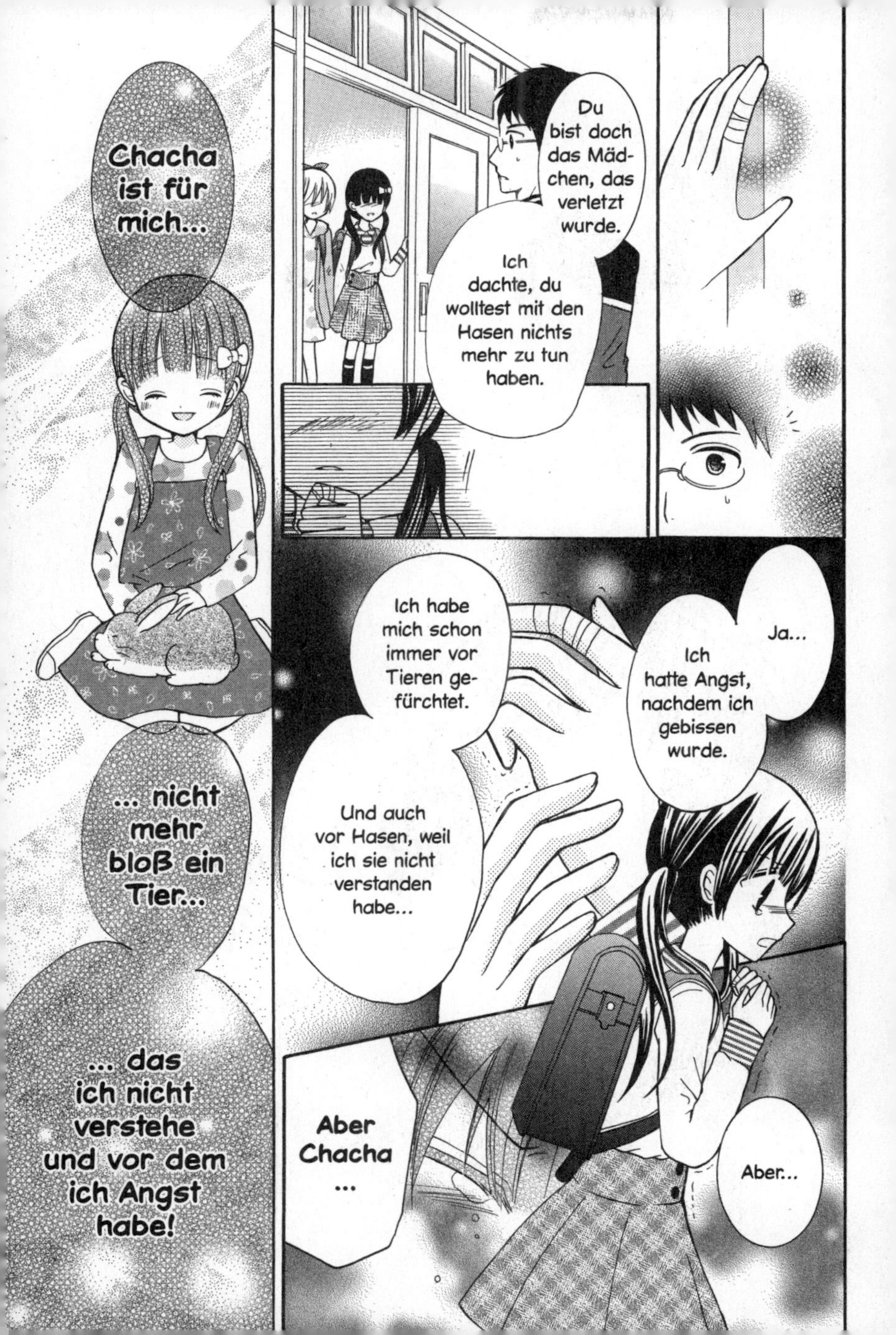
Du bist doch das Mädchen, das verletzt wurde.
Ich dachte, du wolltest mit den Hasen nichts mehr zu tun haben.
Ja...
Ich hatte Angst, nachdem ich gebissen wurde.
Ich habe mich schon immer vor Tieren gefürchtet.
Und auch vor Hasen, weil ich sie nicht verstanden habe...
Aber...
Aber Chacha ...
Chacha ist für mich...
... nicht mehr bloß ein Tier...
... das ich nicht verstehe und vor dem ich Angst habe!

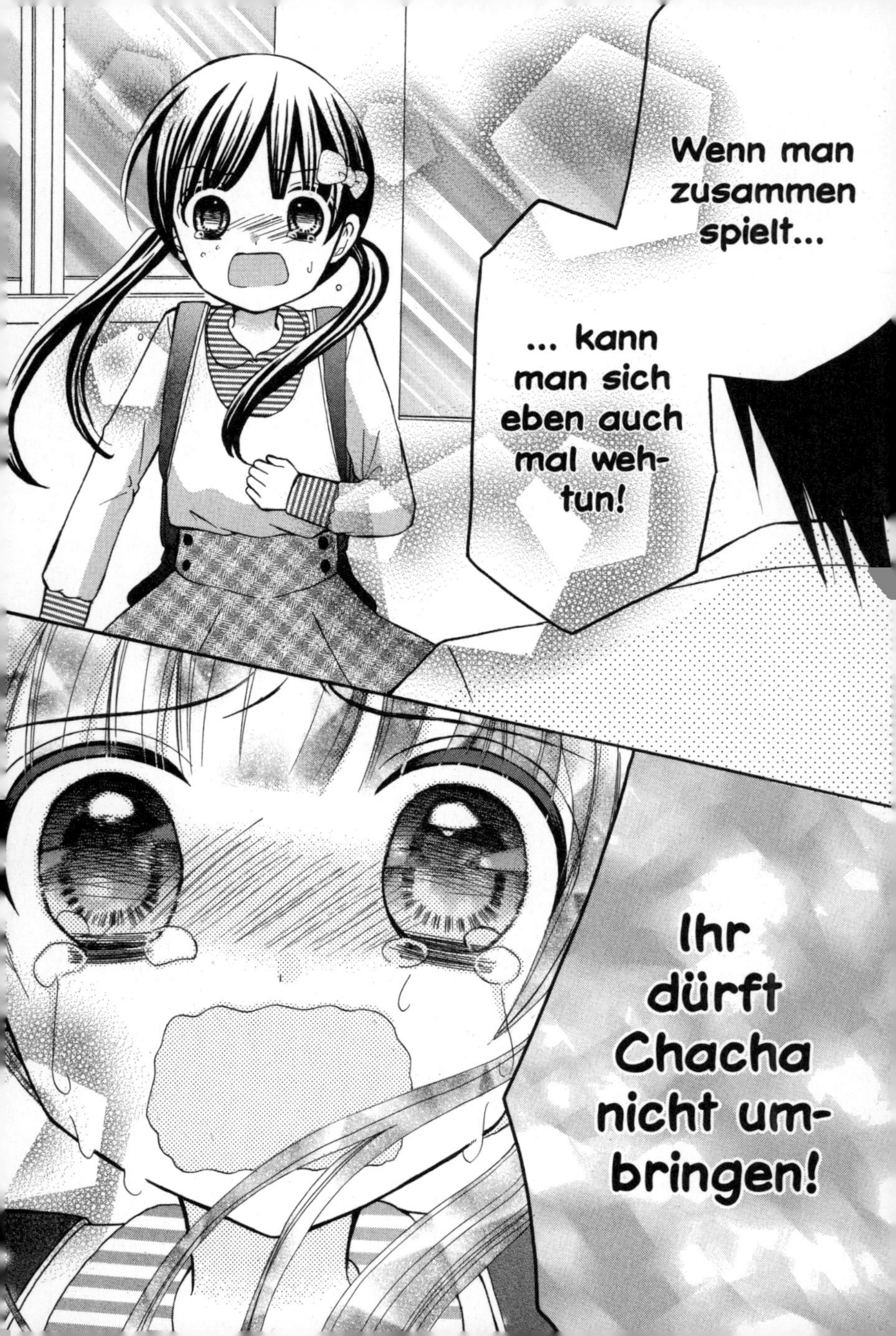
Wenn man zusammen spielt...
... kann man sich eben auch mal weh-tun!
Ihr dürft Chacha nicht um-bringen!

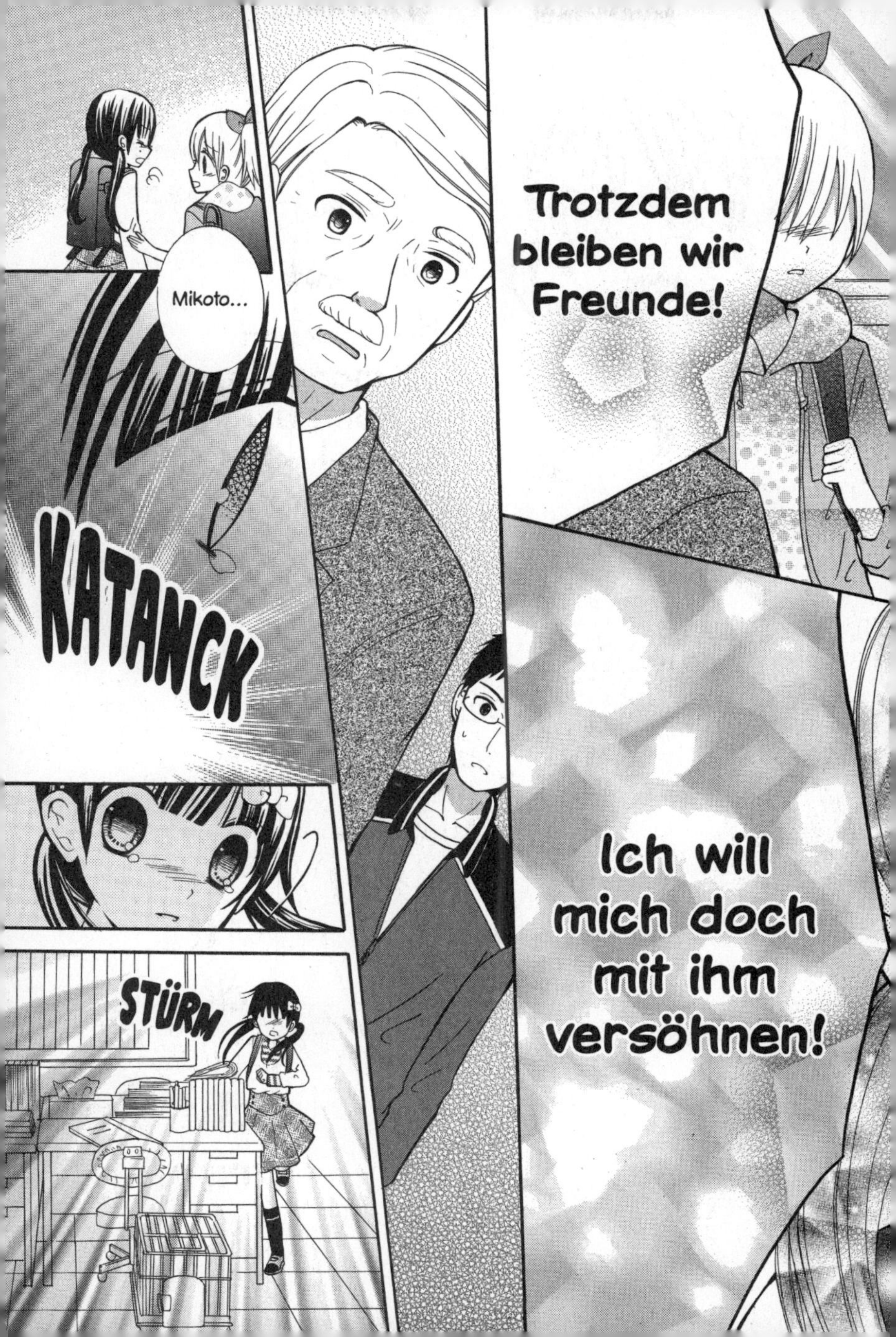

Trotzdem bleiben wir Freunde!
Ich will mich doch mit ihm versöhnen!
Mikoto...
KATANCK
STÜRM

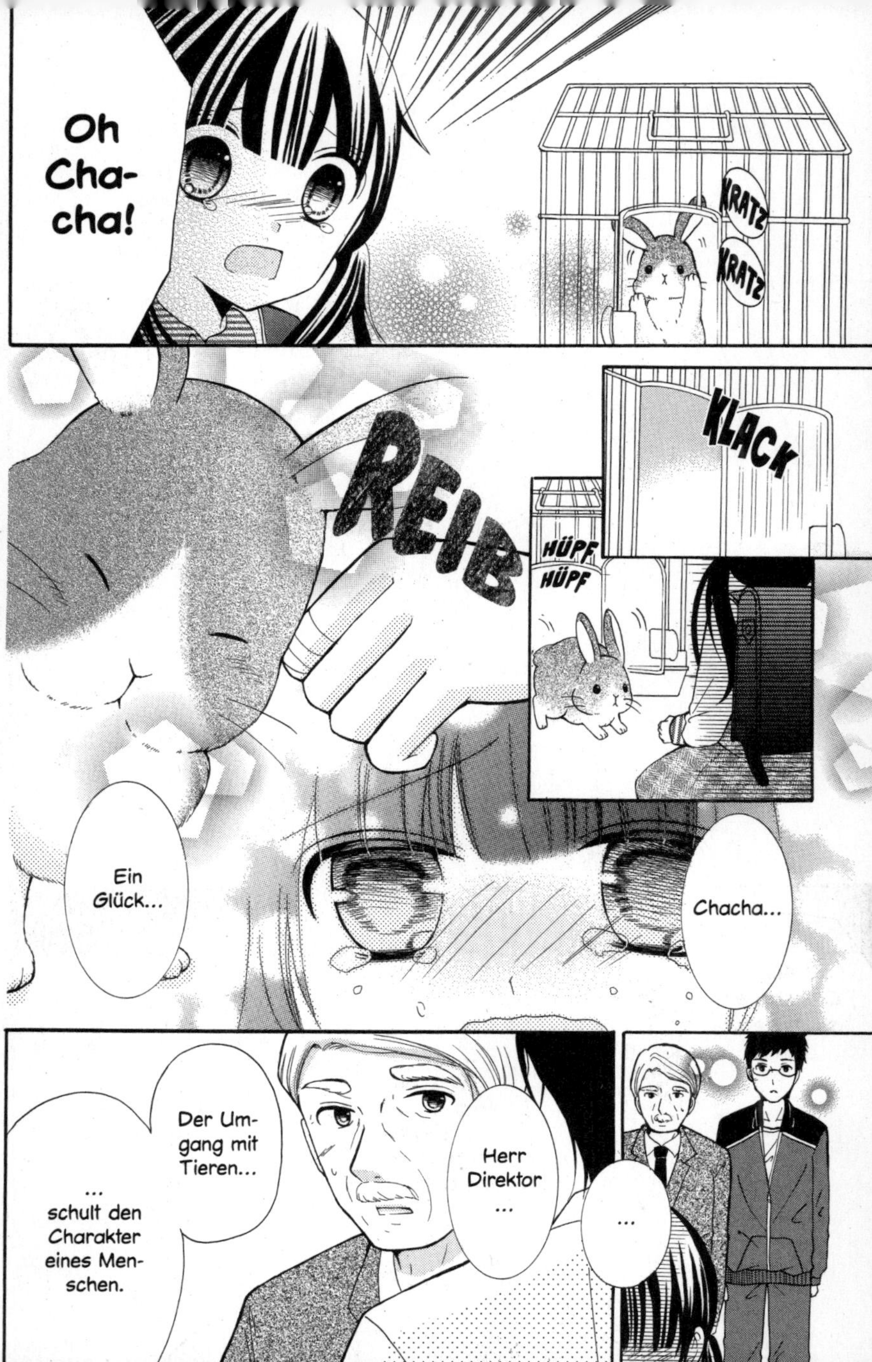
KRATZ
KRATZ
Oh Cha-cha!
KLACK
HÜPF HÜPF
REIB
Chacha...
Ein Glück...
...
Herr Direktor ...
Der Umgang mit Tieren...
... schult den Charakter eines Menschen.

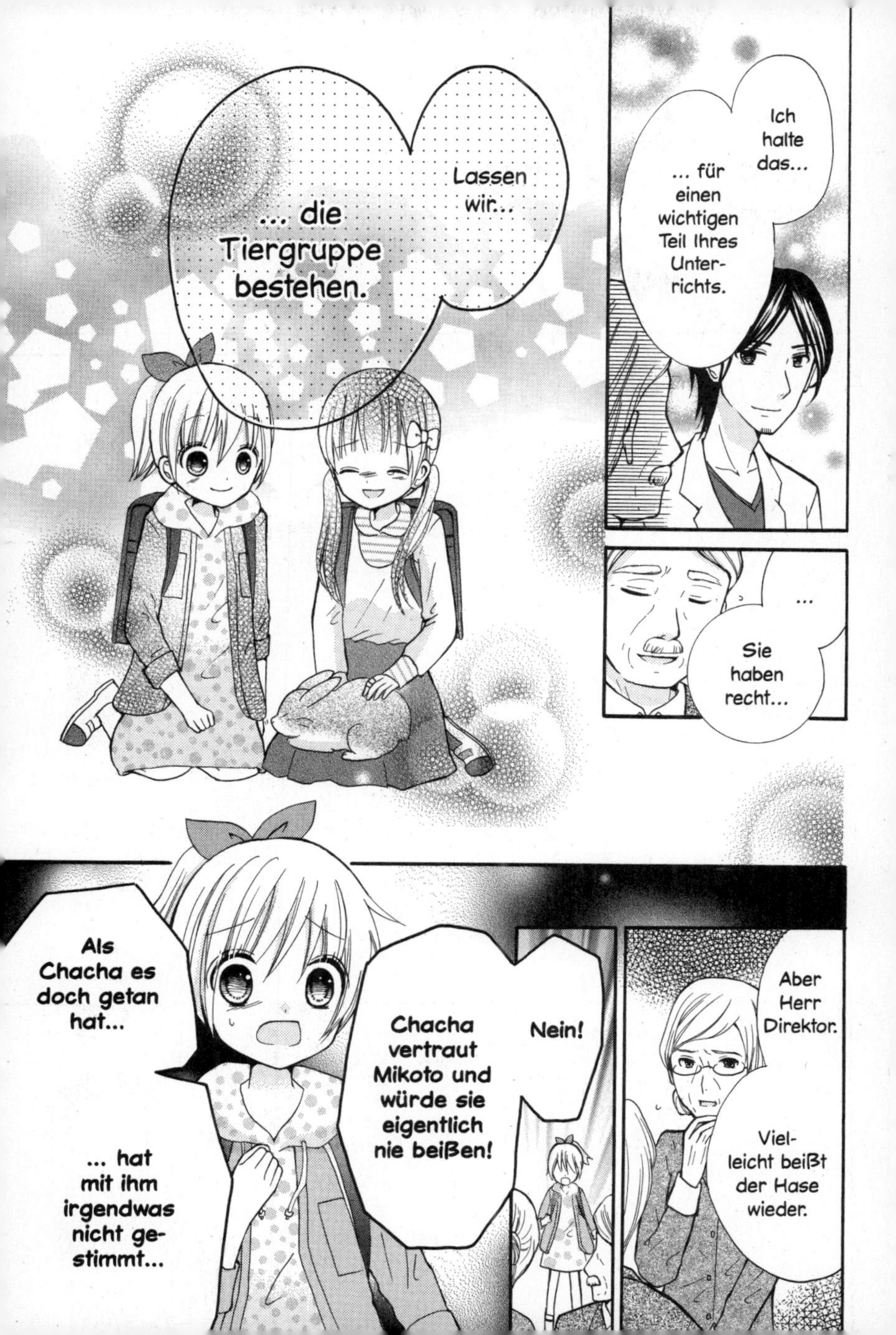
Ich halte das...
... für einen wichtigen Teil Ihres Unterrichts.
...
Sie haben recht...
Lassen wir...
... die Tiergruppe bestehen.
Aber Herr Direktor.
Vielleicht beißt der Hase wieder.
Nein!
Chacha vertraut Mikoto und würde sie eigentlich nie beißen!
Als Chacha es doch getan hat...
... hat mit ihm irgendwas nicht gestimmt...

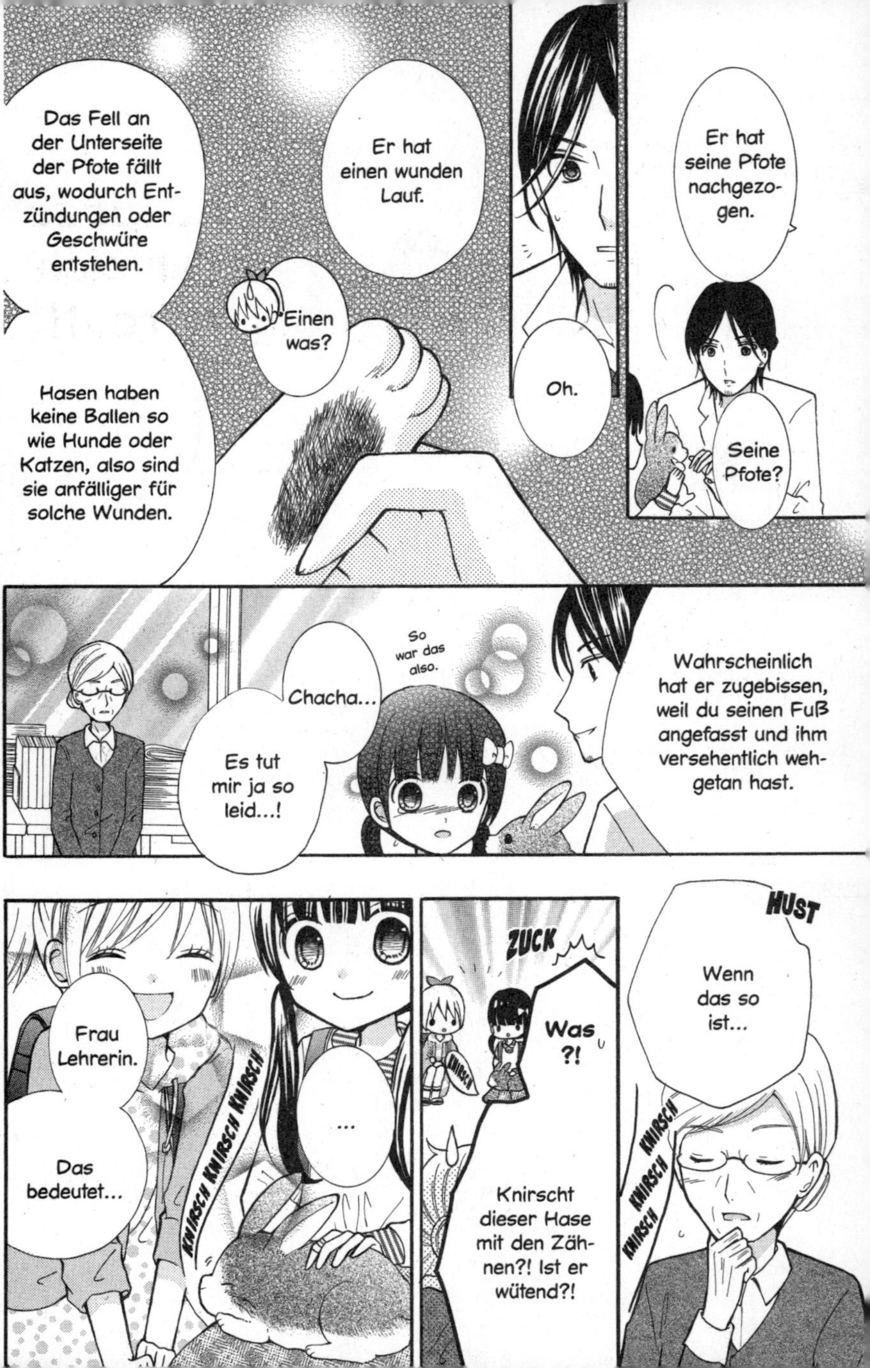

Er hat seine Pfote nachgezogen.
Seine Pfote?
Oh.
Er hat einen wunden Lauf.
Einen was?
Das Fell an der Unterseite der Pfote fällt aus, wodurch Entzündungen oder Geschwüre entstehen.
Hasen haben keine Ballen so wie Hunde oder Katzen, also sind sie anfälliger für solche Wunden.
Wahrscheinlich hat er zugebissen, weil du seinen Fuß angefasst und ihm versehentlich wehgetan hast.
So war das also.
Chacha...
Es tut mir ja so leid...!
HUST
Wenn das so ist...
KNIRSCH KNIRSCH KNIRSCH
ZUCK
Was?!
KNIRSCH
Knirscht dieser Hase mit den Zähnen?! Ist er wütend?!
Frau Lehrerin.
...
Das bedeutet...
KNIRSCH KNIRSCH KNIRSCH

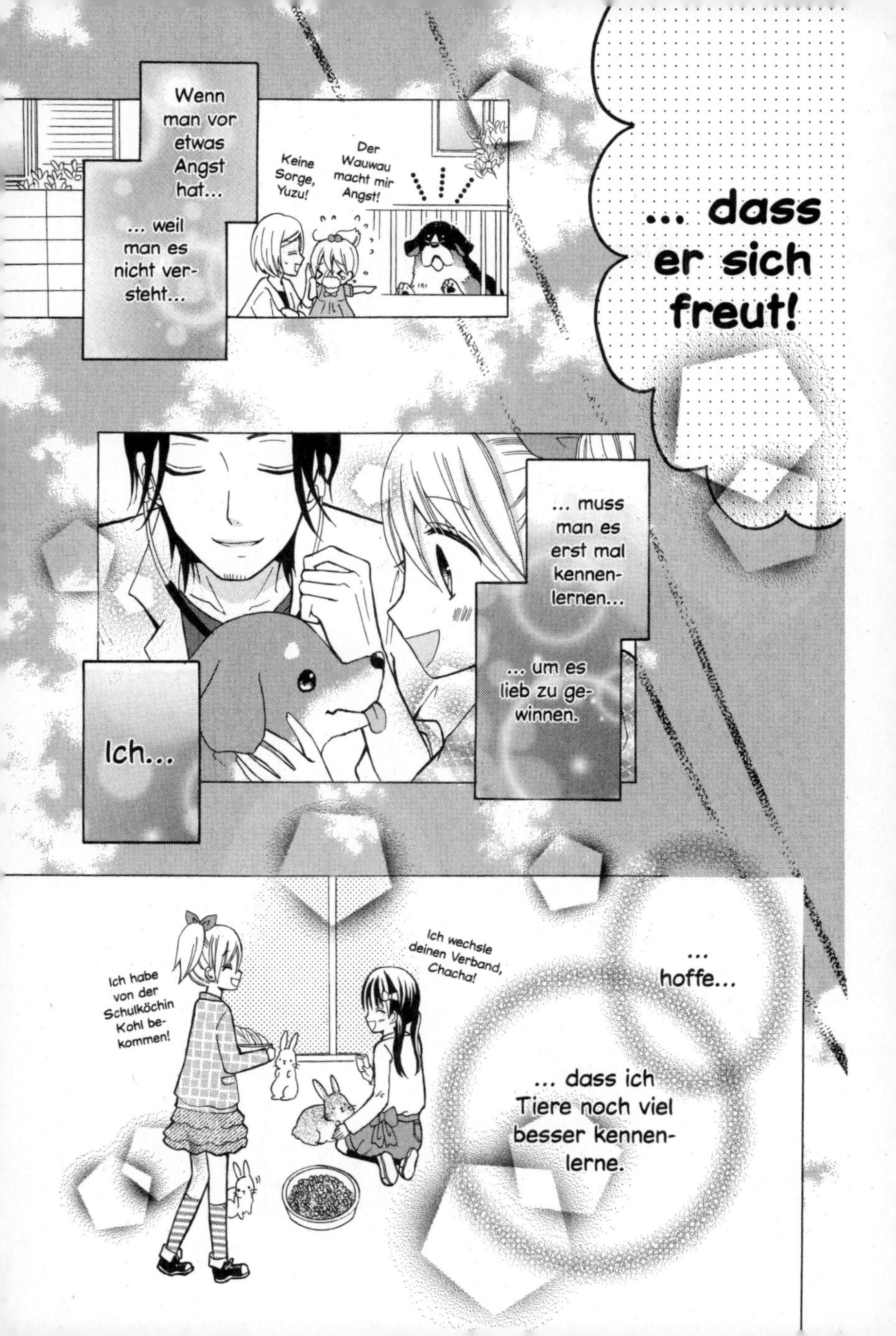
... dass er sich freut!
Der Wauwau macht mir Angst!
Keine Sorge, Yuzu!
Wenn man vor etwas Angst hat...
... weil man es nicht versteht...
... muss man es erst mal kennenlernen...
... um es lieb zu gewinnen.
Ich...
... hoffe...
... dass ich Tiere noch viel besser kennenlerne.
Ich wechsle deinen Verband, Chacha!
Ich habe von der Schulköchin Kohl bekommen!

Yuzu die kleine Tierärztin

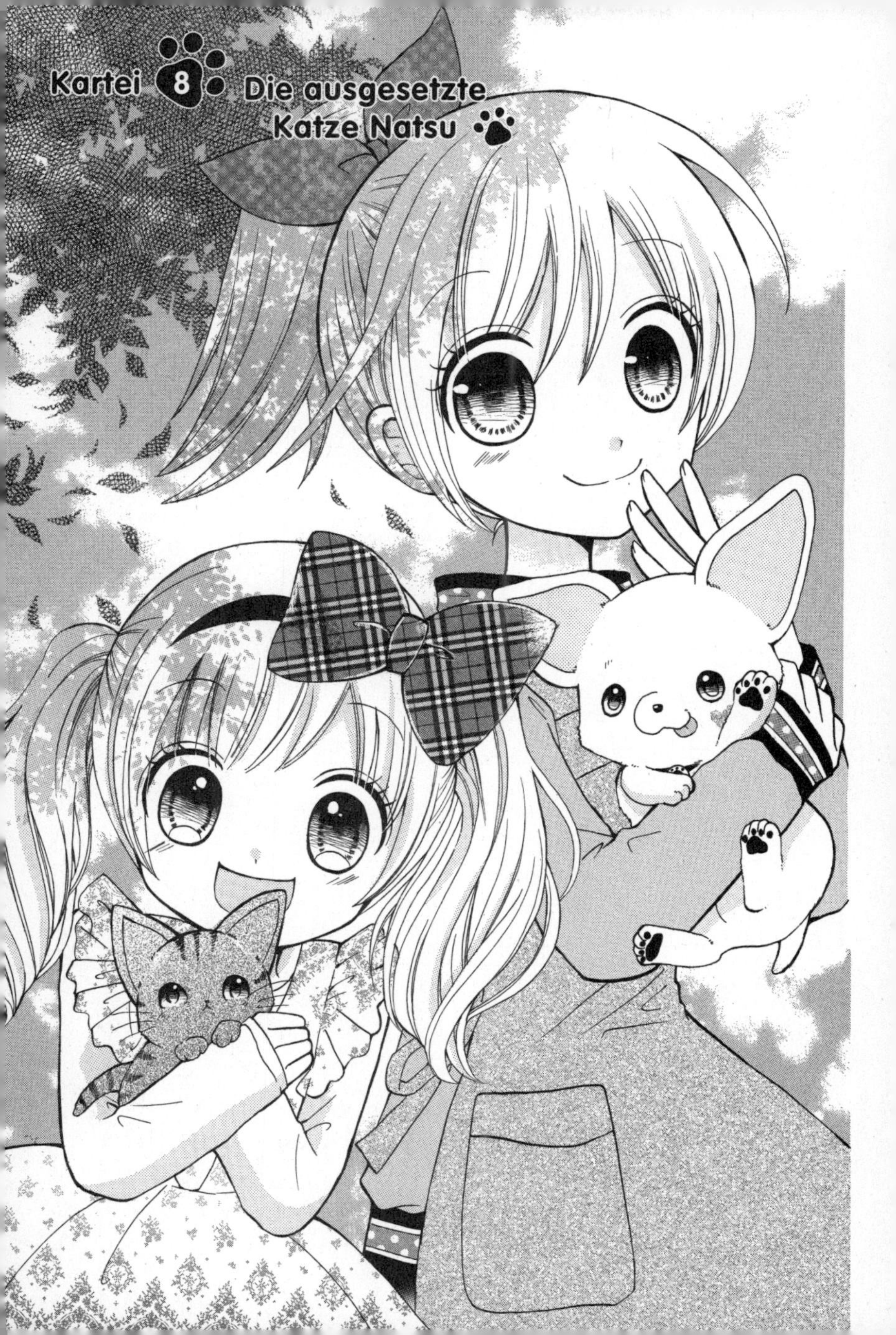
Kartei 8 Die ausgesetzte Katze Natsu

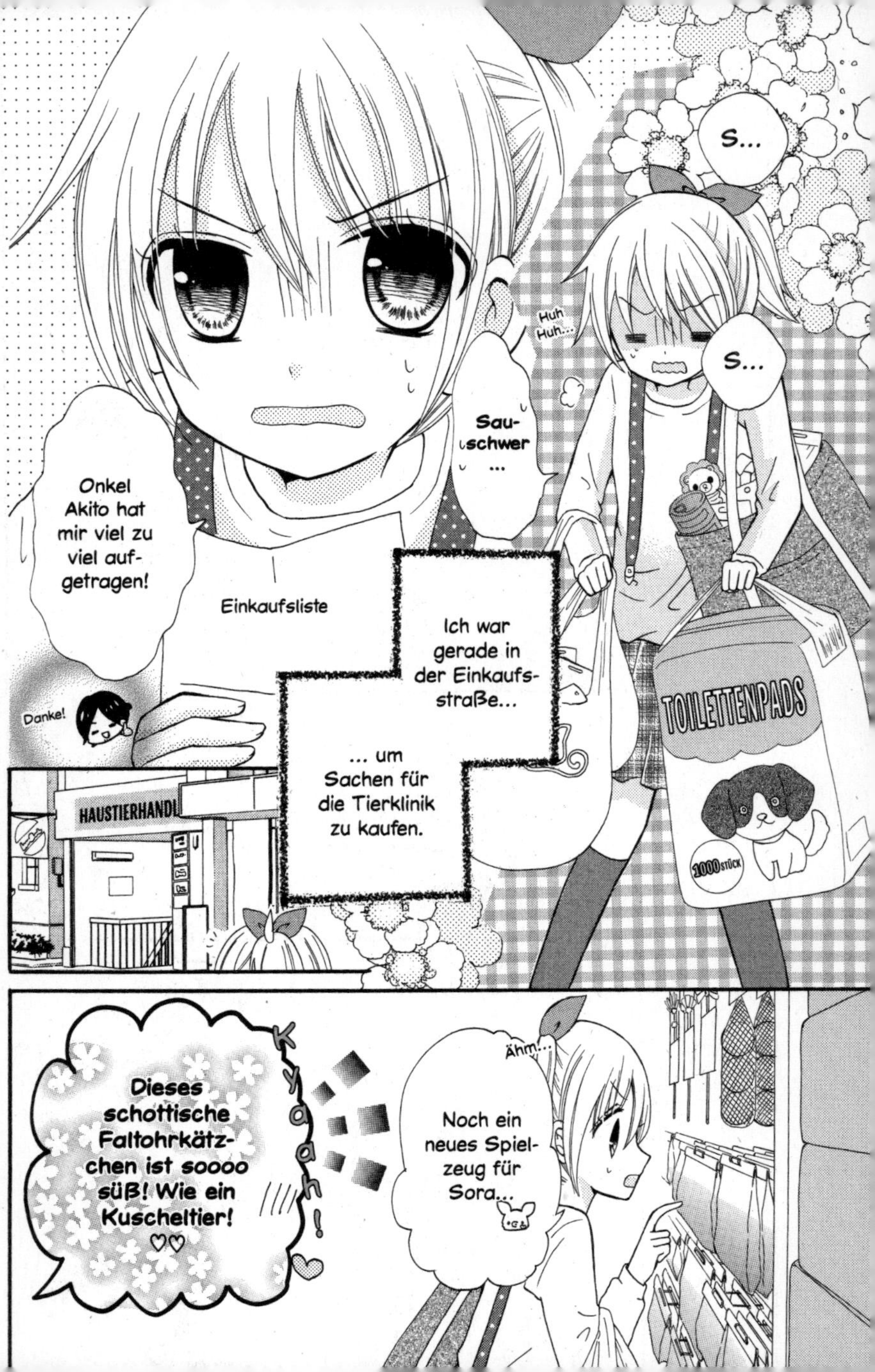

S...
S...
Huh Huh...
Sau-schwer ...
Onkel Akito hat mir viel zu viel auf-getragen!
Einkaufsliste
Danke!
Ich war gerade in der Einkaufs-straße...
... um Sachen für die Tierklinik zu kaufen.
TOILETTENPADS
1000 STÜCK
HAUSTIERHANDL
Ähm...
Noch ein neues Spiel-zeug für Sora...
Kyaah!
Dieses schottische Faltohrkätz-chen ist soooo süß! Wie ein Kuscheltier! ♡♡

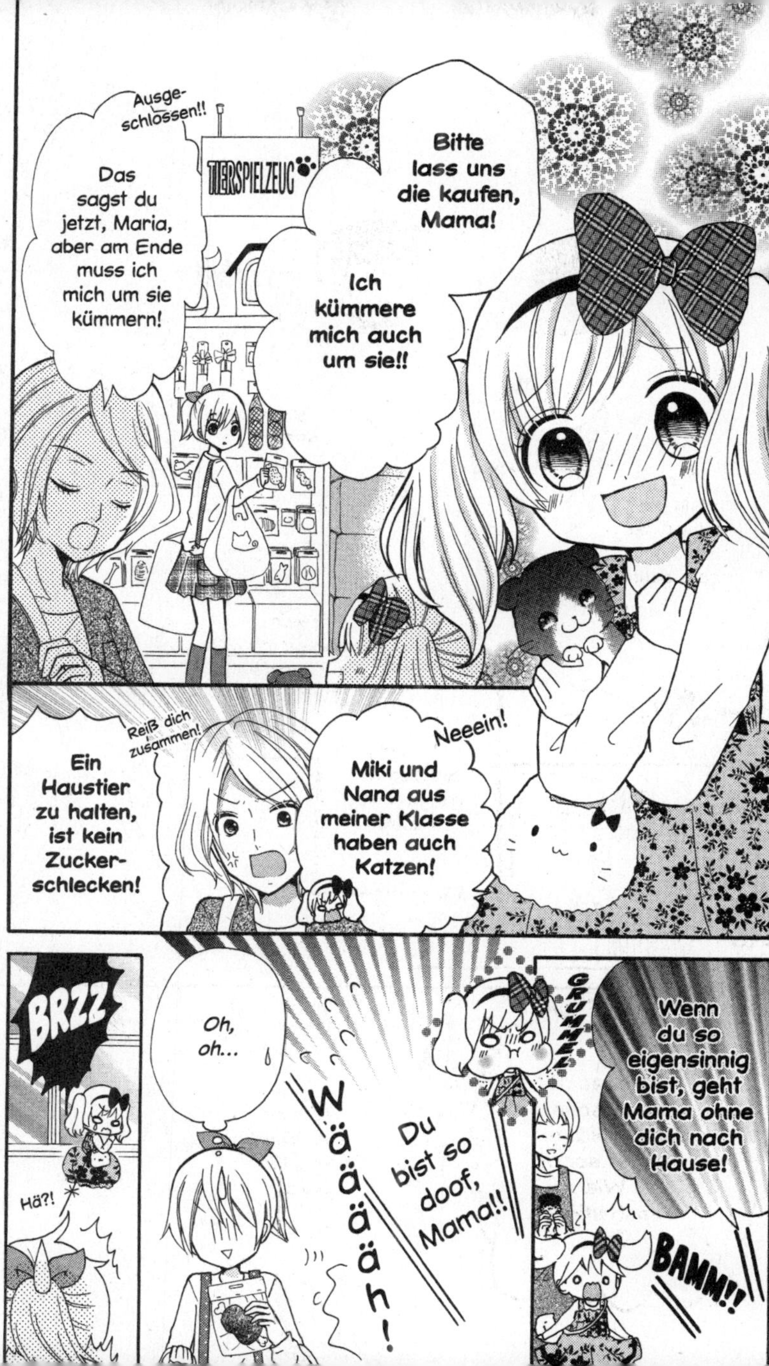
Bitte lass uns die kaufen, Mama!
Ich kümmere mich auch um sie!!
TIERSPIELZEUG
Ausge-schlossen!!
Das sagst du jetzt, Maria, aber am Ende muss ich mich um sie kümmern!
Neeein!
Miki und Nana aus meiner Klasse haben auch Katzen!
Reiß dich zusammen!
Ein Haustier zu halten, ist kein Zuckerschlecken!
Wenn du so eigensinnig bist, geht Mama ohne dich nach Hause!
BAMM!!
GRUMMEL
Du bist so doof, Mama!!
Wäääh!
Oh, oh...
BRZZ
Hä?!

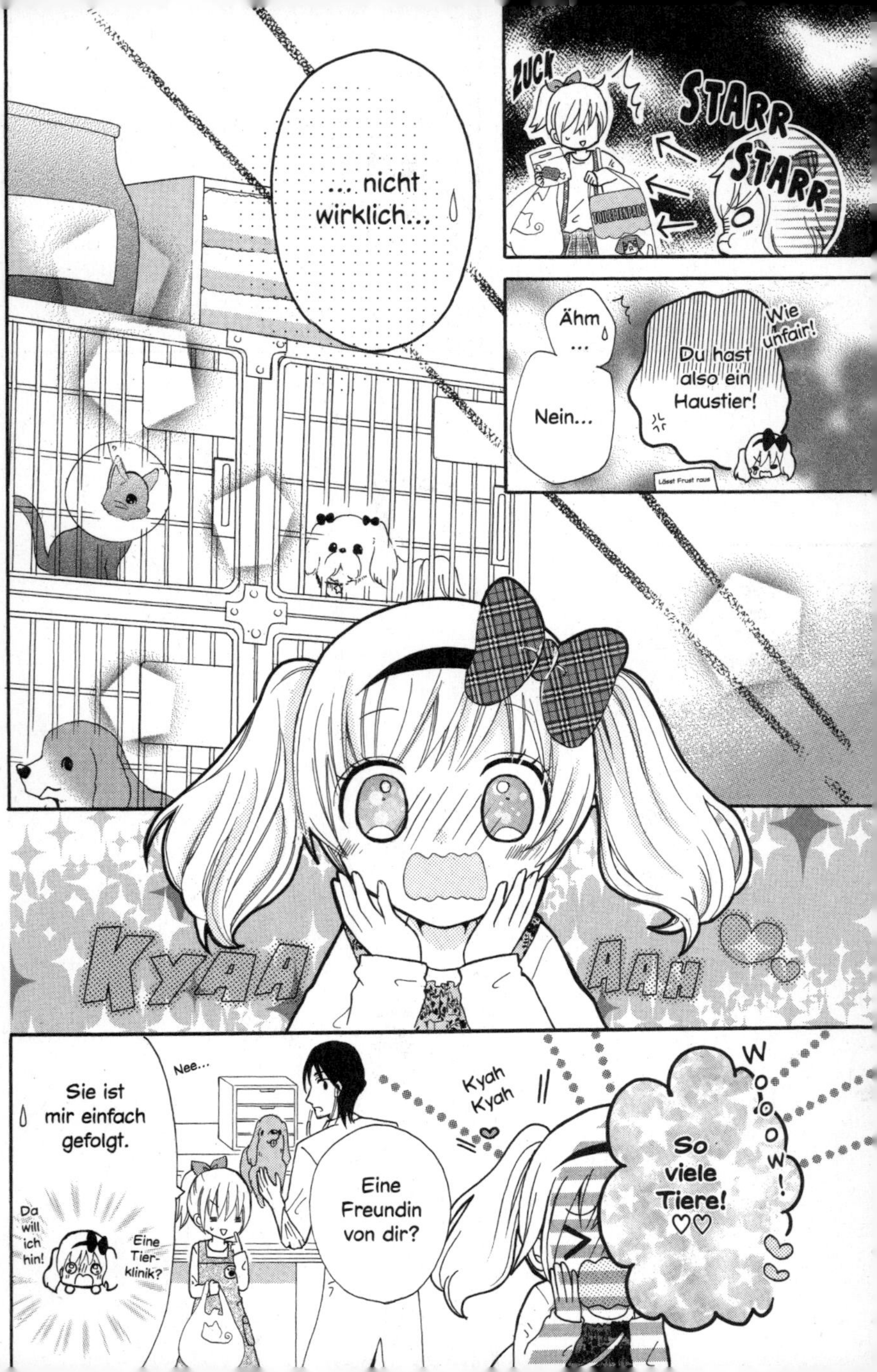

ZUCK
STARR
STARR
TOILETTENPADS
Wie unfair!
Du hast also ein Haustier!
Lässt Frust raus
Ähm ...
Nein...
... nicht wirklich...
KYAAAAH
WOOOOW!
So viele Tiere! ♡♡
Kyah Kyah
Eine Freundin von dir?
Nee...
Sie ist mir einfach gefolgt.
Eine Tier-klinik?
Da will ich hin!

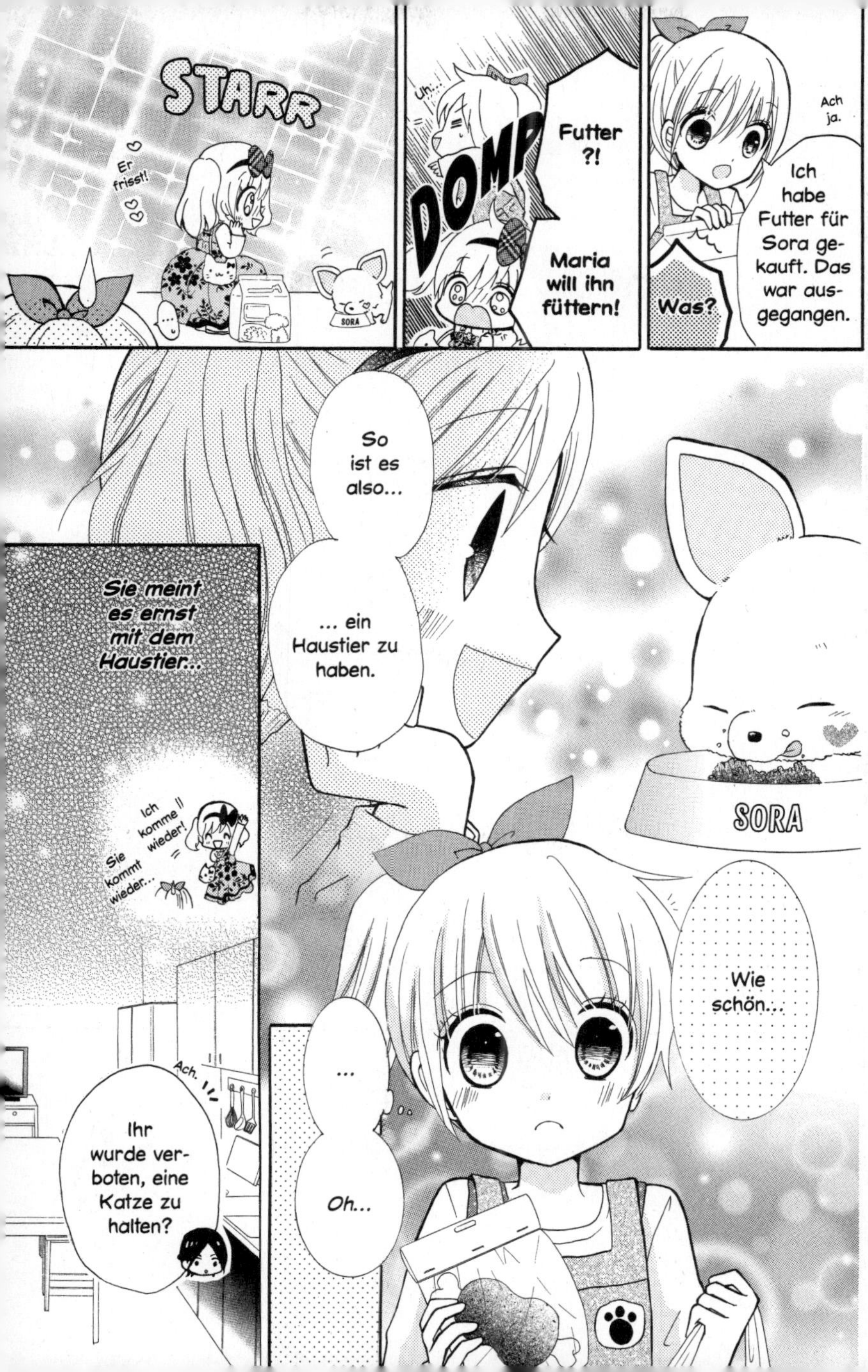
Ach ja.
Ich habe Futter für Sora gekauft. Das war ausgegangen.
Was?
Uh...
Futter ?!
DOMP
Maria will ihn füttern!
STARR
Er frisst!
...
SORA
So ist es also...
... ein Haustier zu haben.
SORA
Sie meint es ernst mit dem Haustier...
Ich komme wieder!
Sie kommt wieder...
Wie schön...
...
Oh...
Ach.
Ihr wurde verboten, eine Katze zu halten?

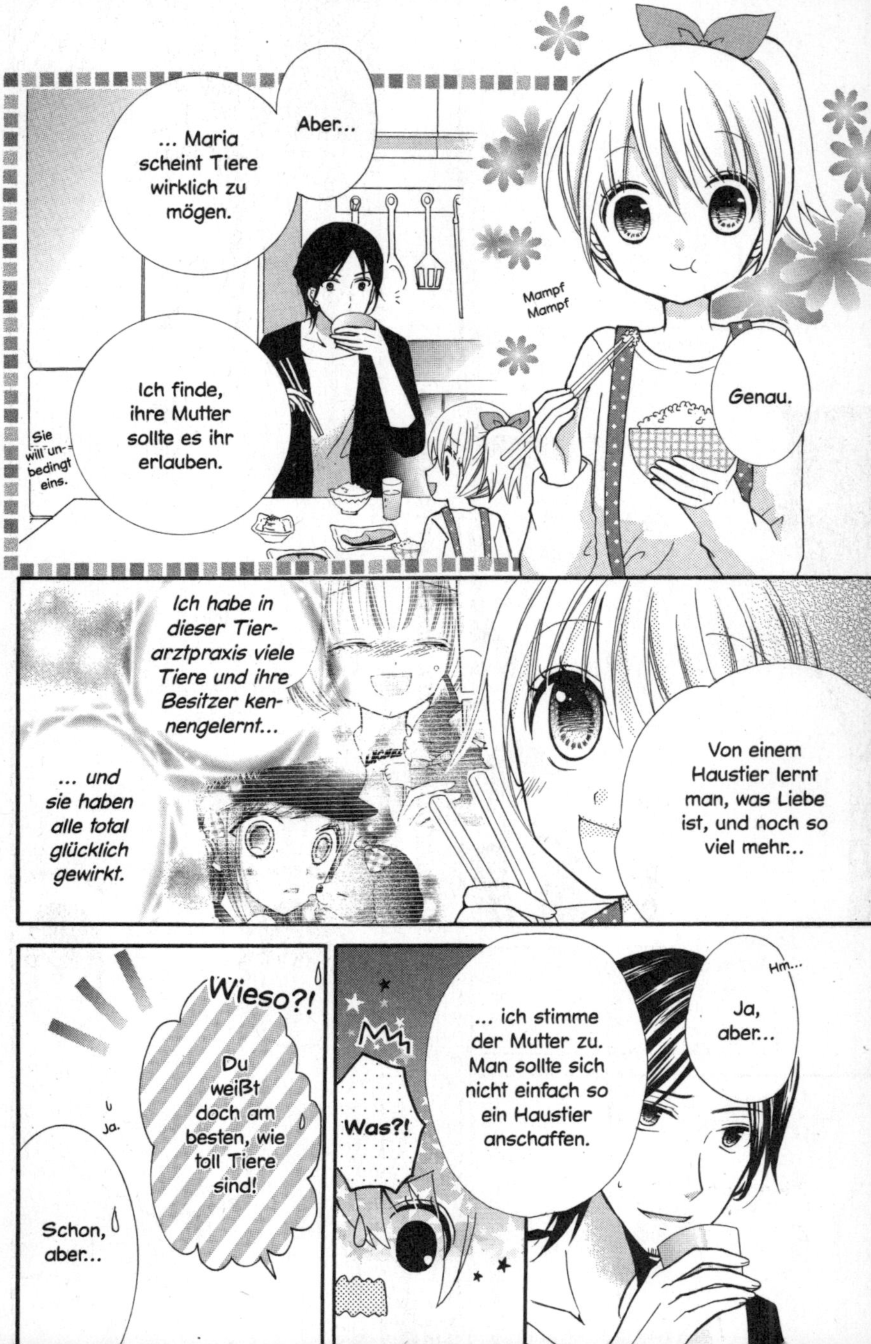
Genau.
Mampf Mampf
Aber...
... Maria scheint Tiere wirklich zu mögen.
Ich finde, ihre Mutter sollte es ihr erlauben.
Sie will unbedingt eins.
Von einem Haustier lernt man, was Liebe ist, und noch so viel mehr...
Ich habe in dieser Tierarztpraxis viele Tiere und ihre Besitzer kennengelernt...
... und sie haben alle total glücklich gewirkt.
Hm...
Ja, aber...
... ich stimme der Mutter zu. Man sollte sich nicht einfach so ein Haustier anschaffen.
Was?!
Wieso?!
Du weißt doch am besten, wie toll Tiere sind!
Ja.
Schon, aber...

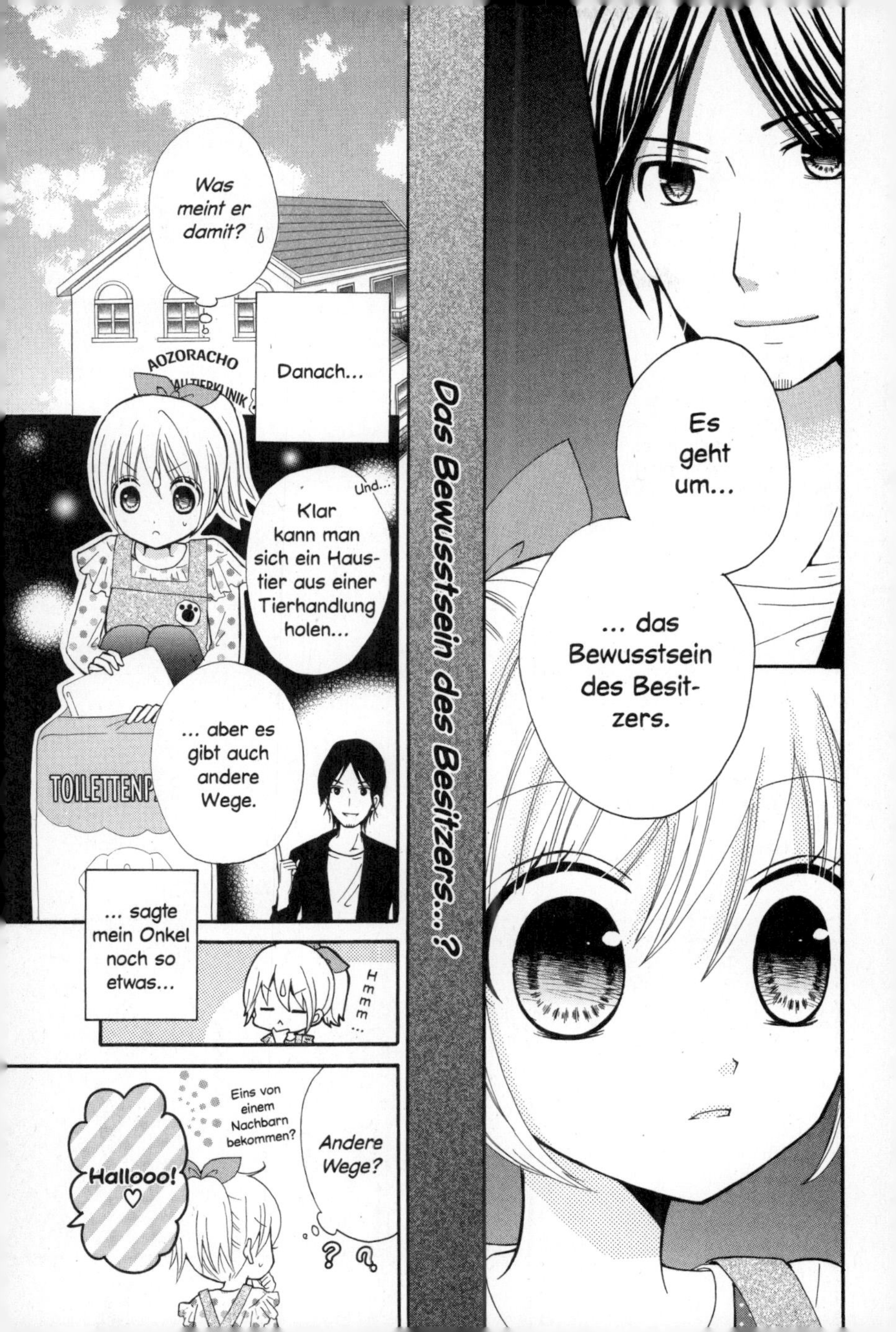
Es geht um...
... das Bewusstsein des Besitzers.
Das Bewusstsein des Besitzers...?
Was meint er damit?
Danach...
AOZORACHO
Und...
Klar kann man sich ein Haustier aus einer Tierhandlung holen...
... aber es gibt auch andere Wege.
... sagte mein Onkel noch so etwas...
Heee...
Andere Wege?
Eins von einem Nachbarn bekommen?
Hallooo! ♡

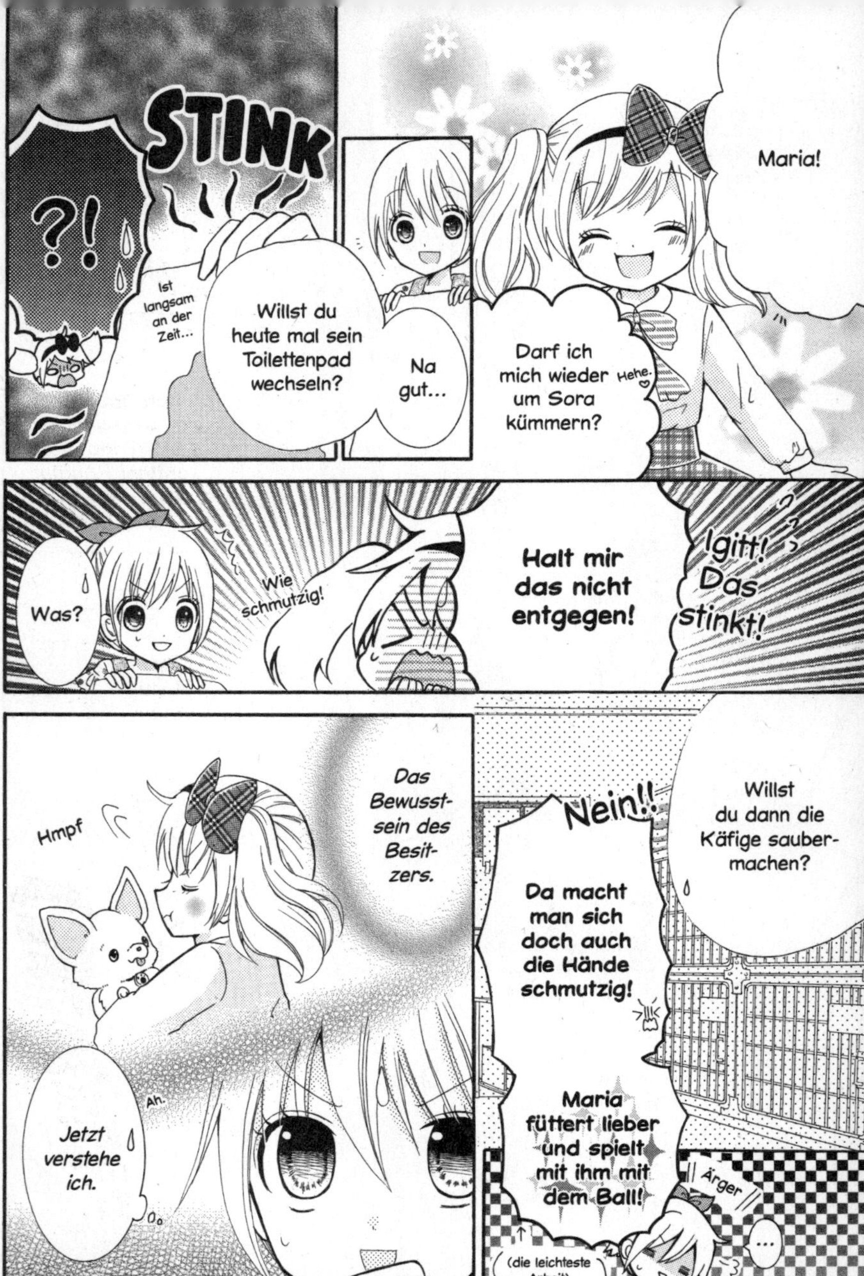
Maria!
Darf ich mich wieder um Sora kümmern?
Hehe.
Na gut…
Willst du heute mal sein Toilettenpad wechseln?
STINK
?!
Ist langsam an der Zeit…
Igitt! Das stinkt!
Halt mir das nicht entgegen!
Wie schmutzig!
Was?
Willst du dann die Käfige saubermachen?
Nein!!
Da macht man sich doch auch die Hände schmutzig!
Maria füttert lieber und spielt mit ihm mit dem Ball!
(die leichteste Arbeit)
Ärger
…
Das Bewusstsein des Besitzers.
Hmpf
Ah.
Jetzt verstehe ich.

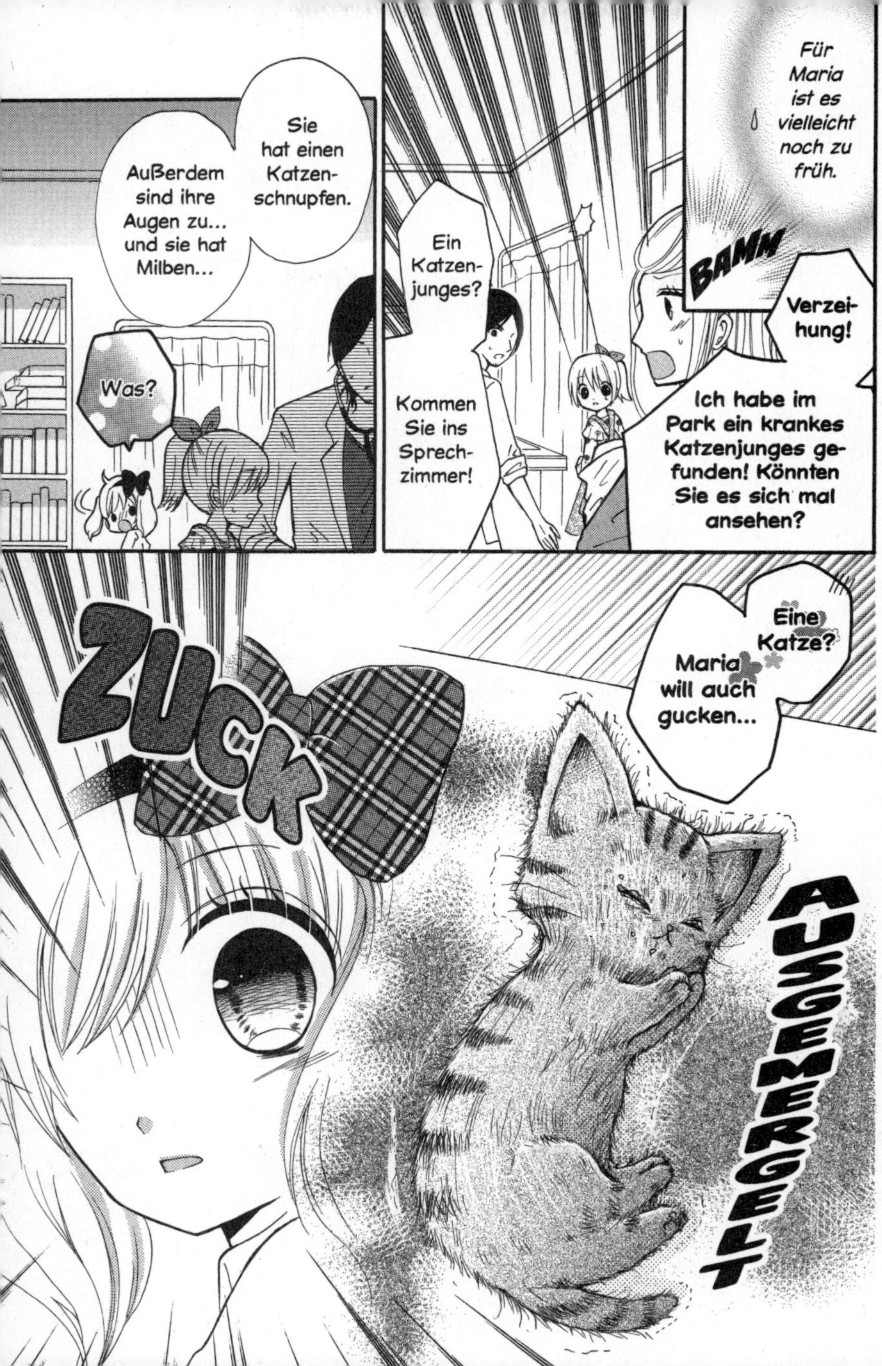

Für Maria ist es vielleicht noch zu früh.
BAMM
Verzeihung!
Ich habe im Park ein krankes Katzenjunges gefunden! Könnten Sie es sich mal ansehen?
Ein Katzenjunges?
Kommen Sie ins Sprechzimmer!
Sie hat einen Katzenschnupfen.
Außerdem sind ihre Augen zu... und sie hat Milben...
Was?
Eine Katze? Maria will auch gucken...
ZUCK
AUSGEMERGELT

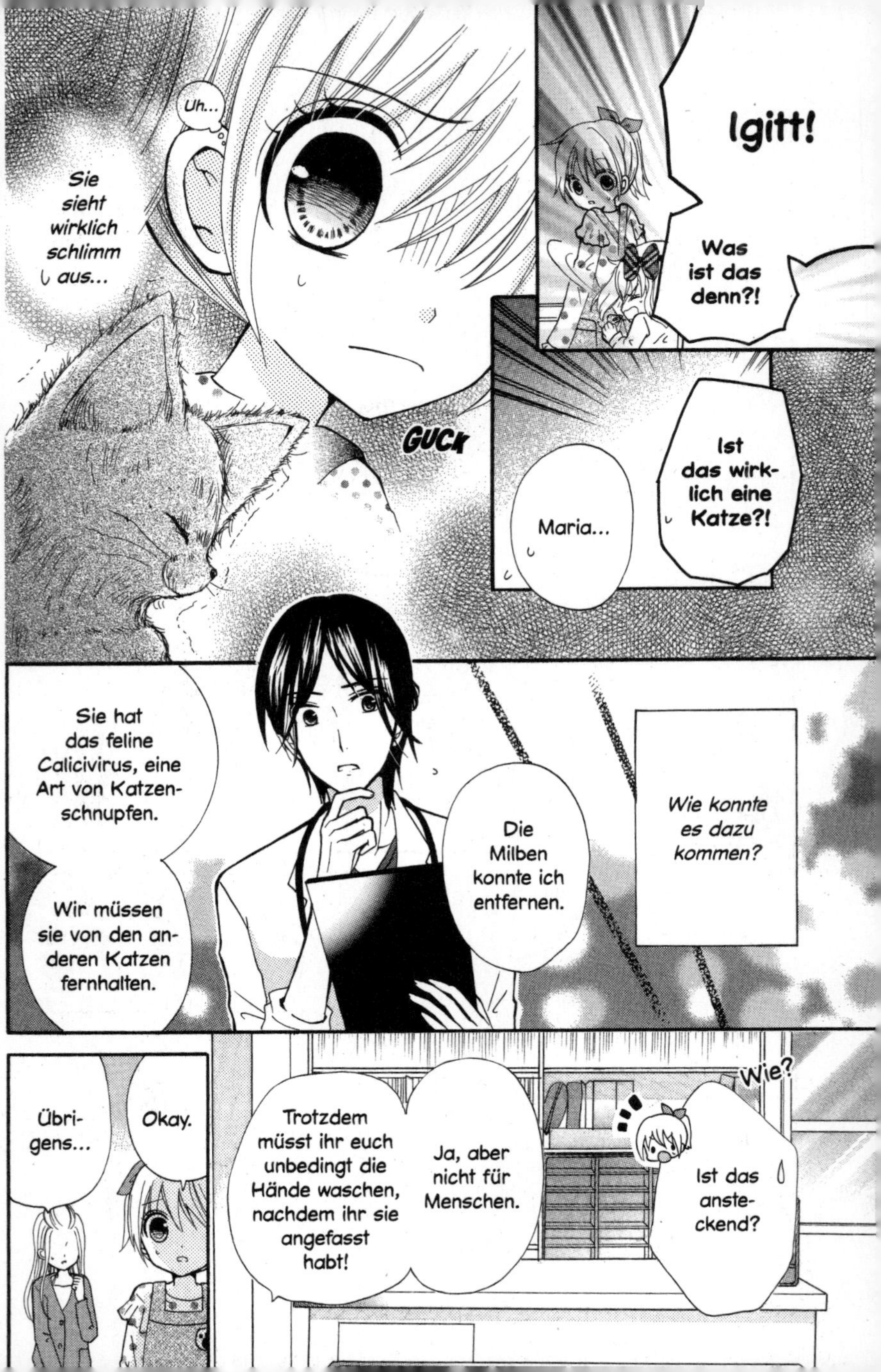
Igitt!
Was ist das denn?!
Ist das wirklich eine Katze?!
Maria…
Uh…
Sie sieht wirklich schlimm aus…
GUCK
Wie konnte es dazu kommen?
Die Milben konnte ich entfernen.
Sie hat das feline Calicivirus, eine Art von Katzenschnupfen.
Wir müssen sie von den anderen Katzen fernhalten.
Wie?
Ist das anstekend?
Ja, aber nicht für Menschen.
Trotzdem müsst ihr euch unbedingt die Hände waschen, nachdem ihr sie angefasst habt!
Okay.
Übrigens…

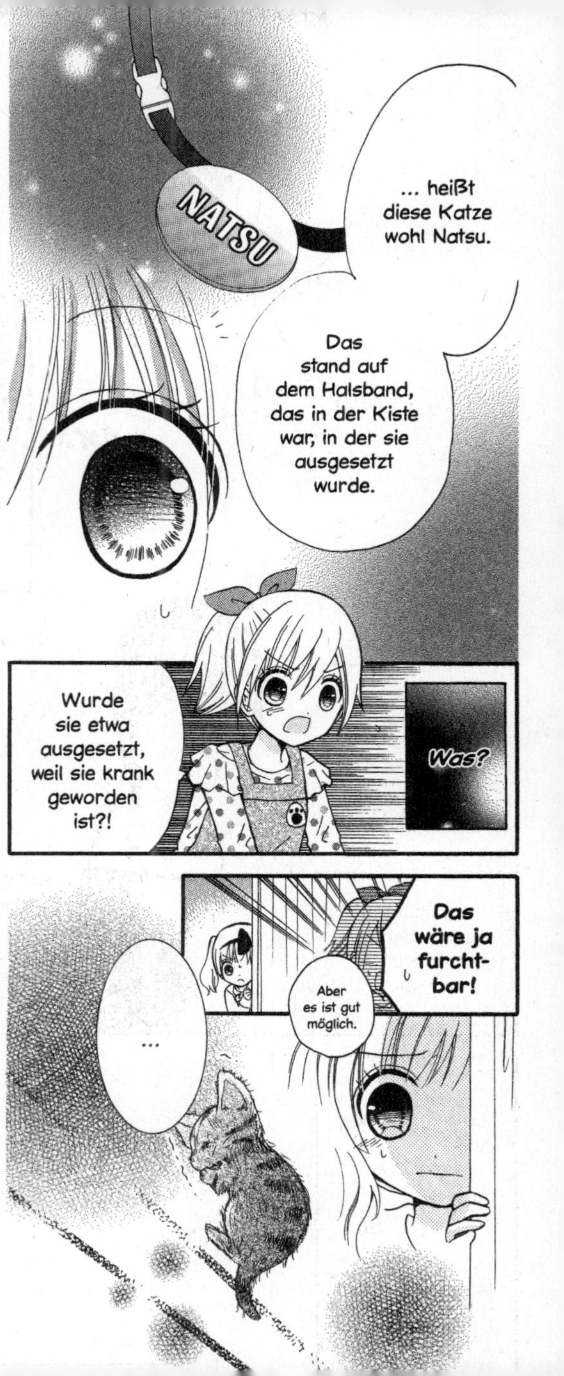
NATSU
... heißt diese Katze wohl Natsu.
Das stand auf dem Halsband, das in der Kiste war, in der sie ausgesetzt wurde.
Was?
Wurde sie etwa ausgesetzt, weil sie krank geworden ist?!
Das wäre ja furchtbar!
Aber es ist gut möglich.
...

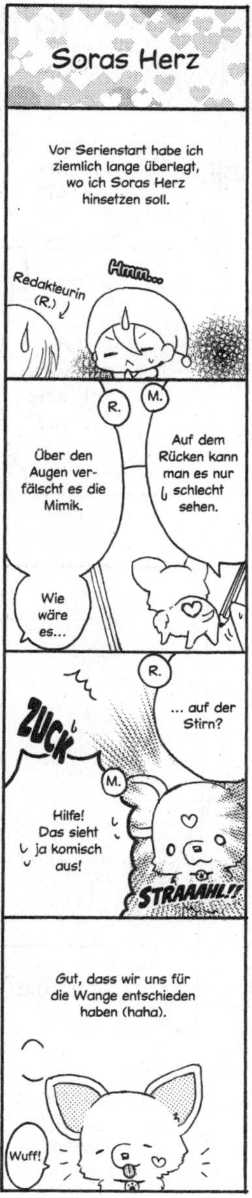
Soras Herz
Vor Serienstart habe ich ziemlich lange überlegt, wo ich Soras Herz hinsetzen soll.
Hmm...
Redakteurin (R.)
R.
M.
Über den Augen verfälscht es die Mimik.
Auf dem Rücken kann man es nur schlecht sehen.
Wie wäre es...
R.
... auf der Stirn?
ZUCK
M.
Hilfe! Das sieht ja komisch aus!
STRAAAHL!!
Gut, dass wir uns für die Wange entschieden haben (haha).
Wuff!

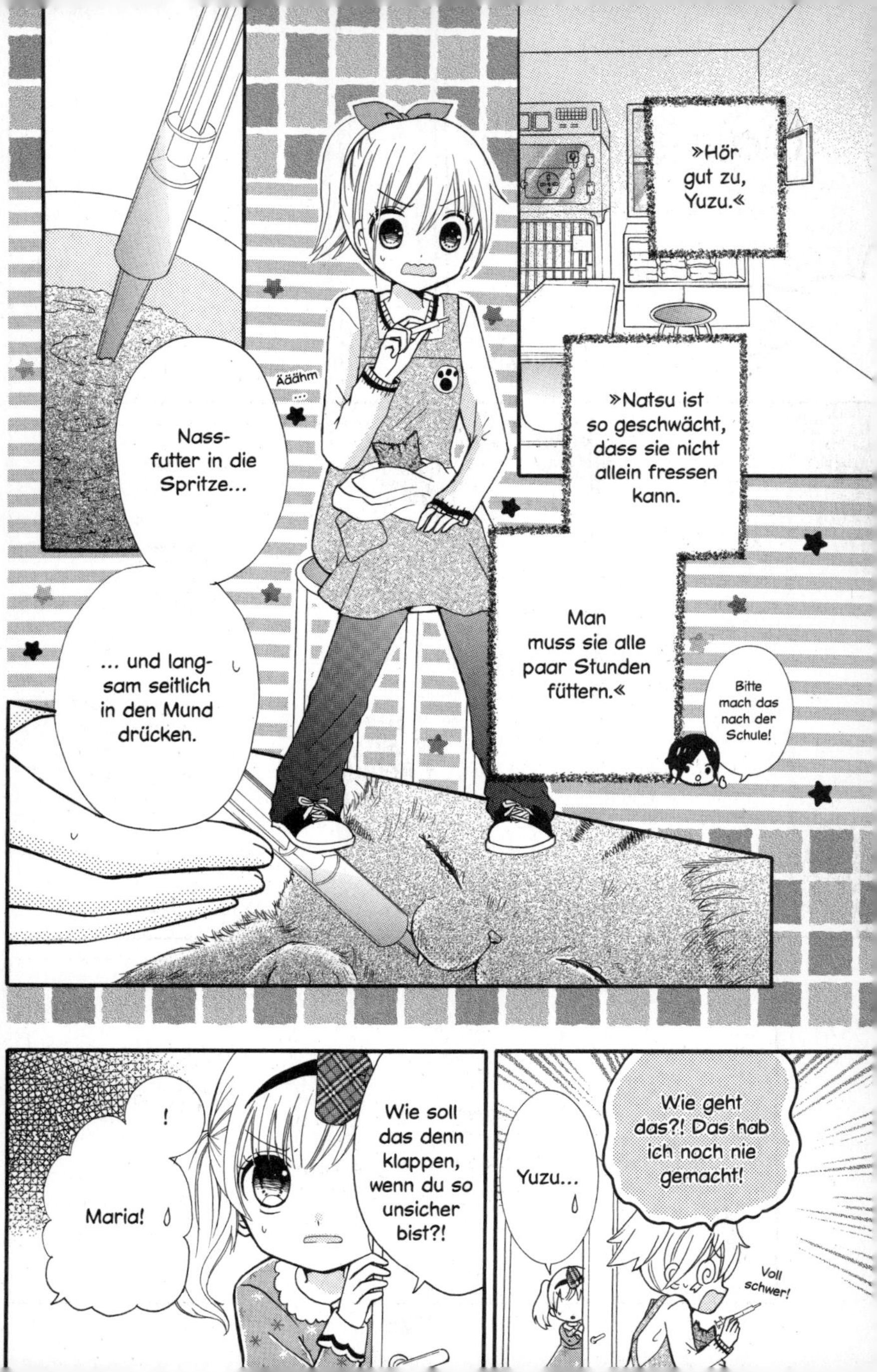
»Hör gut zu, Yuzu.«
»Natsu ist so geschwächt, dass sie nicht allein fressen kann.
Man muss sie alle paar Stunden füttern.«
Bitte mach das nach der Schule!
Äääähm ...
Nass-futter in die Spritze...
... und lang-sam seitlich in den Mund drücken.
Wie geht das?! Das hab ich noch nie gemacht!
Voll schwer!
Yuzu...
Wie soll das denn klappen, wenn du so unsicher bist?!
!
Maria!

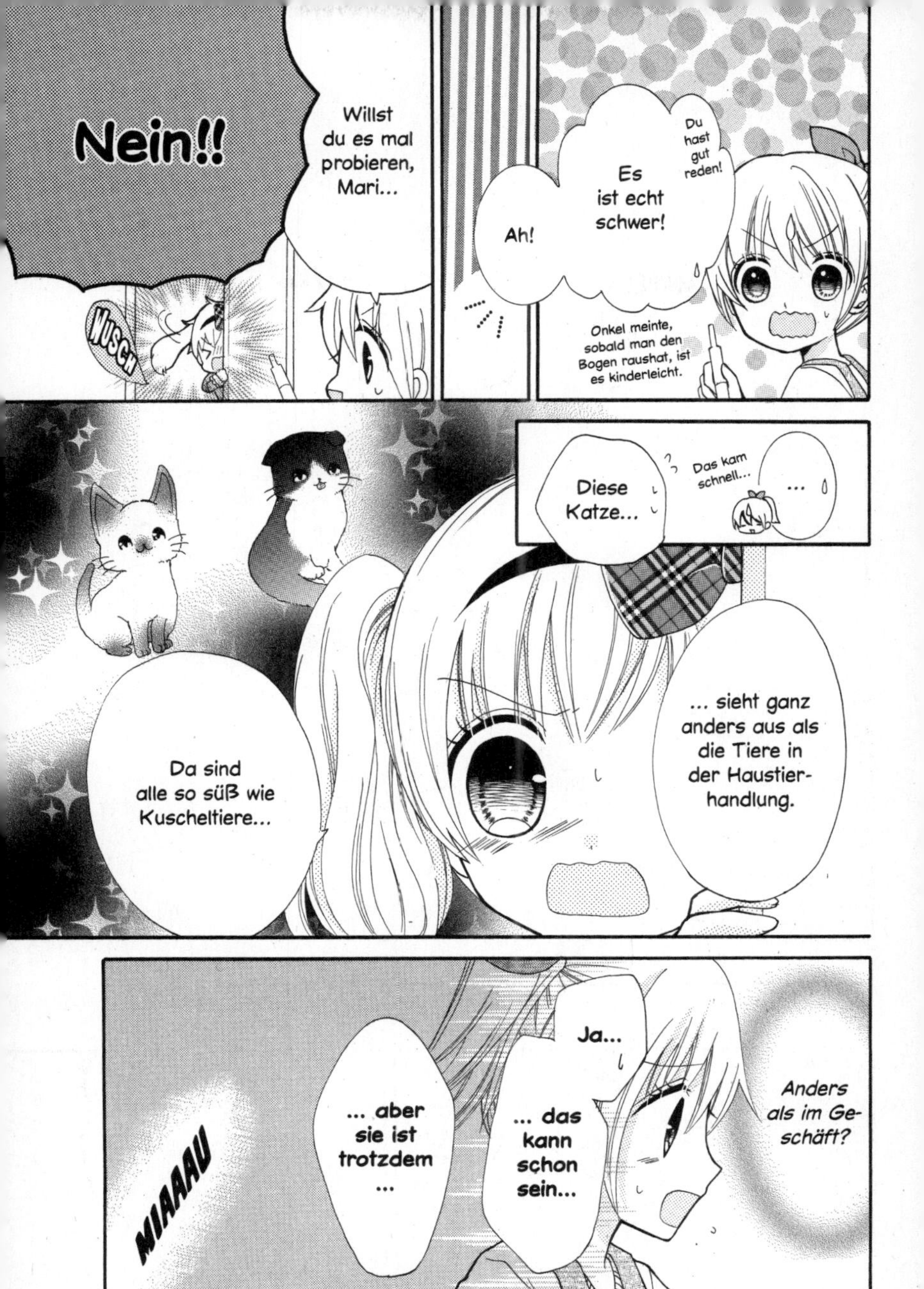
Du hast gut reden!
Es ist echt schwer!
Ah!
Onkel meinte, sobald man den Bogen raushat, ist es kinderleicht.
Willst du es mal probieren, Mari...
Nein!!
WUSCH
Diese Katze...
Das kam schnell...
...
... sieht ganz anders aus als die Tiere in der Haustierhandlung.
Da sind alle so süß wie Kuscheltiere...
Anders als im Geschäft?
Ja...
... das kann schon sein...
... aber sie ist trotzdem ...
MIAAAU

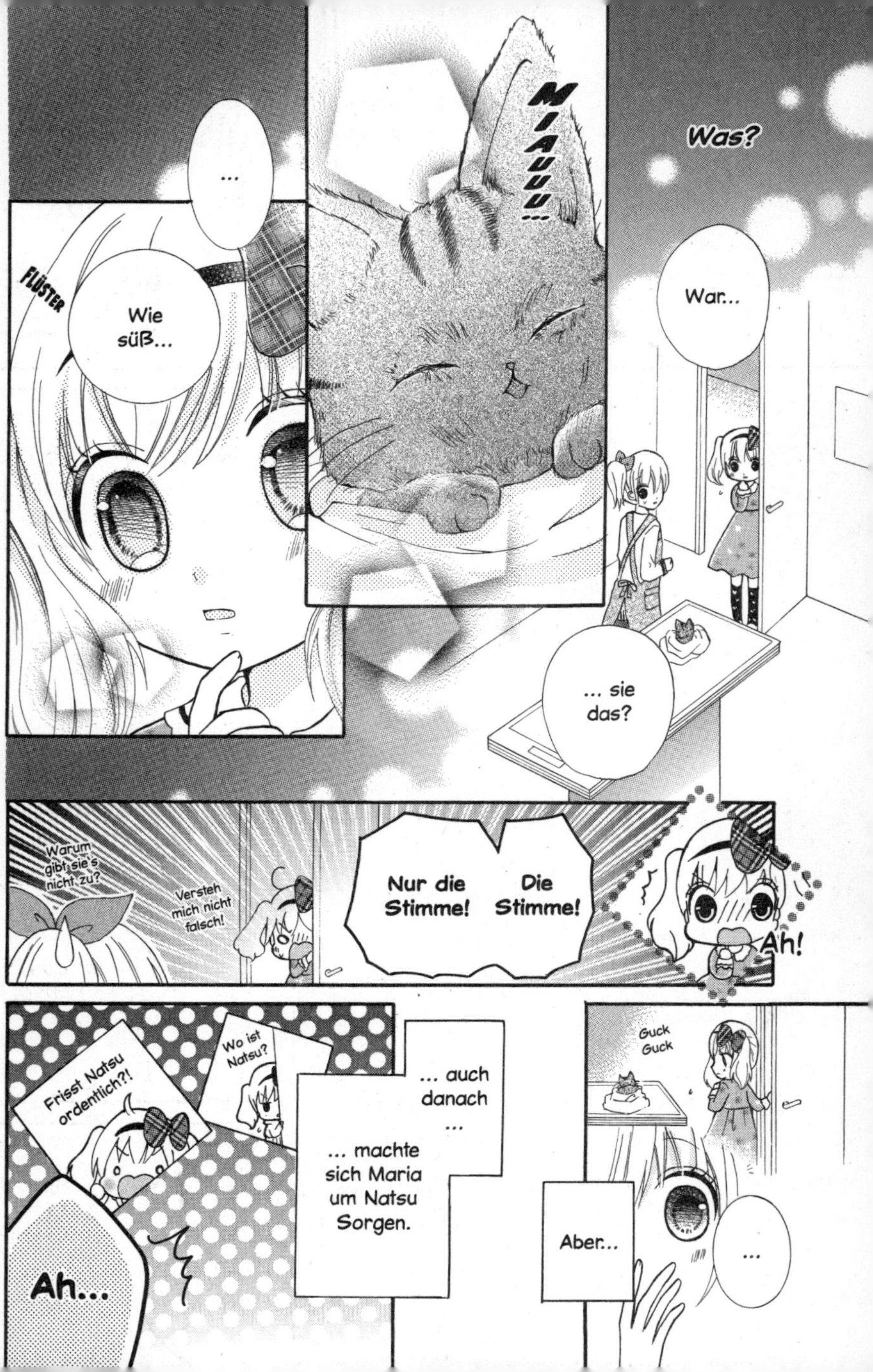

Was?
War...
... sie das?
MIAUUU...
...
FLÜSTER
Wie süß...
Ah!
Die Stimme!
Nur die Stimme!
Versteh mich nicht falsch!
Warum gibt sie's nicht zu?
Guck Guck
...
Aber...
... auch danach ...
... machte sich Maria um Natsu Sorgen.
Wo ist Natsu?
Frisst Natsu ordentlich?!
Ah...

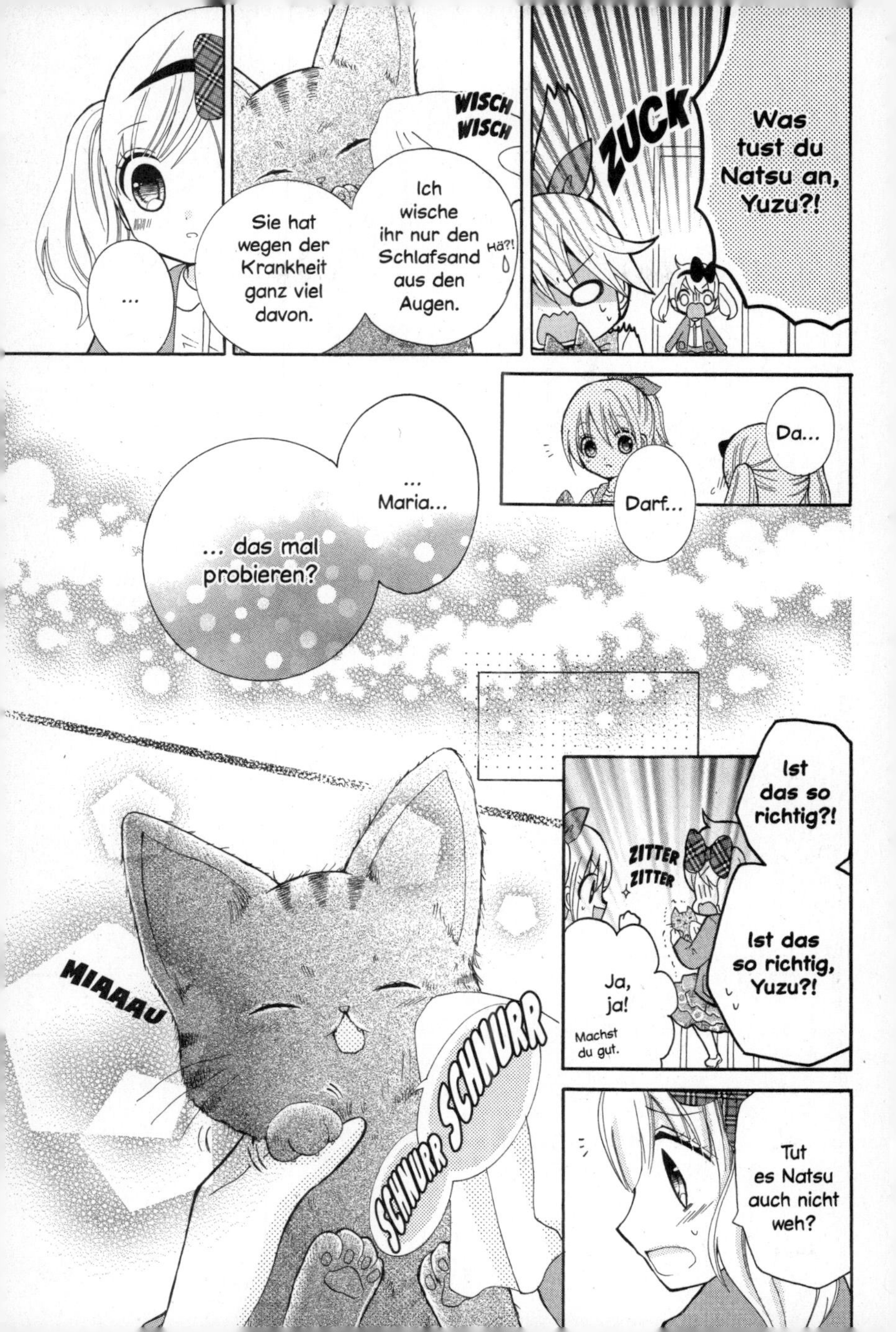
Was tust du Natsu an, Yuzu?!
ZUCK
Hä?!
WISCH WISCH
Ich wische ihr nur den Schlafsand aus den Augen.
Sie hat wegen der Krankheit ganz viel davon.
...
Da...
Darf...
... Maria...
... das mal probieren?
Ist das so richtig?!
Ist das so richtig, Yuzu?!
ZITTER ZITTER
Ja, ja!
Machst du gut.
Tut es Natsu auch nicht weh?
SCHNURR SCHNURR
MIAAAU

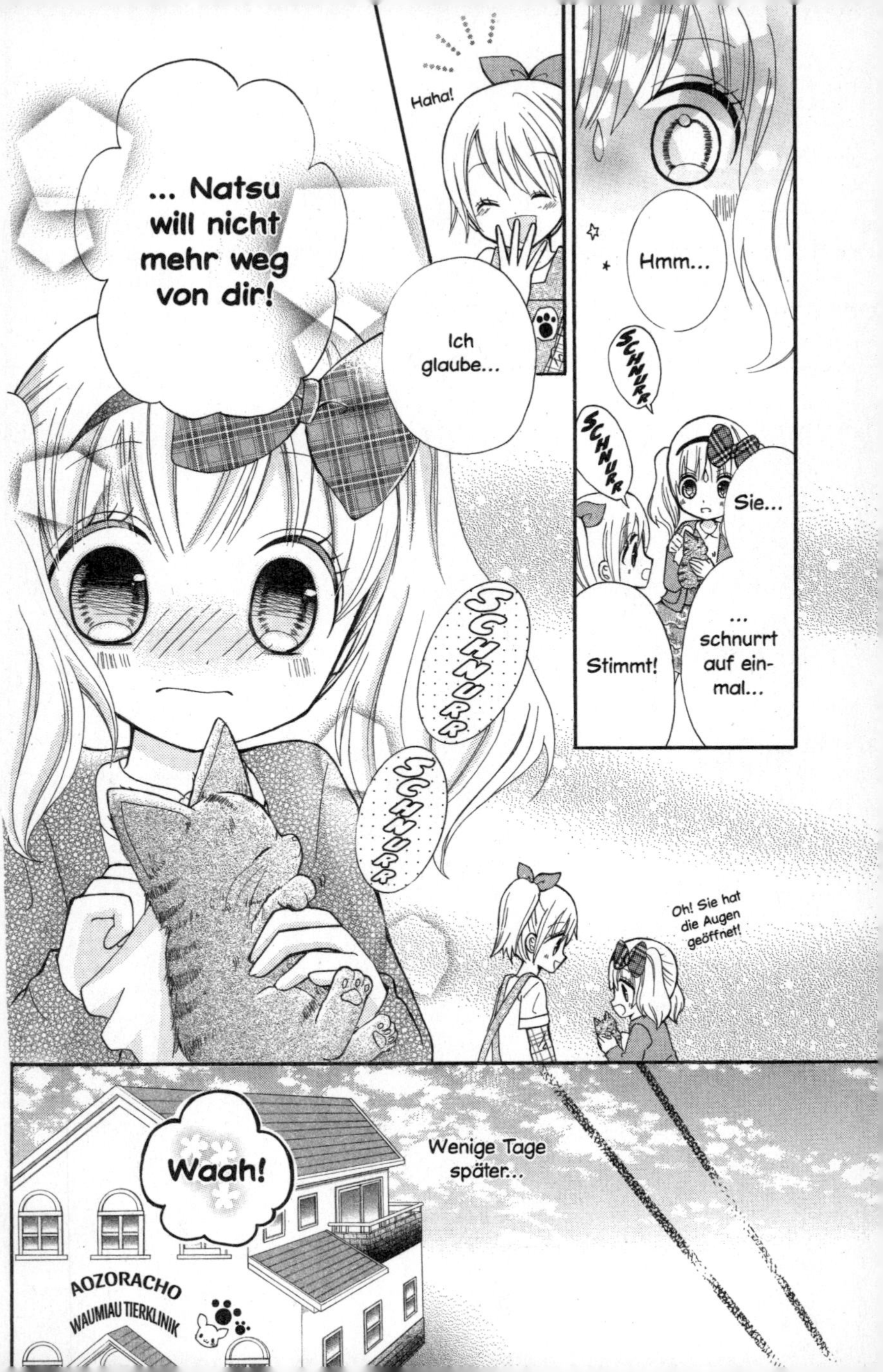
Hmm...
Haha!
Ich glaube...
... Natsu will nicht mehr weg von dir!
SCHNURR
SCHNURR
Sie...
... schnurrt auf ein-mal...
Stimmt!
SCHNURR
SCHNURR
Oh! Sie hat die Augen geöffnet!
Wenige Tage später...
Waah!
AOZORACHO
WAUMIAU TIERKLINIK

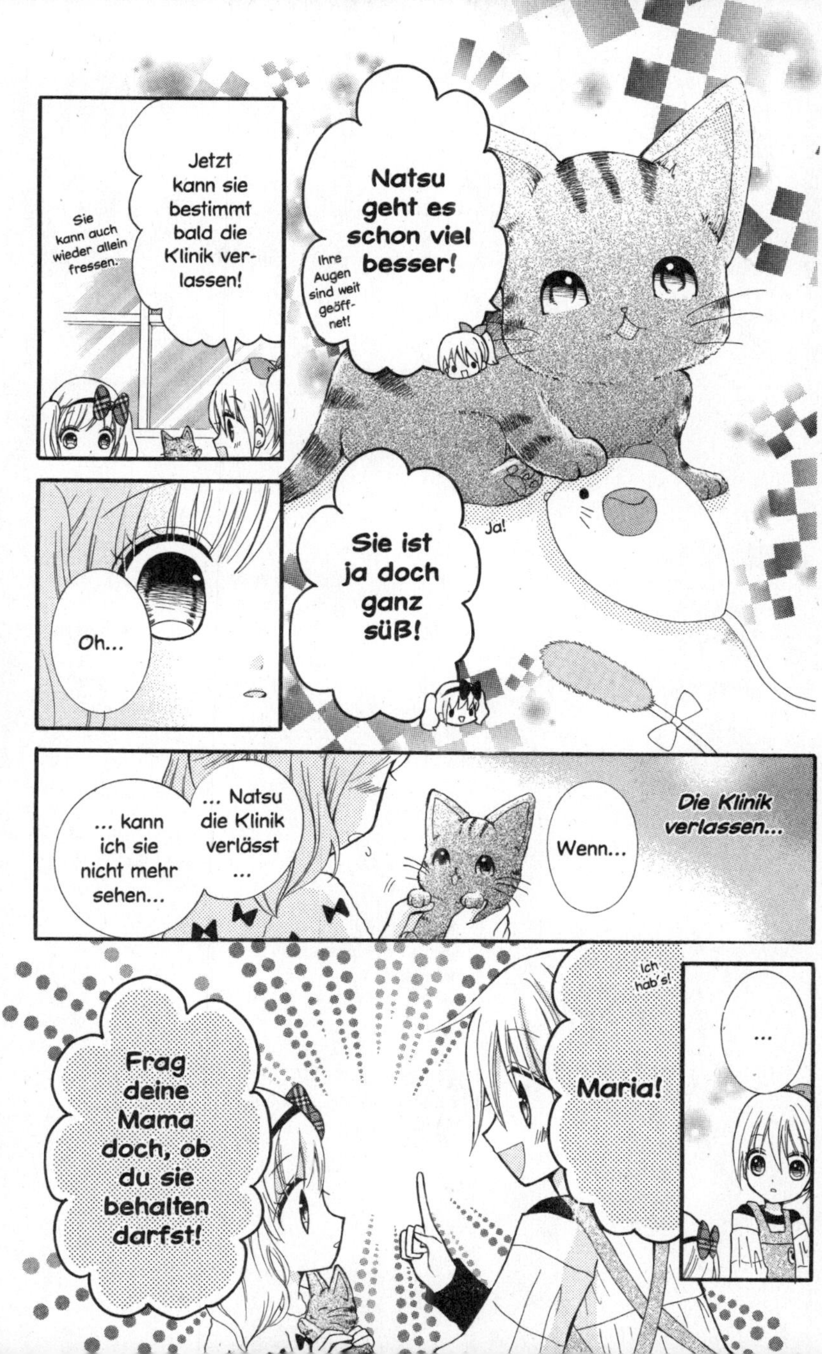
Natsu geht es schon viel besser!
Ihre Augen sind weit geöffnet!
Jetzt kann sie bestimmt bald die Klinik verlassen!
Sie kann auch wieder allein fressen.
Sie ist ja doch ganz süß!
Ja!
Oh...
Die Klinik verlassen...
Wenn...
... Natsu die Klinik verlässt ...
... kann ich sie nicht mehr sehen...
...
Maria!
Ich hab's!
Frag deine Mama doch, ob du sie behalten darfst!

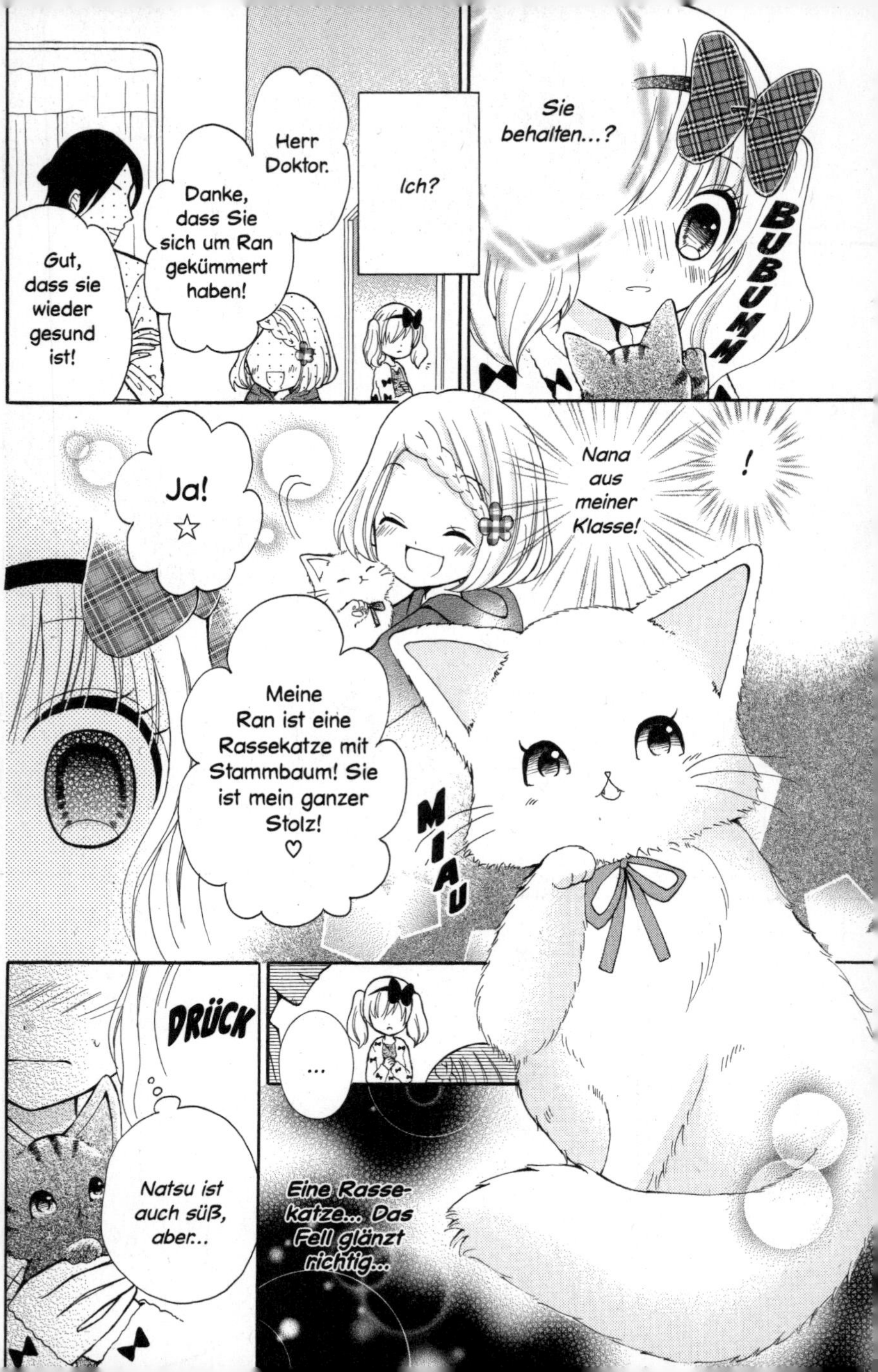
Sie behalten...?
BUBUMM
Ich?
Herr Doktor.
Danke, dass Sie sich um Ran gekümmert haben!
Gut, dass sie wieder gesund ist!
!
Nana aus meiner Klasse!
Ja! ☆
Meine Ran ist eine Rassekatze mit Stammbaum! Sie ist mein ganzer Stolz! ♡
MIAU
...
DRÜCK
Natsu ist auch süß, aber...
Eine Rassekatze... Das Fell glänzt richtig...

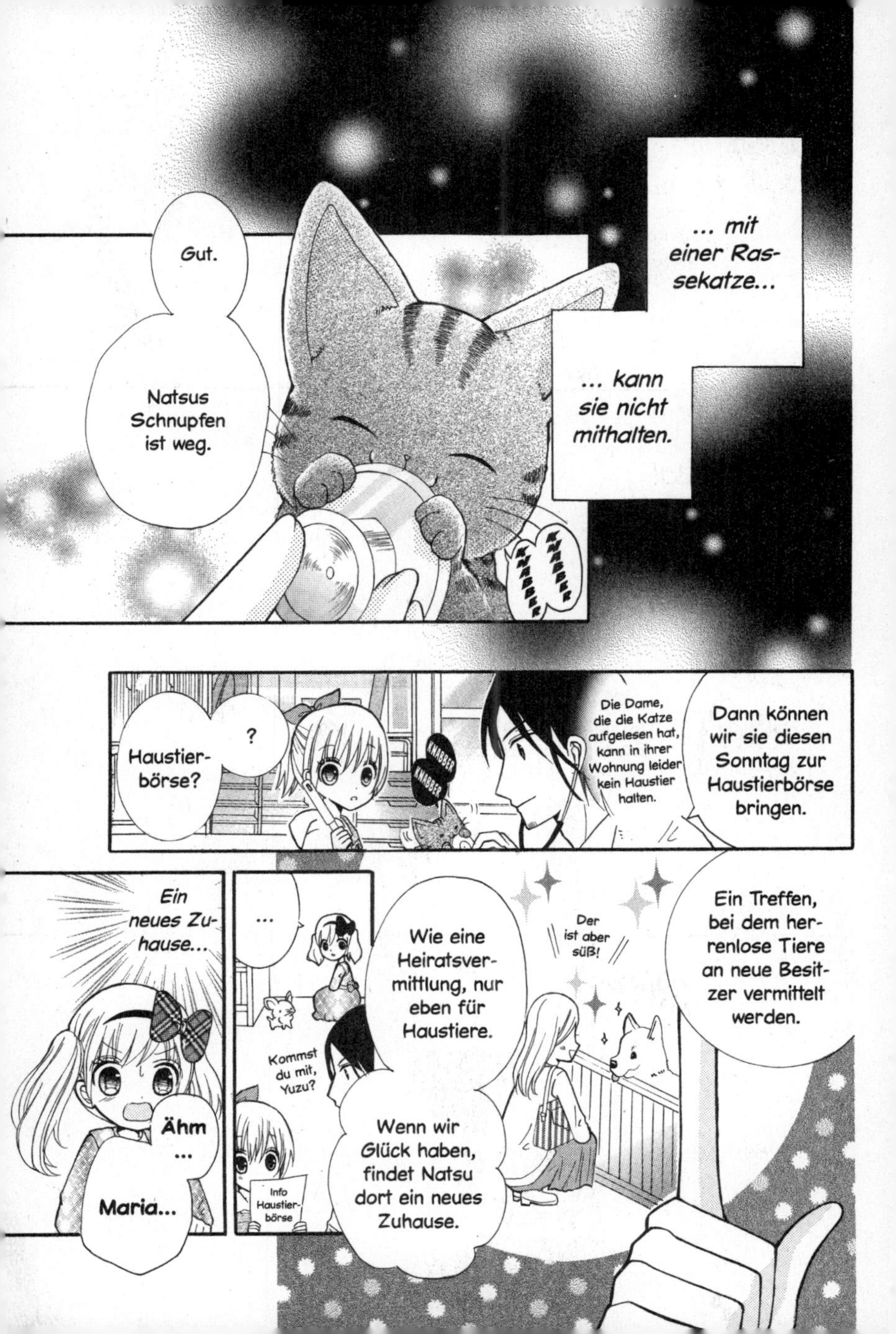

... mit einer Rassekatze...
... kann sie nicht mithalten.
KNABBER KNABBER
Gut.
Natsus Schnupfen ist weg.
Dann können wir sie diesen Sonntag zur Haustierbörse bringen.
Die Dame, die die Katze aufgelesen hat, kann in ihrer Wohnung leider kein Haustier halten.
KNABBER KNABBER
?
Haustierbörse?
Ein Treffen, bei dem herrenlose Tiere an neue Besitzer vermittelt werden.
Der ist aber süß!
Wie eine Heiratsvermittlung, nur eben für Haustiere.
...
Kommst du mit, Yuzu?
Info Haustierbörse
Wenn wir Glück haben, findet Natsu dort ein neues Zuhause.
Ein neues Zuhause...
Ähm ... Maria...

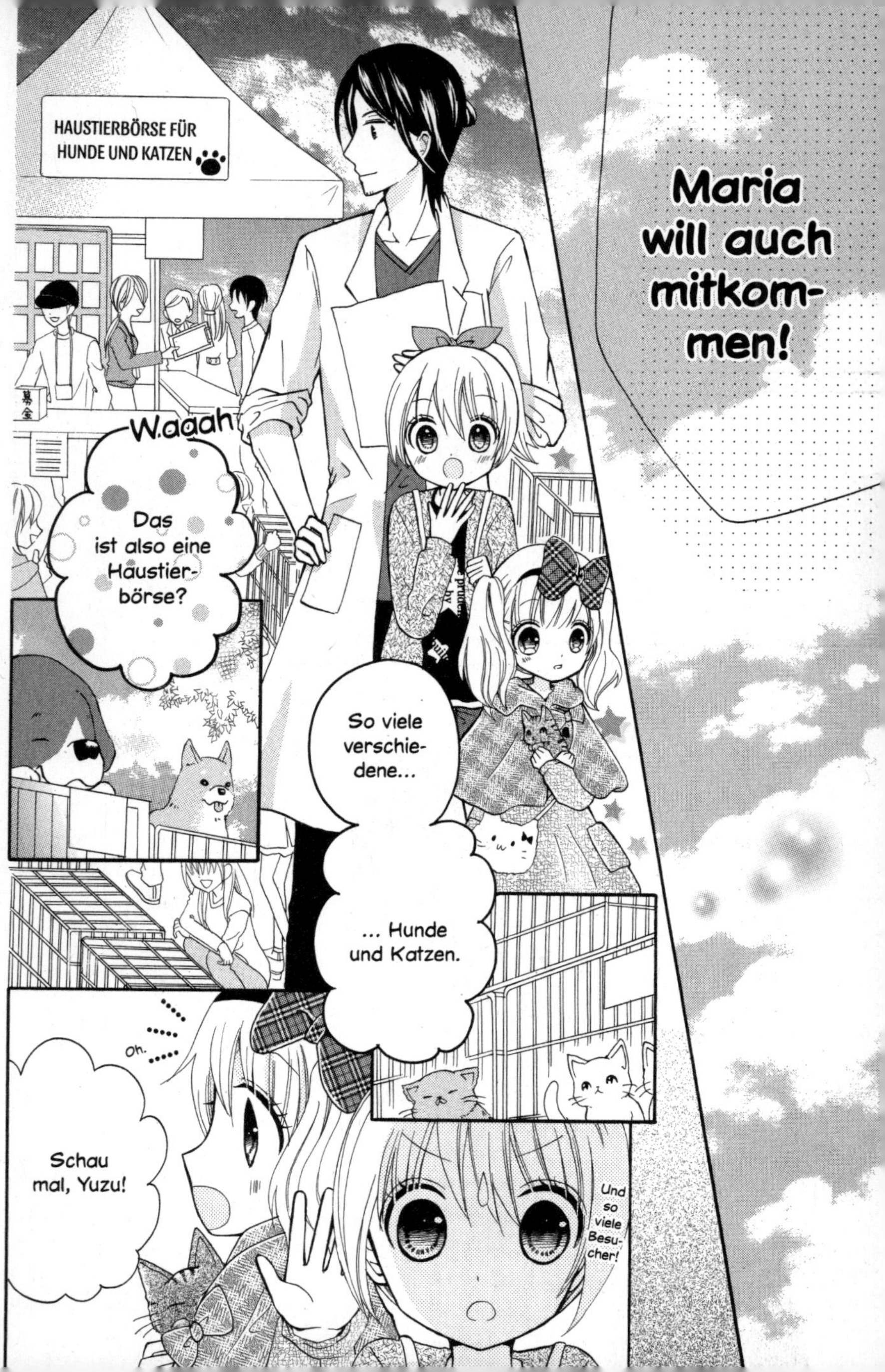
Maria will auch mitkommen!
HAUSTIERBÖRSE FÜR HUNDE UND KATZEN
募金
Waaah
Das ist also eine Haustierbörse?
So viele verschiedene...
... Hunde und Katzen.
Und so viele Besucher!
Oh.
Schau mal, Yuzu!

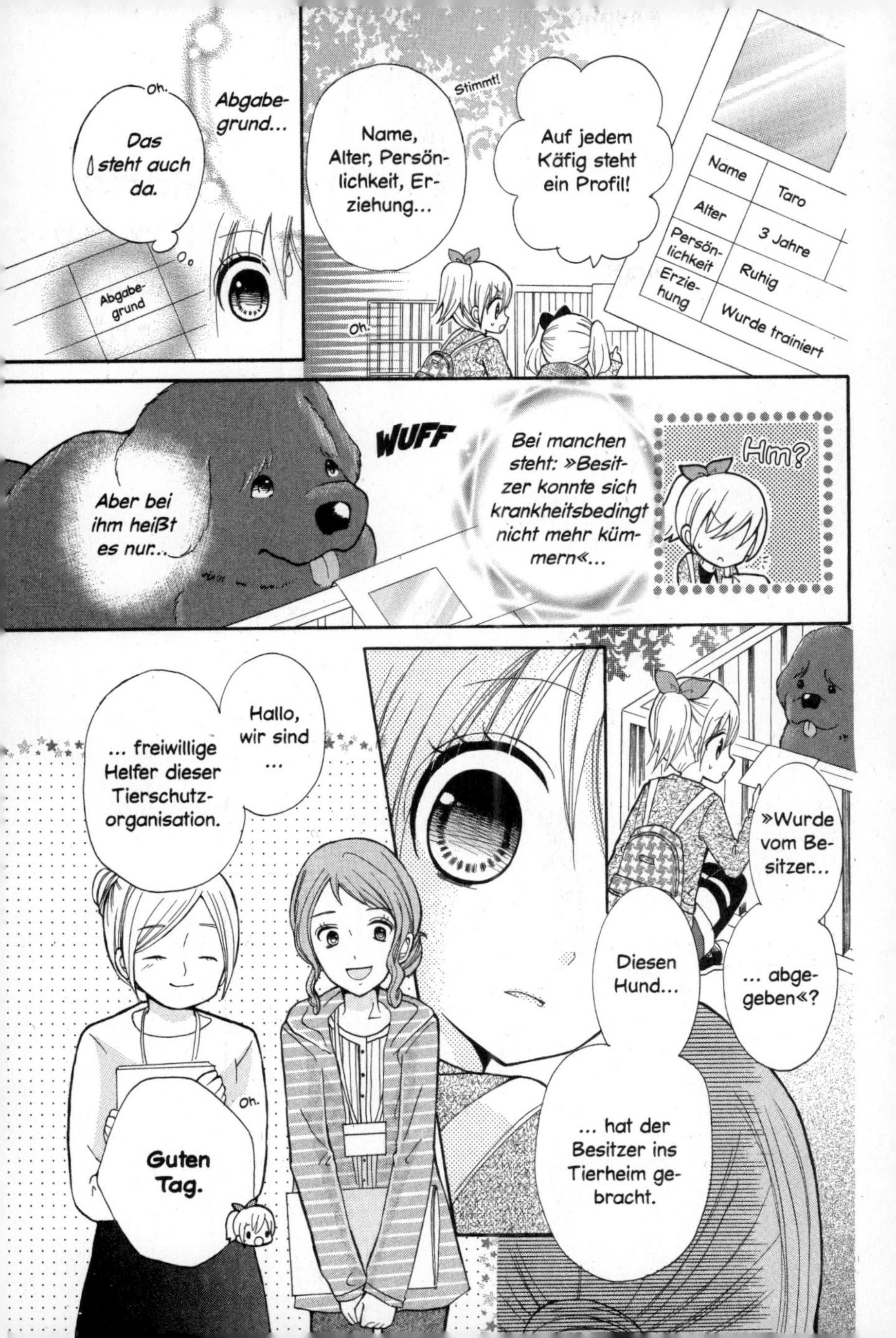
Auf jedem Käfig steht ein Profil!
Stimmt!
Name, Alter, Persönlichkeit, Erziehung...
Oh.
Name
Taro
Alter
3 Jahre
Persönlichkeit
Ruhig
Erziehung
Wurde trainiert
Abgabegrund...
Oh.
Das steht auch da.
Abgabegrund
Hm?
Bei manchen steht: »Besitzer konnte sich krankheitsbedingt nicht mehr kümmern«...
WUFF
Aber bei ihm heißt es nur...
»Wurde vom Besitzer...
... abgegeben«?
Diesen Hund...
... hat der Besitzer ins Tierheim gebracht.
Hallo, wir sind ...
... freiwillige Helfer dieser Tierschutzorganisation.
Oh.
Guten Tag.

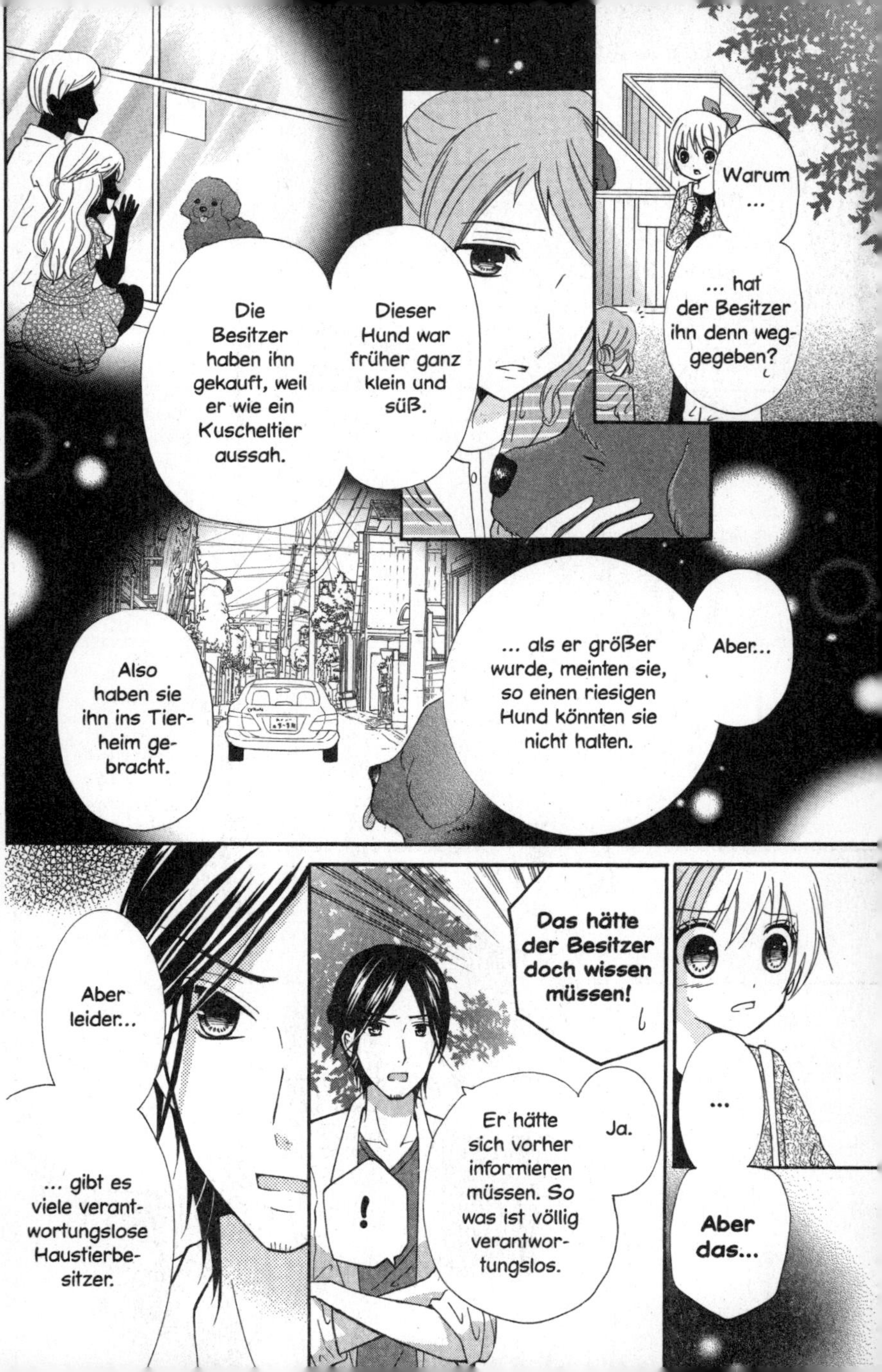
Warum ...
... hat der Besitzer ihn denn weggegeben?
Dieser Hund war früher ganz klein und süß.
Die Besitzer haben ihn gekauft, weil er wie ein Kuscheltier aussah.
Aber...
... als er größer wurde, meinten sie, so einen riesigen Hund könnten sie nicht halten.
Also haben sie ihn ins Tierheim gebracht.
...
Aber das...
Das hätte der Besitzer doch wissen müssen!
Ja.
Er hätte sich vorher informieren müssen. So was ist völlig verantwortungslos.
!
Aber leider...
... gibt es viele verantwortungslose Haustierbesitzer.

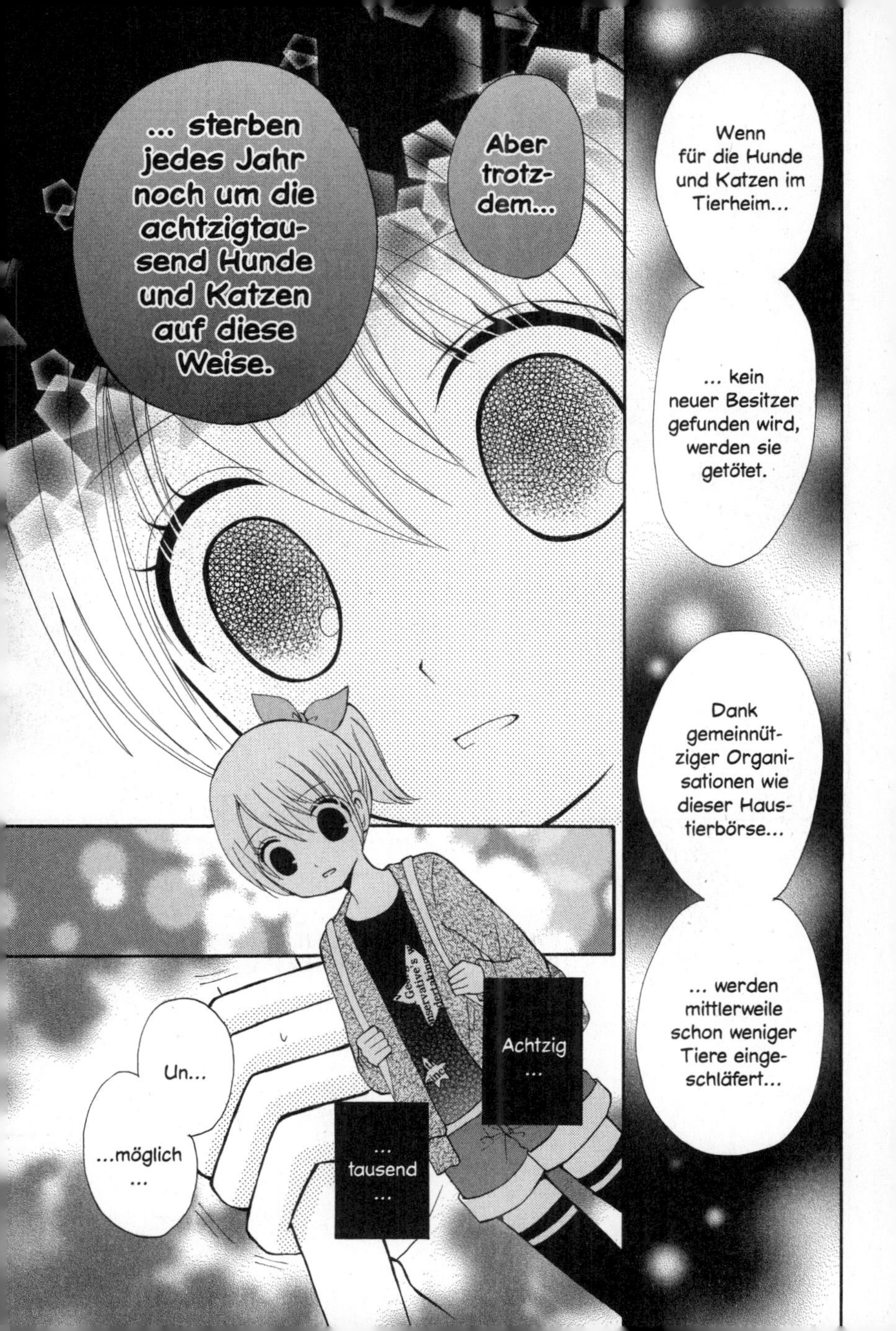

Wenn für die Hunde und Katzen im Tierheim...
... kein neuer Besitzer gefunden wird, werden sie getötet.
Dank gemeinnütziger Organisationen wie dieser Haustierbörse...
... werden mittlerweile schon weniger Tiere eingeschläfert...
Aber trotzdem...
... sterben jedes Jahr noch um die achtzigtausend Hunde und Katzen auf diese Weise.
Achtzig ...
... tausend ...
Un...
...möglich ...

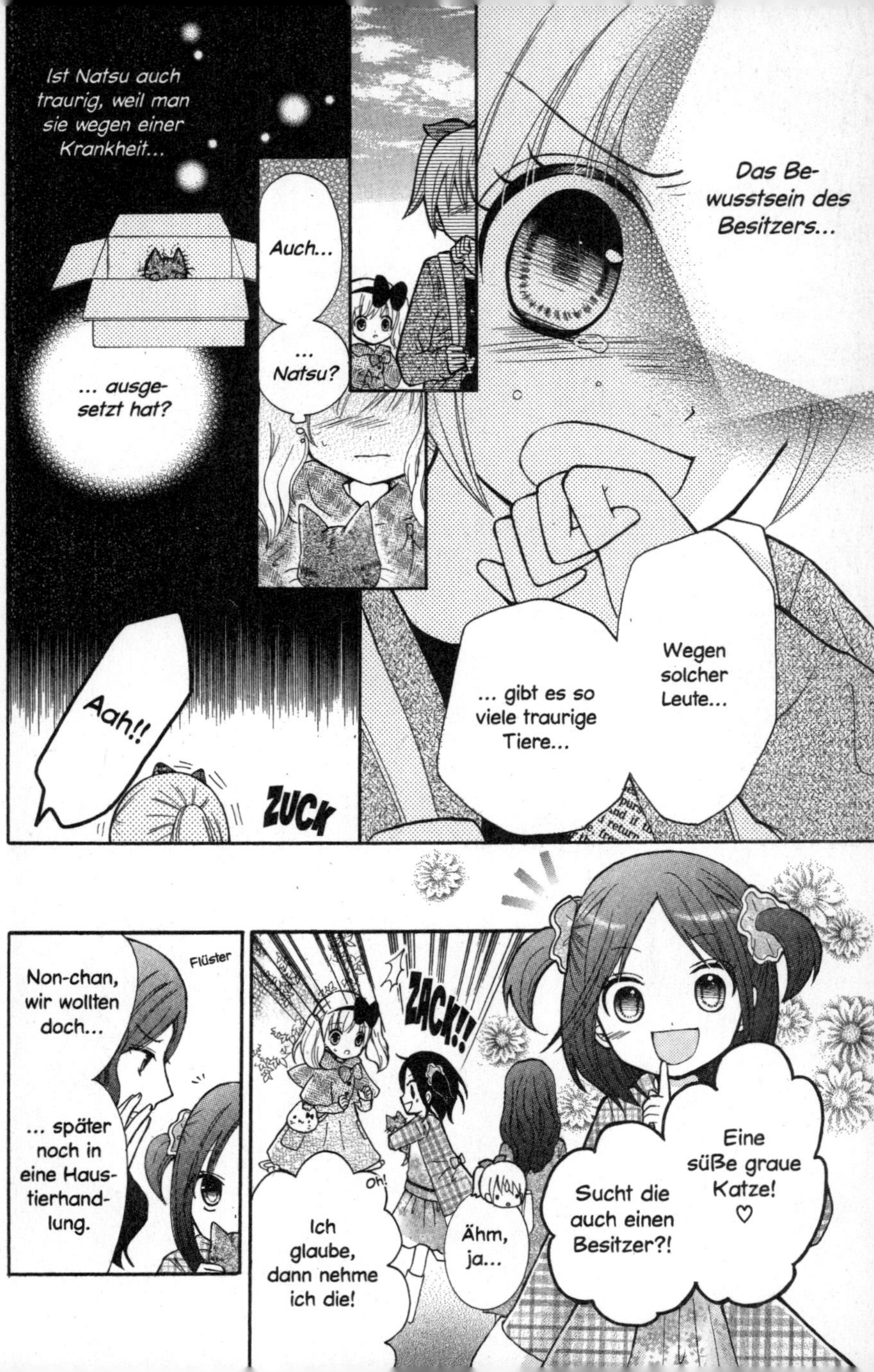
Das Bewusstsein des Besitzers...
Auch...
... Natsu?
Ist Natsu auch traurig, weil man sie wegen einer Krankheit...
... ausgesetzt hat?
Wegen solcher Leute...
... gibt es so viele traurige Tiere...
Aah!!
ZUCK
Eine süße graue Katze! ♡
Sucht die auch einen Besitzer?!
ZACK!!
Ähm, ja...
Oh!
Ich glaube, dann nehme ich die!
Flüster
Non-chan, wir wollten doch...
... später noch in eine Haustierhandlung.

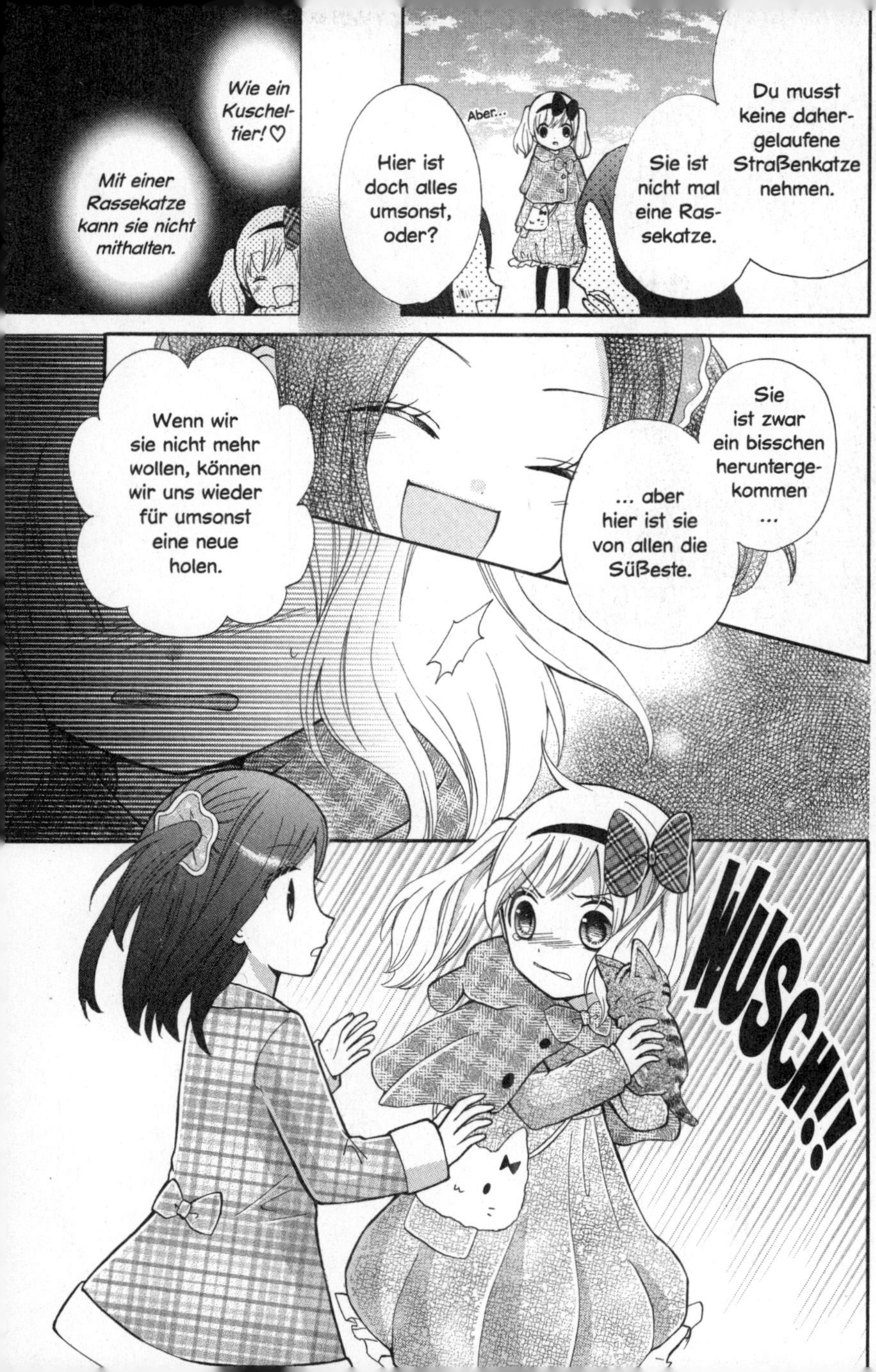
Du musst keine dahergelaufene Straßenkatze nehmen.
Sie ist nicht mal eine Rassekatze.
Aber...
Hier ist doch alles umsonst, oder?
Wie ein Kuscheltier!♡
Mit einer Rassekatze kann sie nicht mithalten.
Sie ist zwar ein bisschen heruntergekommen ...
... aber hier ist sie von allen die Süßeste.
Wenn wir sie nicht mehr wollen, können wir uns wieder für umsonst eine neue holen.
WUSCH!!

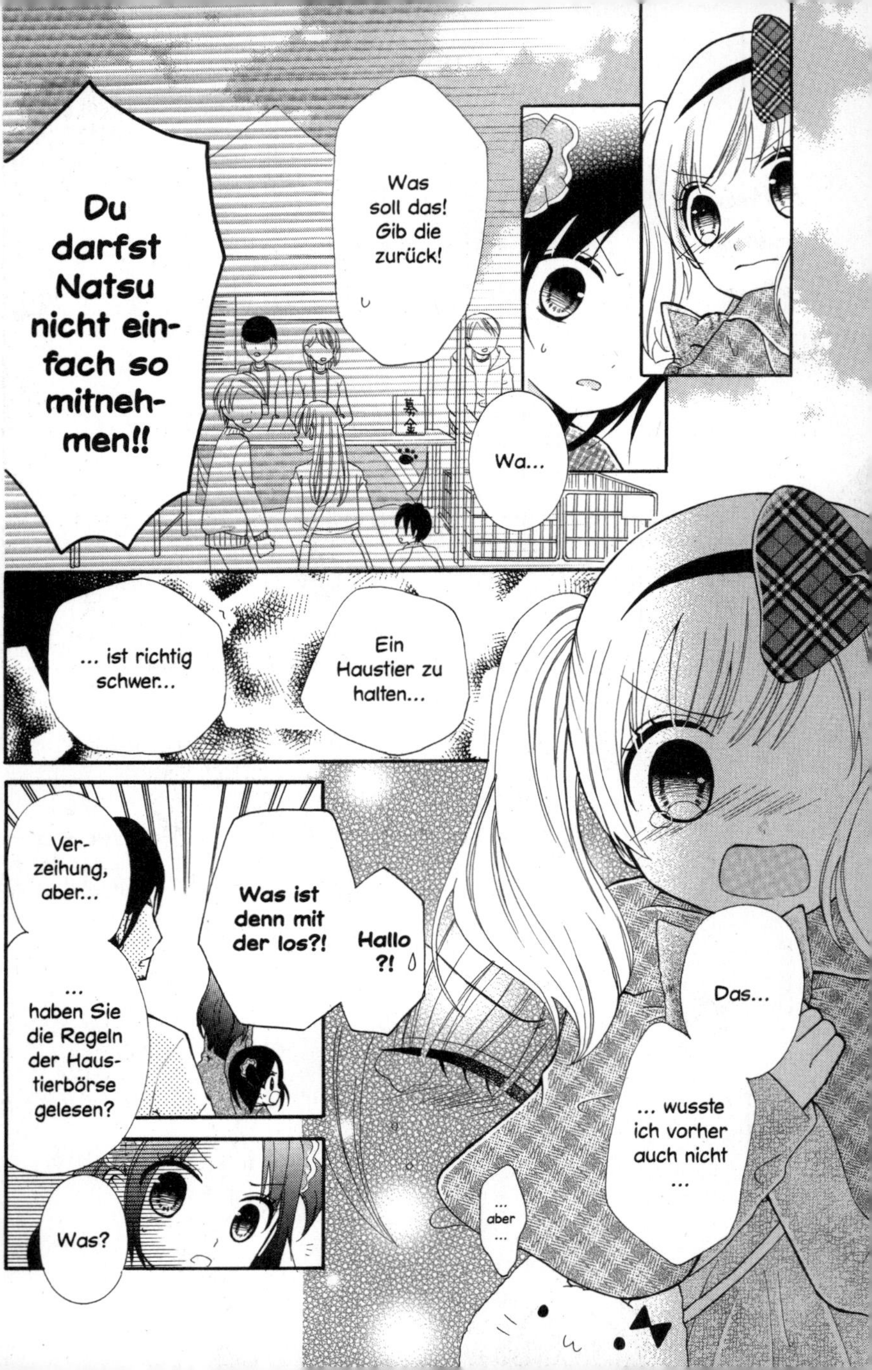
Wa...
Was soll das! Gib die zurück!
Du darfst Natsu nicht einfach so mitnehmen!!
募金
Ein Haustier zu halten...
... ist richtig schwer...
Das...
... wusste ich vorher auch nicht ...
... aber ...
Hallo ?!
Was ist denn mit der los?!
Verzeihung, aber...
... haben Sie die Regeln der Haustierbörse gelesen?
Was?

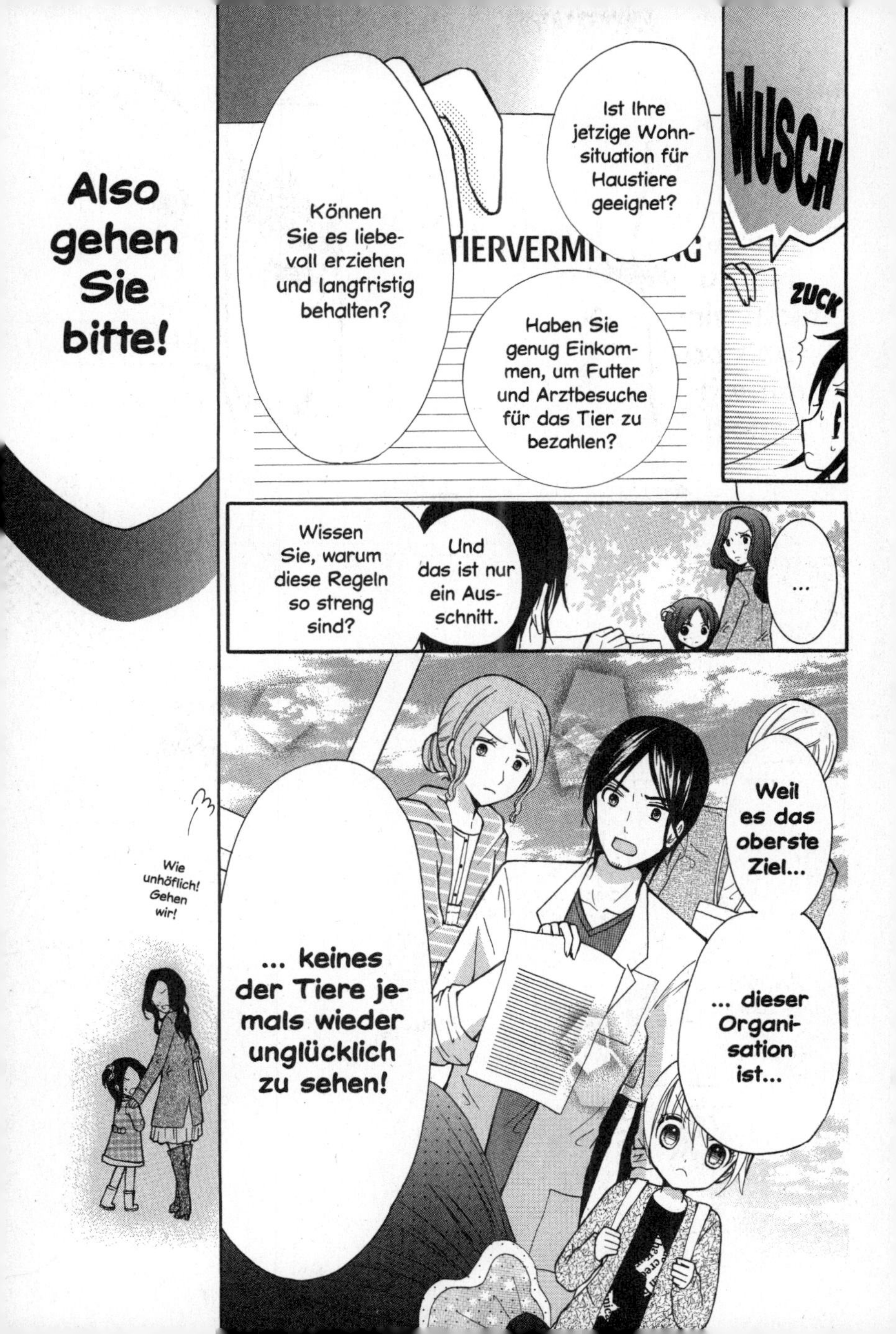
WUSCH
ZUCK
Ist Ihre jetzige Wohnsituation für Haustiere geeignet?
Haben Sie genug Einkommen, um Futter und Arztbesuche für das Tier zu bezahlen?
Können Sie es liebevoll erziehen und langfristig behalten?
...
Und das ist nur ein Ausschnitt.
Wissen Sie, warum diese Regeln so streng sind?
Weil es das oberste Ziel...
... dieser Organisation ist...
... keines der Tiere jemals wieder unglücklich zu sehen!
Also gehen Sie bitte!
Wie unhöflich! Gehen wir!

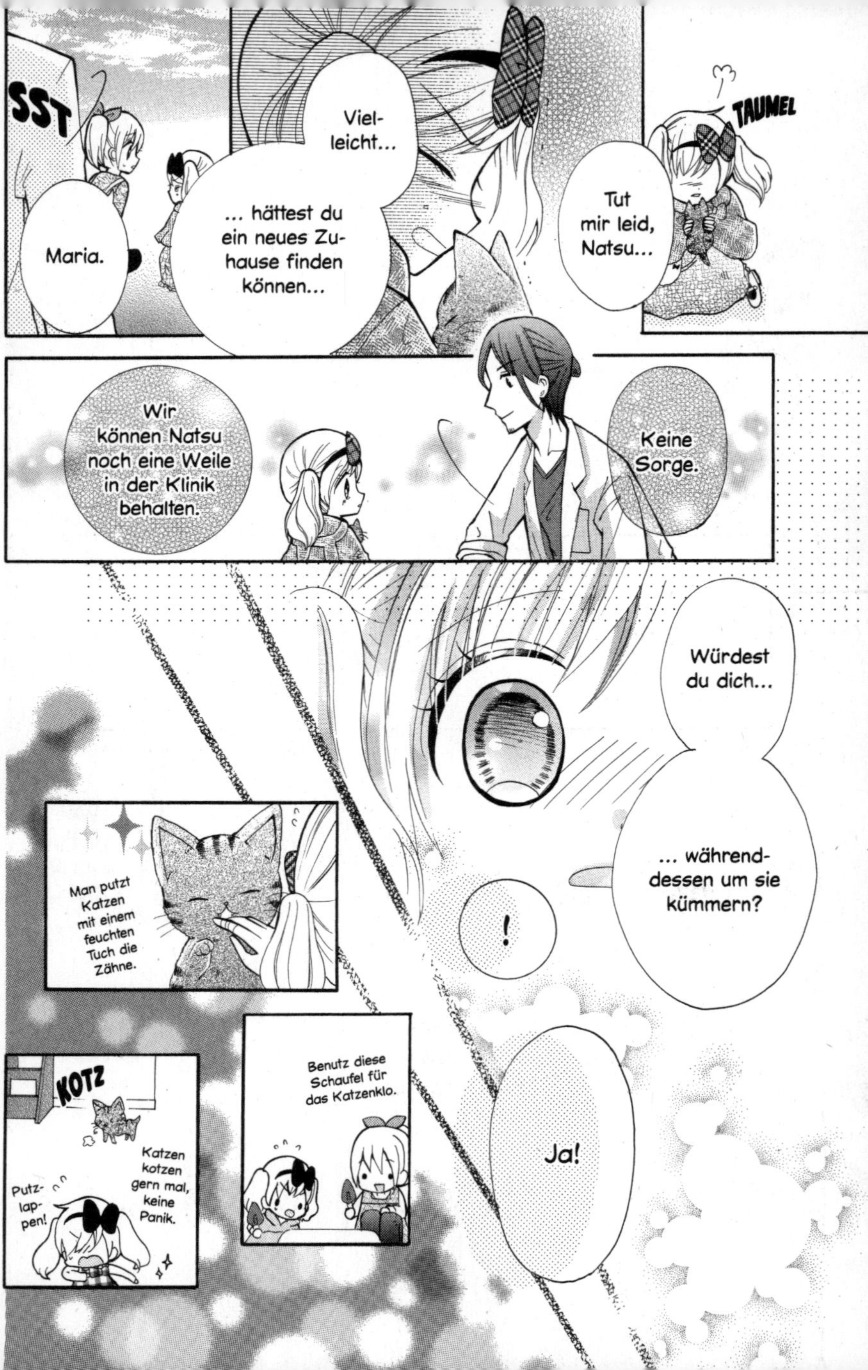
TAUMEL
Tut mir leid, Natsu...
Viel-leicht...
... hättest du ein neues Zu-hause finden können...
SST
Maria.
Keine Sorge.
Wir können Natsu noch eine Weile in der Klinik behalten.
Würdest du dich...
... während-dessen um sie kümmern?
!
Ja!
Man putzt Katzen mit einem feuchten Tuch die Zähne.
Benutz diese Schaufel für das Katzenklo.
KOTZ
Katzen kotzen gern mal, keine Panik.
Putz-lap-pen!

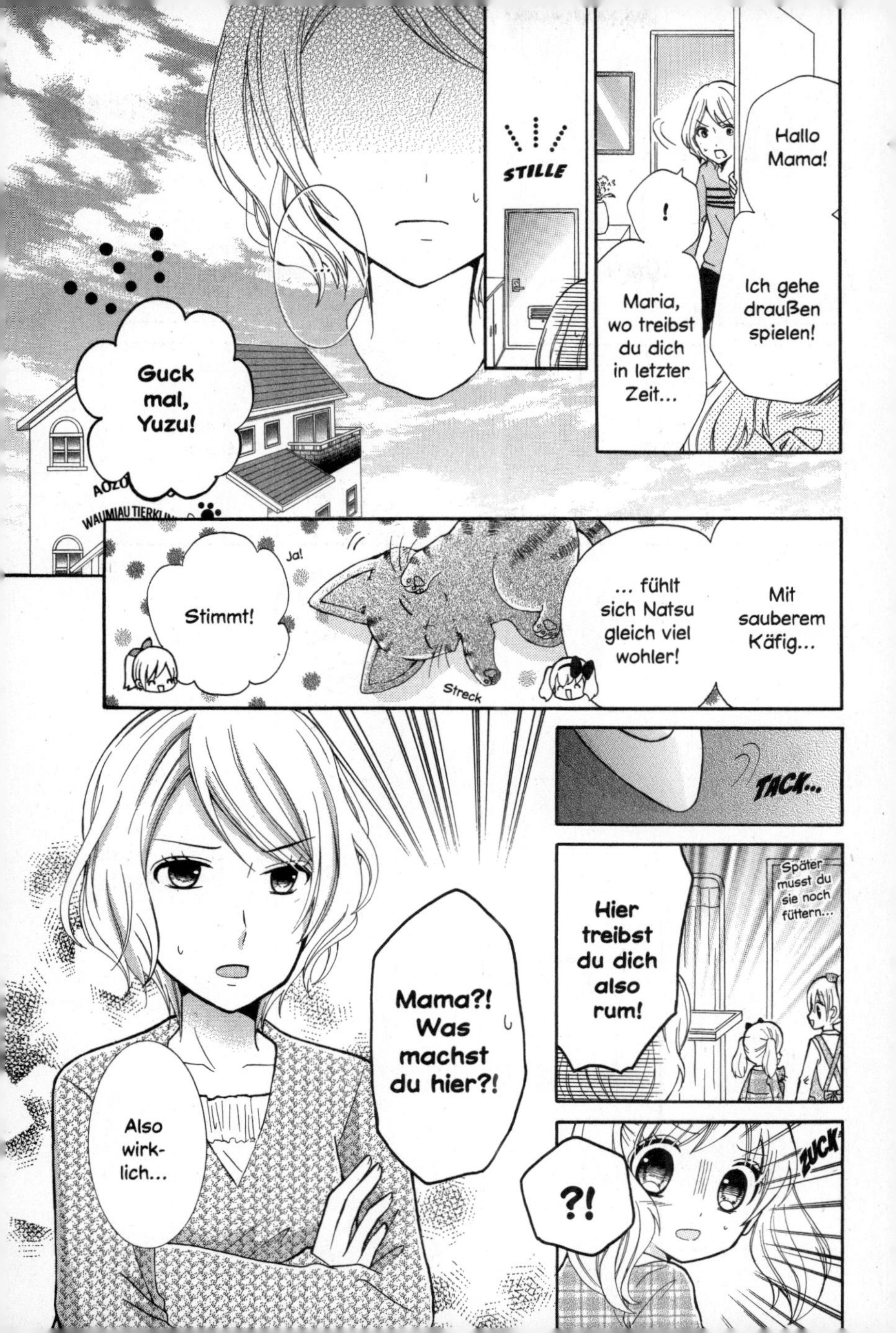
Hallo Mama!
Ich gehe draußen spielen!
!
Maria, wo treibst du dich in letzter Zeit...
STILLE
...
Guck mal, Yuzu!
Mit sauberem Käfig...
... fühlt sich Natsu gleich viel wohler!
Streck
Stimmt!
Ja!
TACK...
Hier treibst du dich also rum!
Später musst du sie noch füttern...
ZUCK
?!
Mama?! Was machst du hier?!
Also wirk-lich...

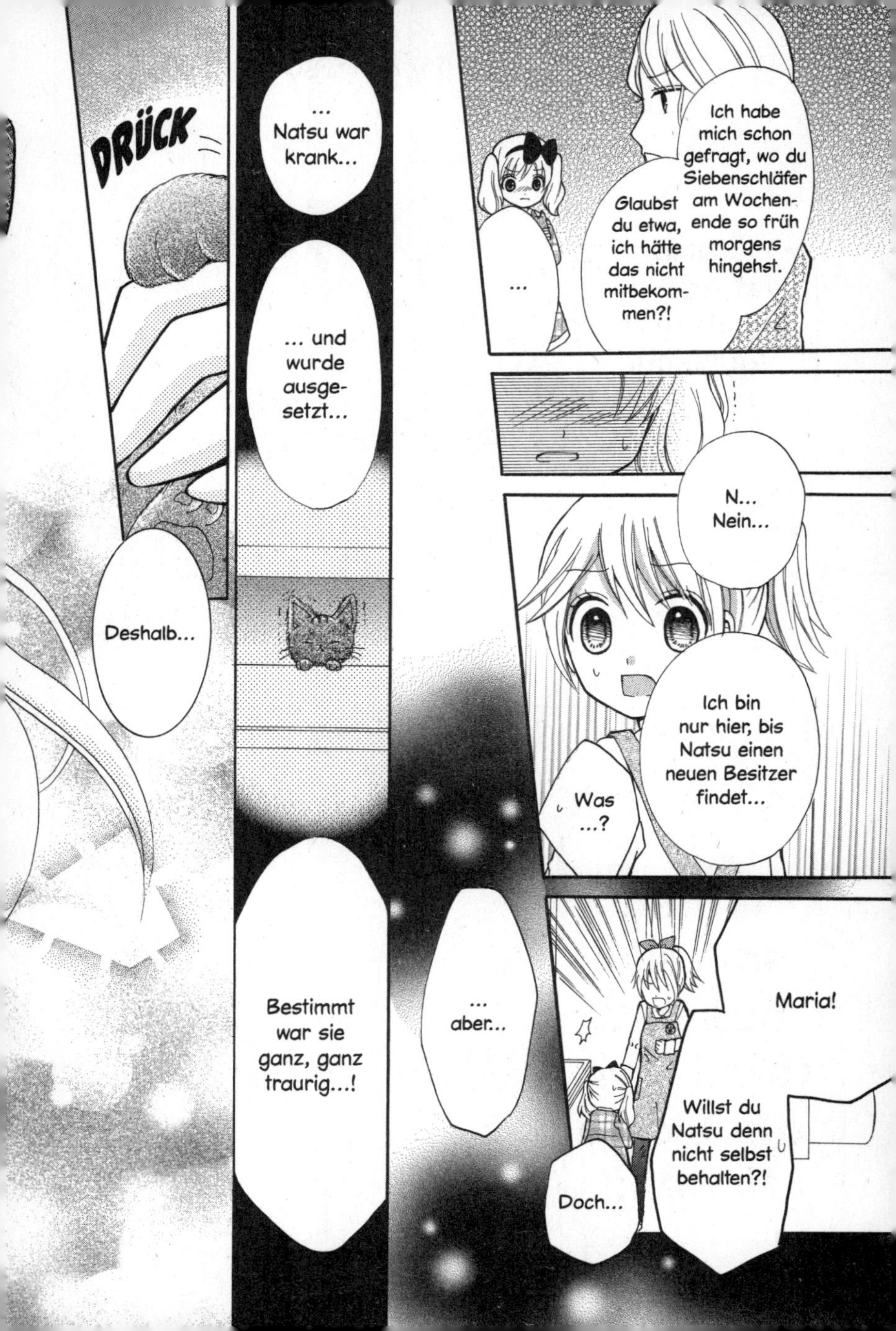
Ich habe mich schon gefragt, wo du Siebenschläfer am Wochenende so früh morgens hingehst.
Glaubst du etwa, ich hätte das nicht mitbekommen?!
...
N... Nein...
Ich bin nur hier, bis Natsu einen neuen Besitzer findet...
Was ...?
Maria!
Willst du Natsu denn nicht selbst behalten?!
Doch...
... aber...
... Natsu war krank...
... und wurde ausgesetzt...
Bestimmt war sie ganz, ganz traurig...!
DRÜCK
Deshalb...

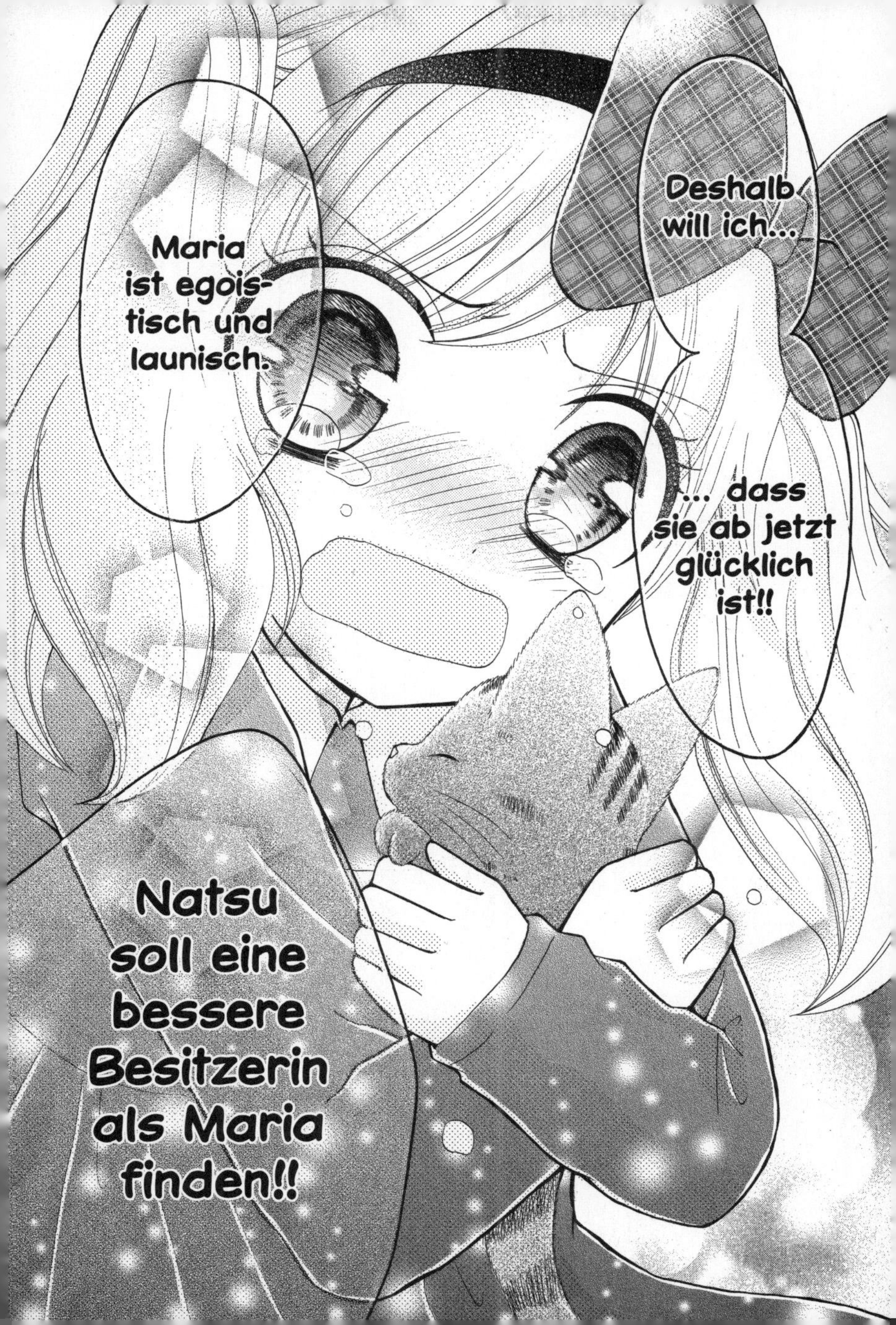
Deshalb will ich...
Maria ist egoistisch und launisch.
... dass sie ab jetzt glücklich ist!!
Natsu soll eine bessere Besitzerin als Maria finden!!

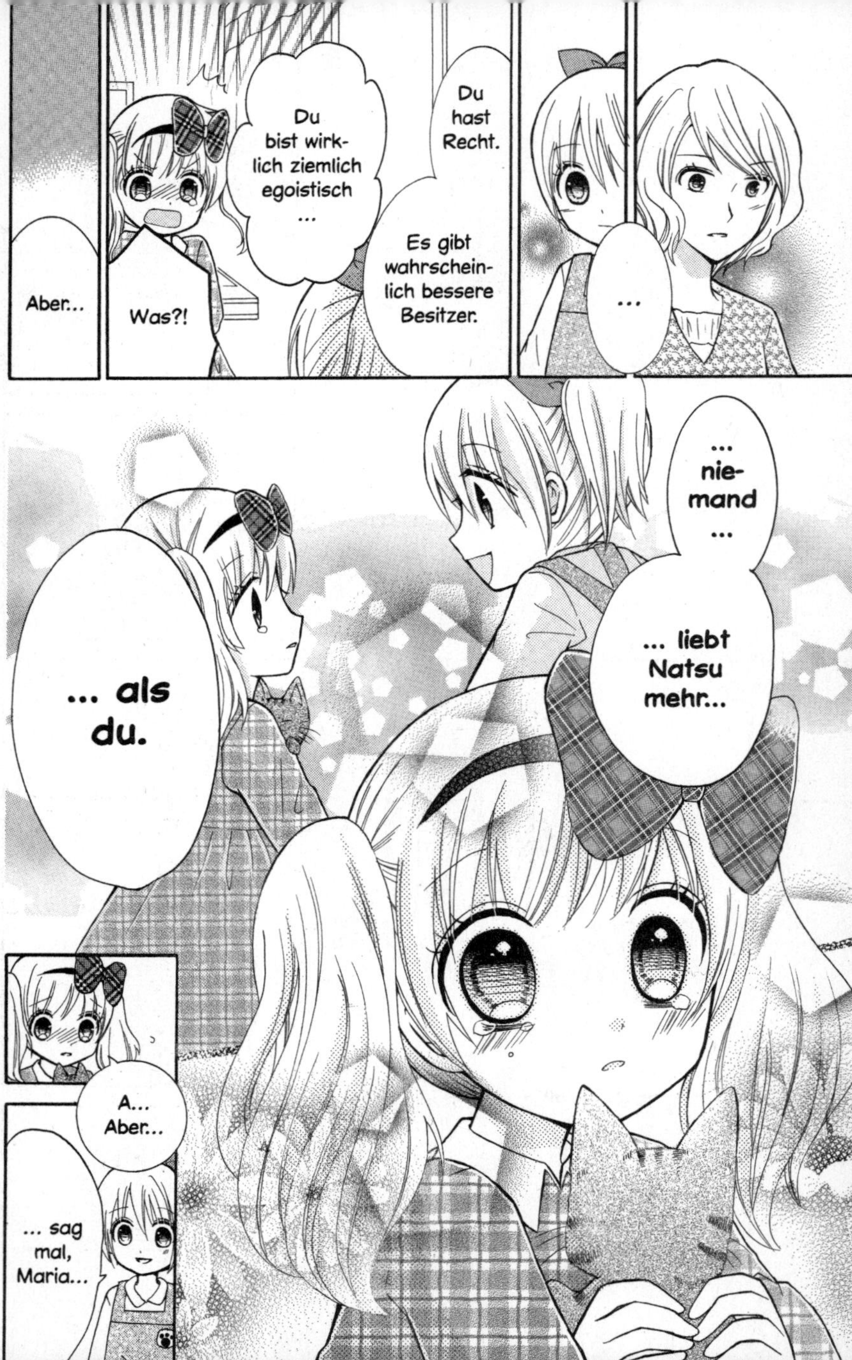
...
Du hast Recht.
Es gibt wahrscheinlich bessere Besitzer.
Du bist wirklich ziemlich egoistisch ...
Was?!
Aber...
... niemand ...
... liebt Natsu mehr...
... als du.
A... Aber...
... sag mal, Maria...

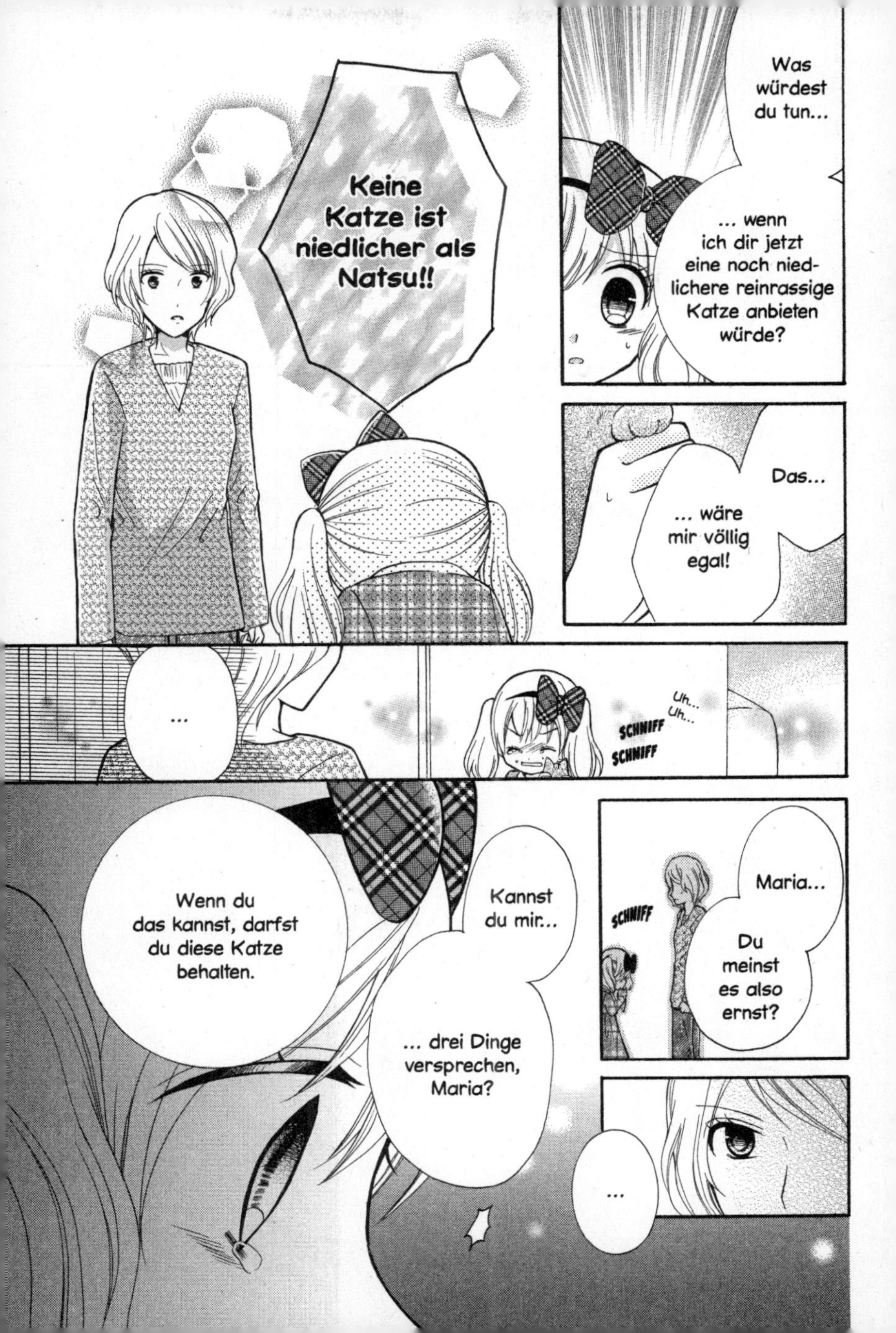
Was würdest du tun...
... wenn ich dir jetzt eine noch niedlichere reinrassige Katze anbieten würde?
Das...
... wäre mir völlig egal!
Keine Katze ist niedlicher als Natsu!!
Uh... Uh...
SCHNIFF SCHNIFF
...
Maria...
Du meinst es also ernst?
SCHNIFF
...
Kannst du mir...
... drei Dinge versprechen, Maria?
Wenn du das kannst, darfst du diese Katze behalten.

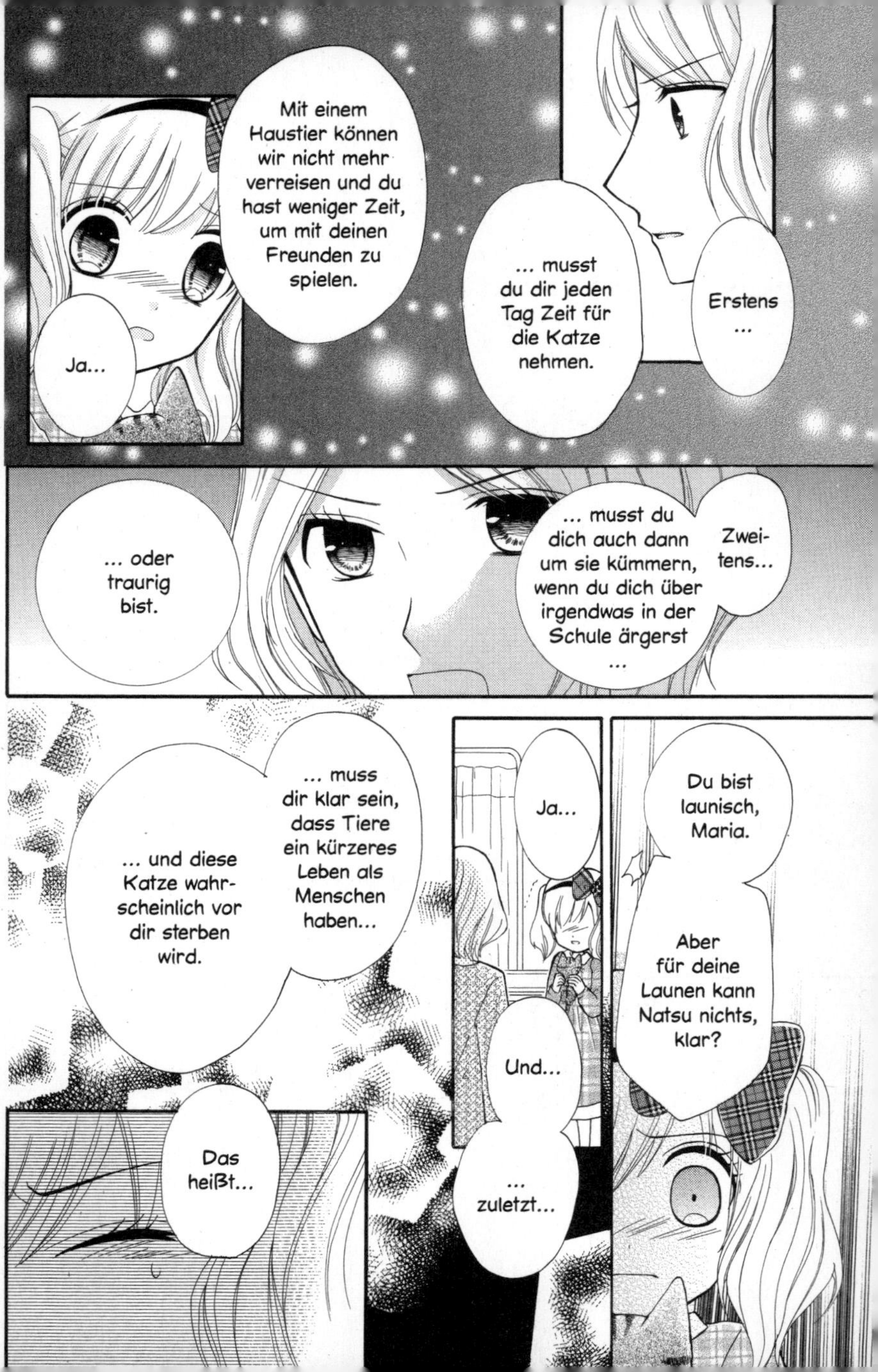
Erstens ...
... musst du dir jeden Tag Zeit für die Katze nehmen.
Mit einem Haustier können wir nicht mehr verreisen und du hast weniger Zeit, um mit deinen Freunden zu spielen.
Ja...
Zweitens...
... musst du dich auch dann um sie kümmern, wenn du dich über irgendwas in der Schule ärgerst ...
... oder traurig bist.
Du bist launisch, Maria.
Aber für deine Launen kann Natsu nichts, klar?
Ja...
Und...
... zuletzt...
... muss dir klar sein, dass Tiere ein kürzeres Leben als Menschen haben...
... und diese Katze wahrscheinlich vor dir sterben wird.
Das heißt...

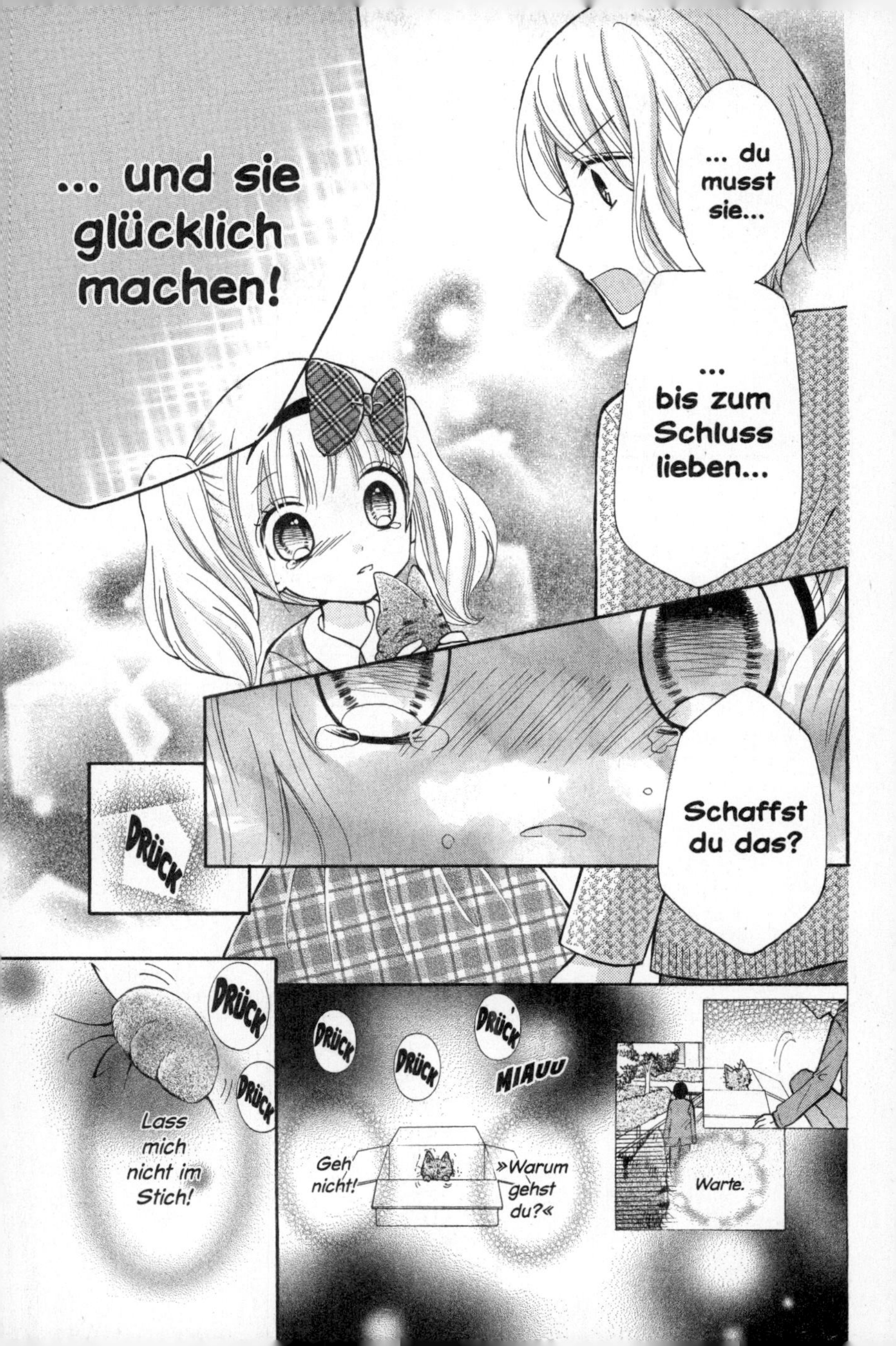

... du musst sie...
... bis zum Schluss lieben...
... und sie glücklich machen!
Schaffst du das?
DRÜCK
Warte.
DRÜCK
MIAUU
DRÜCK
DRÜCK
»Warum gehst du?«
Geh nicht!
DRÜCK
DRÜCK
Lass mich nicht im Stich!

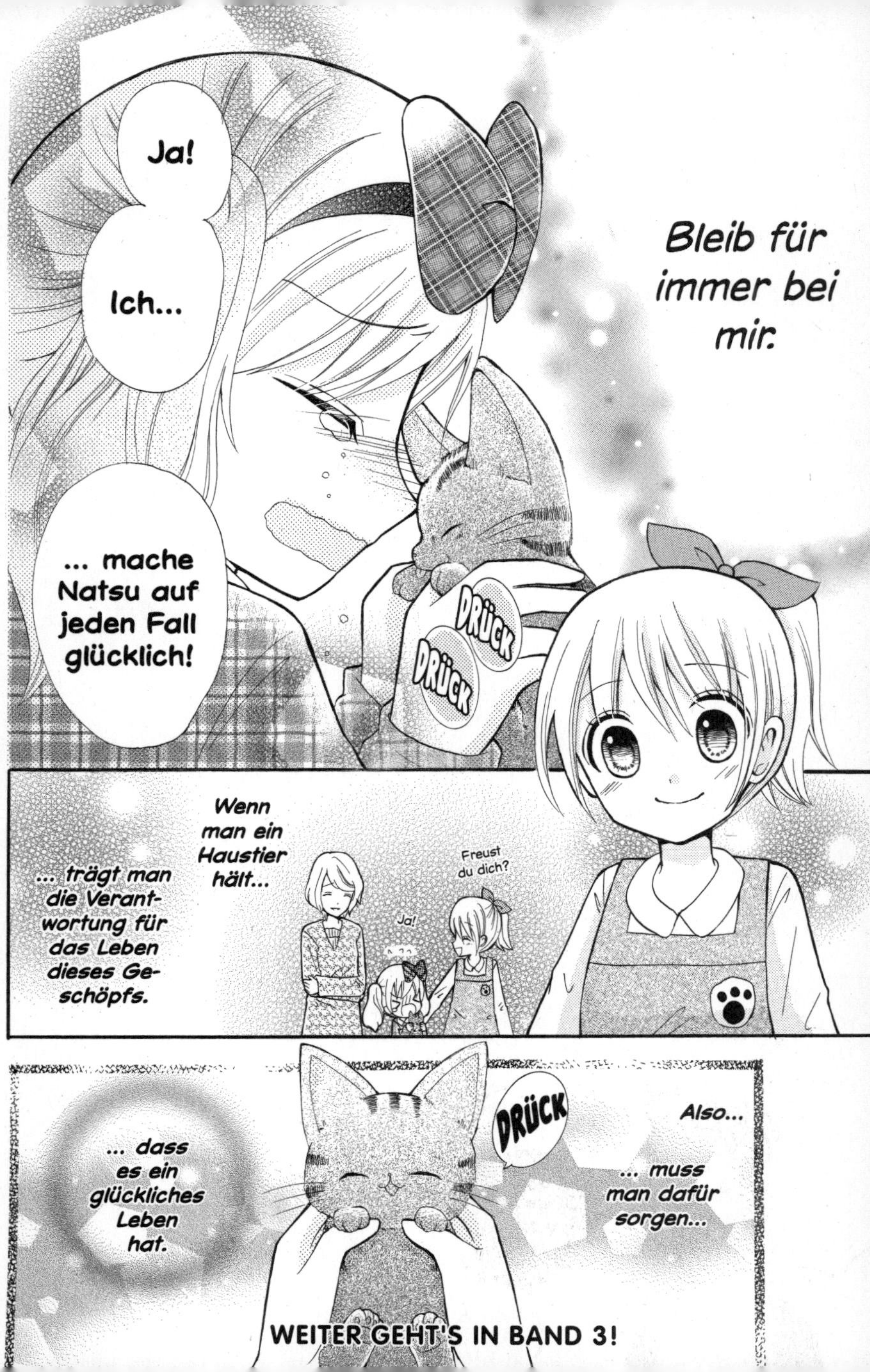
Bleib für immer bei mir.
Ja!
Ich...
... mache Natsu auf jeden Fall glücklich!
DRÜCK
DRÜCK
Wenn man ein Haustier hält...
... trägt man die Verantwortung für das Leben dieses Geschöpfs.
Freust du dich?
Ja!
Also...
... muss man dafür sorgen...
DRÜCK
... dass es ein glückliches Leben hat.
WEITER GEHT'S IN BAND 3!

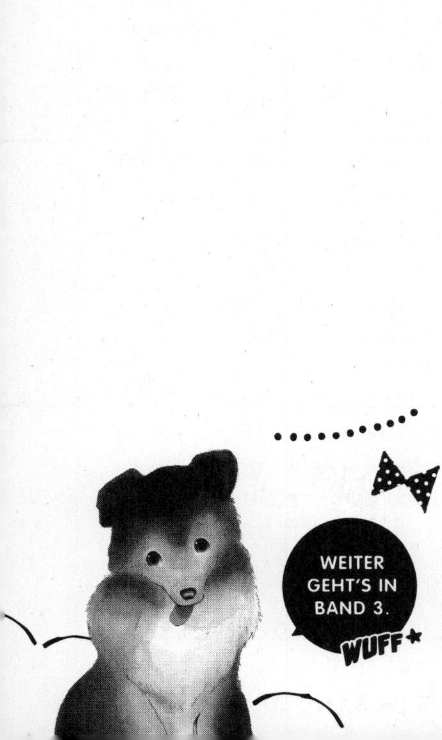
WEITER GEHT'S IN BAND 3.
WUFF★

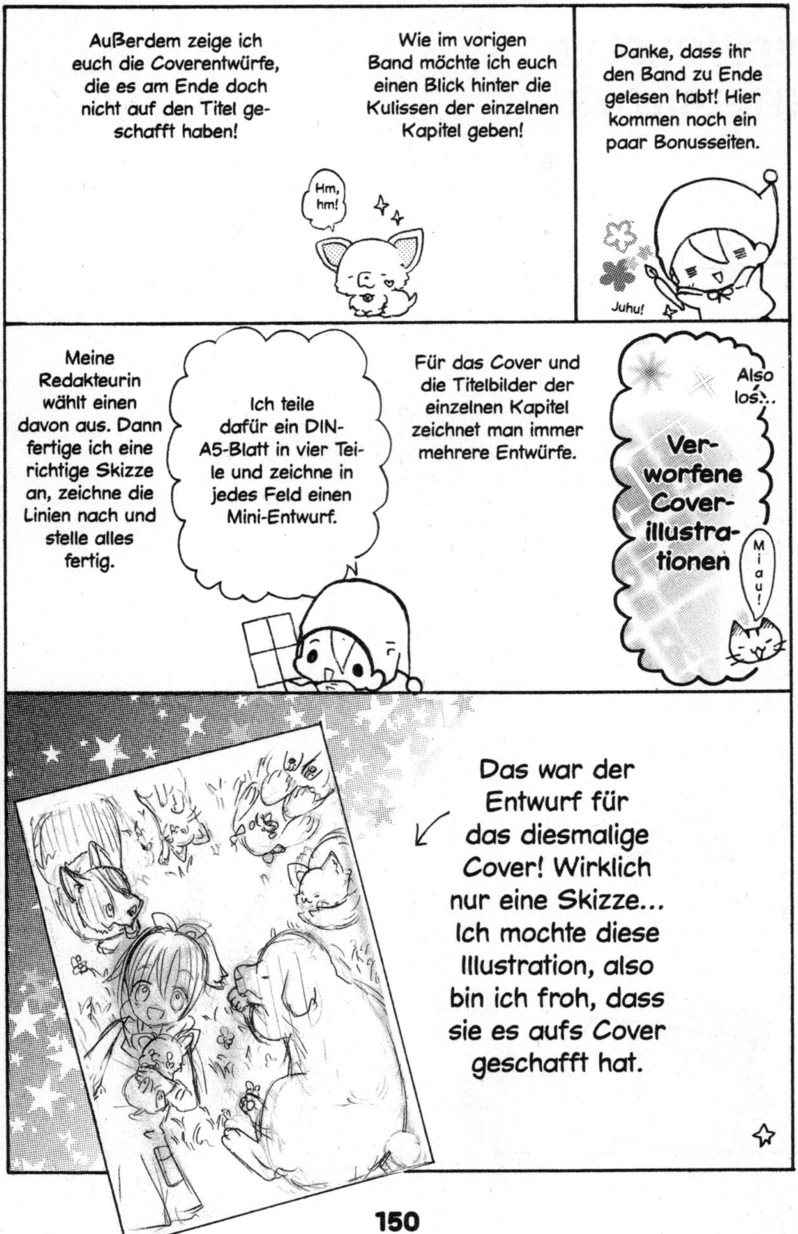
Danke, dass ihr den Band zu Ende gelesen habt! Hier kommen noch ein paar Bonusseiten.
Juhu!
Wie im vorigen Band möchte ich euch einen Blick hinter die Kulissen der einzelnen Kapitel geben!
Hm, hm!
Außerdem zeige ich euch die Coverentwürfe, die es am Ende doch nicht auf den Titel geschafft haben!
Also los…
Verworfene Coverillustrationen
Miau!
Für das Cover und die Titelbilder der einzelnen Kapitel zeichnet man immer mehrere Entwürfe.
Ich teile dafür ein DIN-A5-Blatt in vier Teile und zeichne in jedes Feld einen Mini-Entwurf.
Meine Redakteurin wählt einen davon aus. Dann fertige ich eine richtige Skizze an, zeichne die Linien nach und stelle alles fertig.
Das war der Entwurf für das diesmalige Cover! Wirklich nur eine Skizze… Ich mochte diese Illustration, also bin ich froh, dass sie es aufs Cover geschafft hat.

VERWORFENE TITELBILDER

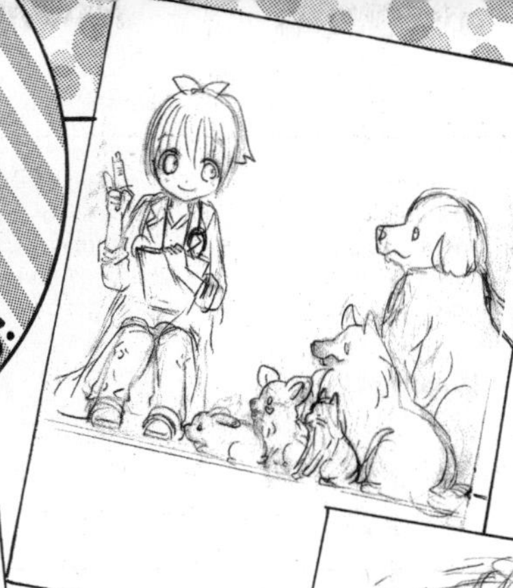

Die Tiere stehen Schlange, um sich von Yuzu untersuchen zu lassen.

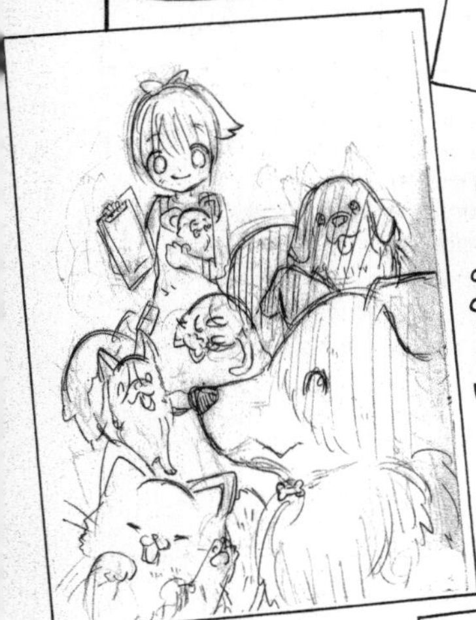

Ist sehr ähnlich wie das Cover, das am Ende ausgewählt wurde. Ich wollte die Tiere und Yuzu gern auf einer Wiese zeichnen.

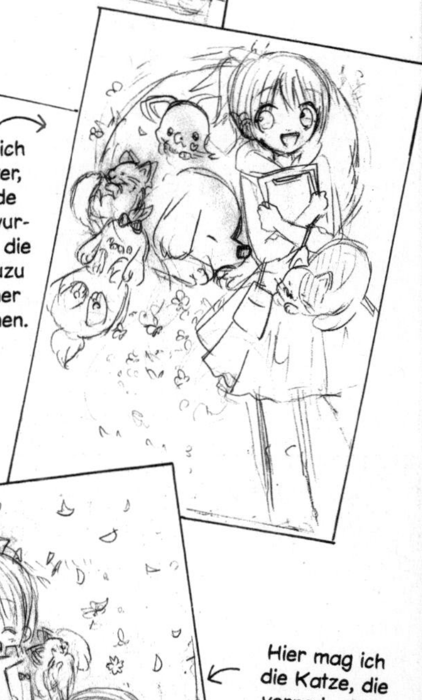

Hier ist alles voller Hunde! Da bleibt kein Platz für den Titel…

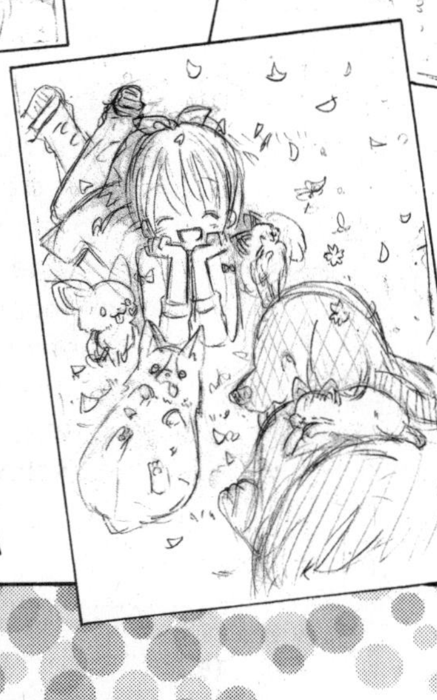

Hier mag ich die Katze, die vorne im Bild auf dem Rücken des Hundes schläft. Ich liebe es, große und kleine Tiere zusammen zu zeichnen!

Weiter geht's mit einem Blick hinter die Kulissen.

BLICK HINTER DIE KULISSEN

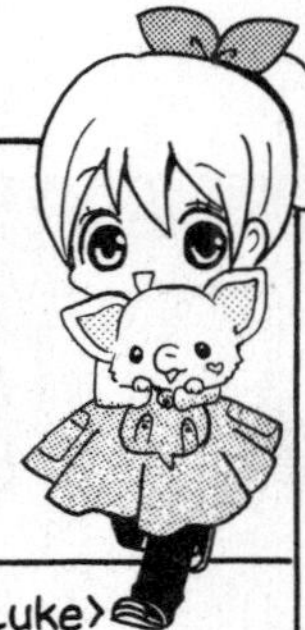

Ich nenne es einen Blick hinter die Kulissen, aber eigentlich sind es nur persönliche Erinnerungen...! Lest sie euch gern durch, wenn ihr Zeit dazu habt.

<Schlauer Fuchs Komachi>

Der übermütige Komachi war einfach zu zeichnen. Sein Hihi-Gesicht hat mir Spaß gemacht. Vielen meiner Freunde hat dieses Kapitel besonders gut gefallen, was mich sehr gefreut hat.

<Blindenhund Luke>

Kurz bevor ich dieses Kapitel gezeichnet habe, habe ich in einem Kaufhaus einen Blindenhund gesehen. Obwohl um ihn herum viel Trubel war, hat er sich nicht ablenken lassen und mit abgeklärtem Gesicht seine Arbeit gemacht. Dieser Hund war so cool, dass ich ihn als Vorbild für Luke genommen habe.

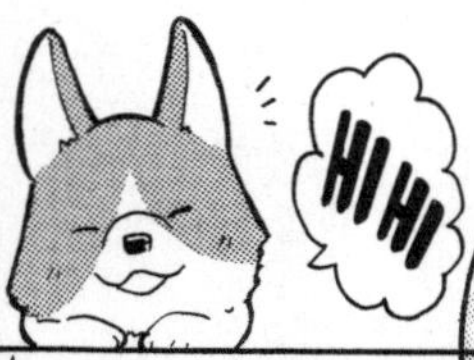

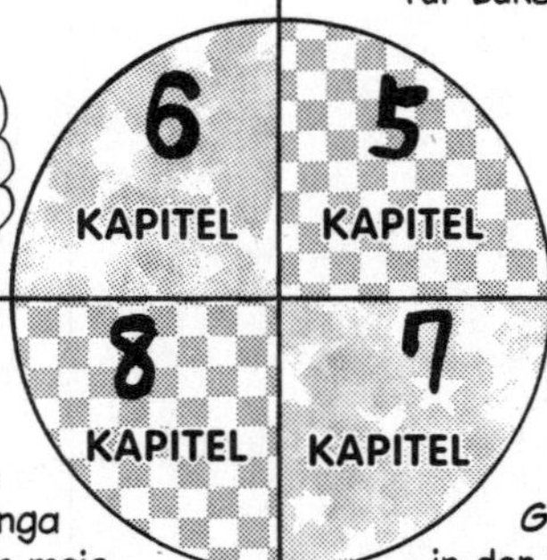

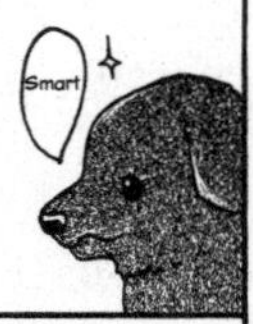

<Die ausgesetzte Katze Natsu>

Ich glaube, von allen Stories in diesem Manga liegt mir diese hier am meisten am Herzen. Ich wollte unbedingt, dass ihr sie lest. Es ging darin um das »Bewusstsein eines Haustierbesitzers«. Das ist ein ziemlich schwieriges Thema, weshalb ich lange überlegt habe, wie ich die Geschichte aufbauen soll. Ich wünsche mir so sehr, dass Natsu glücklich wird!

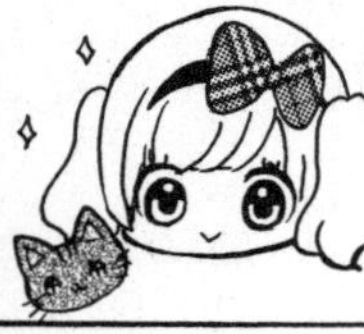

<Hasenboss Chacha>

Ich war in der Grundschule wie Yuzu in der Tiergruppe und habe mich um Hasen gekümmert! Während ich dieses Kapitel gezeichnet habe, musste ich daran denken, dass ich in der Pause oft aus der Schulküche Karotten geholt habe. Die Hasen waren so schön flauschig und warm!

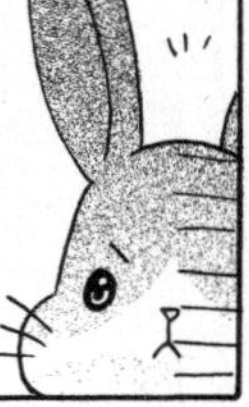

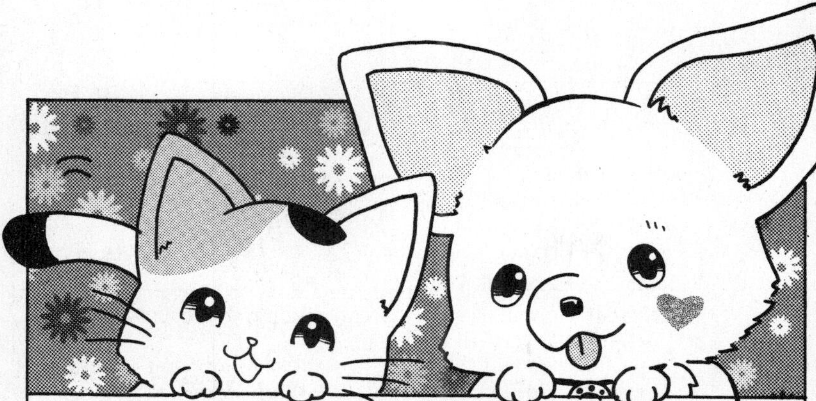

DANKSAGUNG

- Kooperation mit: Nippon Columbia
- Schriftleiter: Taisei Hosoido

- Redakteure: Nakazato, Nagano
- Designer: Kobayashi

- Alle aus der Nakayoshi-Redaktion

- Unterstützung beim Zeichnen: Tirol Aozora, Nao-chan, Meira Ishizaka, Kotei Penguin DX, Bonchi

Ich freue mich über Briefe mit eurer Meinung zum Manga!

Adresse:
Ito Mingo
PO-Box 91, Akasaka Post Office
Tokyo 107-8652
Japan

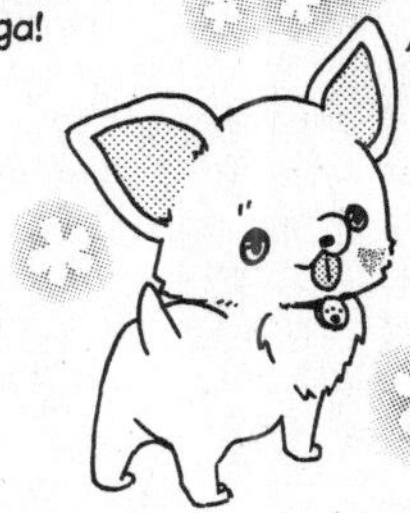

Blog
Migoroku
http://ameblo.jp/itoumingo/

X
@itoumingo

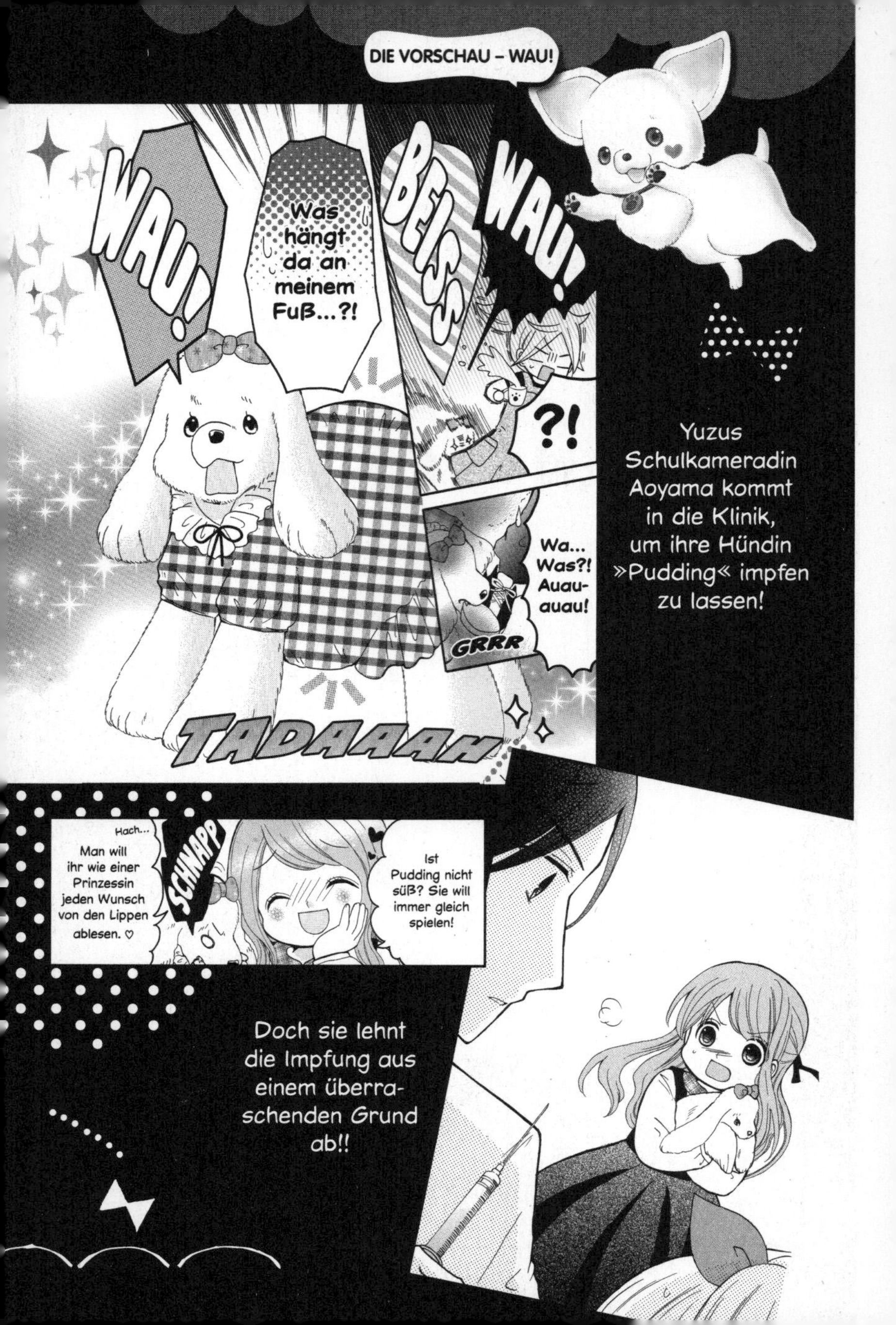
DIE VORSCHAU – WAU!
WAU!
BEISS
WAU!
Was hängt da an meinem Fuß...?!
?!
Wa... Was?! Auau-auau!
GRRR
TADAAAH
Yuzus Schulkameradin Aoyama kommt in die Klinik, um ihre Hündin »Pudding« impfen zu lassen!
Ist Pudding nicht süß? Sie will immer gleich spielen!
SCHNAPP
Hach... Man will ihr wie einer Prinzessin jeden Wunsch von den Lippen ablesen. ♡
Doch sie lehnt die Impfung aus einem überraschenden Grund ab!!

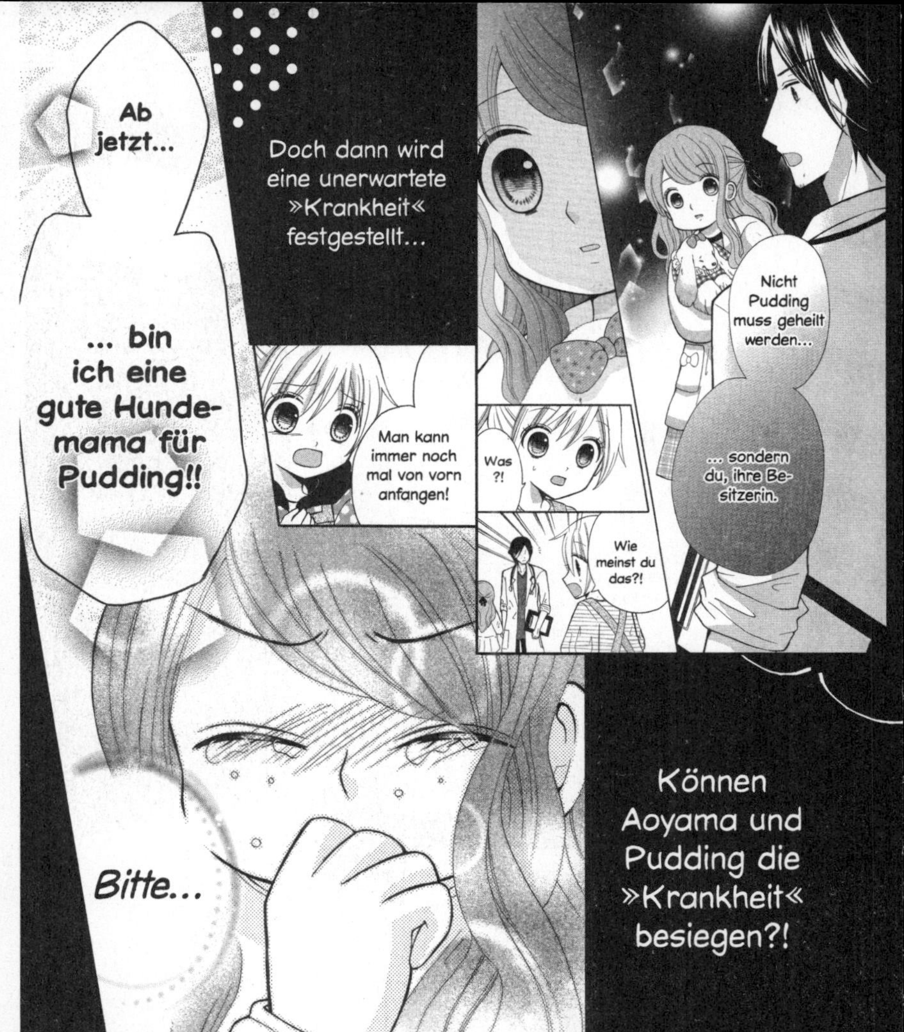

YUZU, DIE KLEINE TIERÄRZTIN 3

WAUMIAU TIERKLINIK

KIDS

LESESPASS FÜR DEN MANGA-EINSTIEG

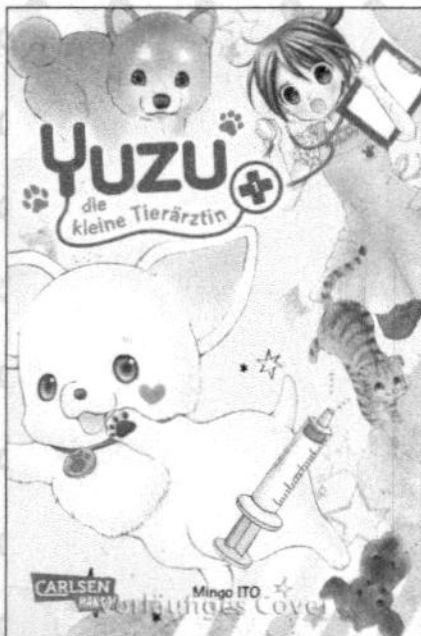

YUZU – DIE KLEINE TIERÄRZTIN
von MINGO ITO
Spannende Einblicke in den Alltag einer Tierklinik

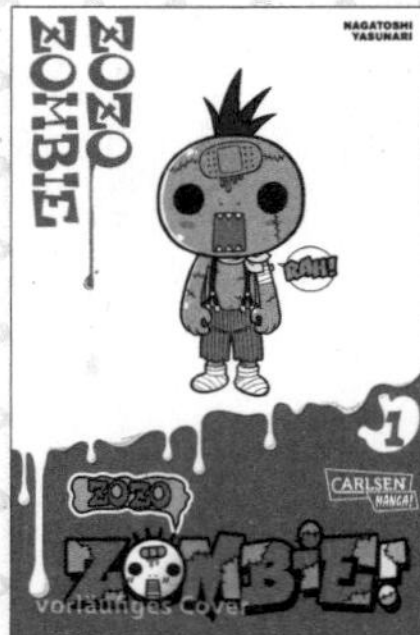

ZOZO ZOMBIE
von YASUNARI NAGATOSHI
Garantiert nicht gruselig, aber zum Totlachen!

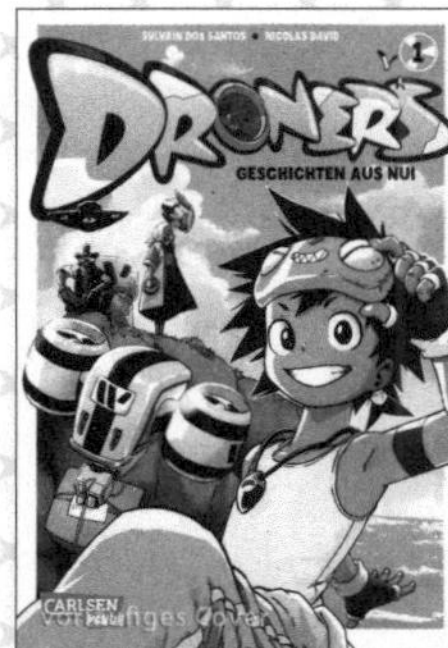

DRONERS
von SYLVAIN DOS SANTOS & NICHOLAS DAVID
Mitreißendes Action-Abenteuer im Paradies

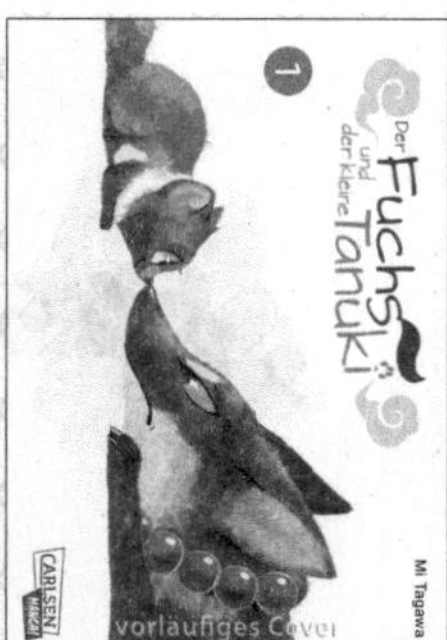

DER FUCHS UND DER KLEINE TANUKI
von MI TAGAWA
Leichte Einführung in die japanische Mythologie

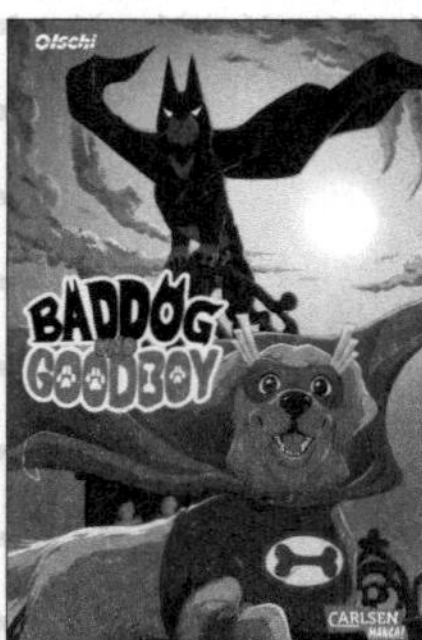

BADDOG & GOODBOY
von OLSCHI
Abenteuer mit Superhunden: Dackel vs. Golden Retriever

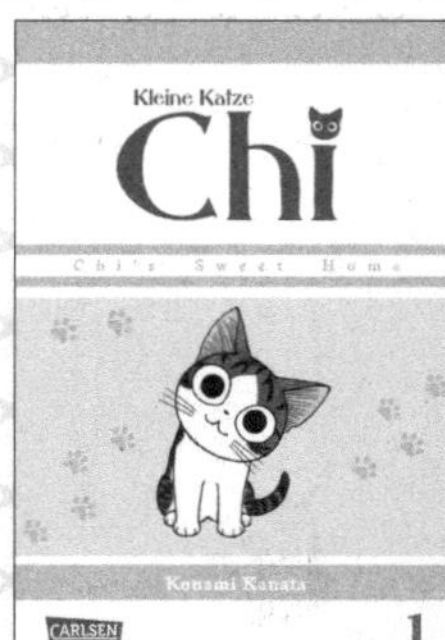

KLEINE KATZE CHI
von KONAMI KANATA
komplett in Farbe
Niedliche Familiengeschichten über den Alltag mit Katze

Yuzu
die kleine Tierärztin

HALT!

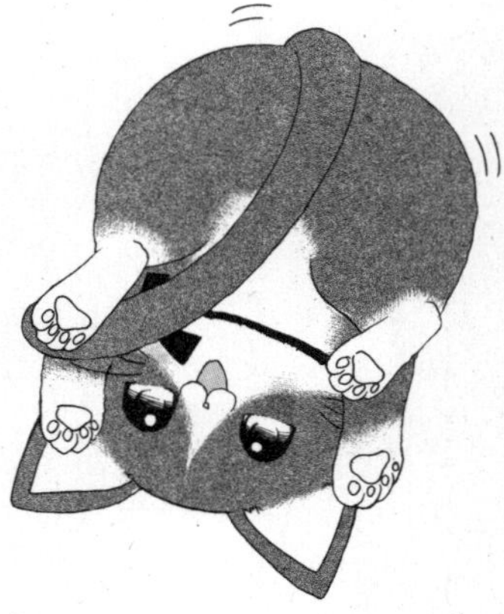

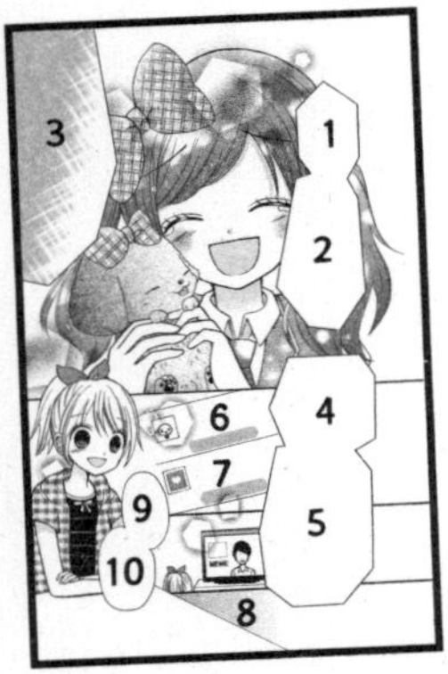

YUZU, DIE KLEINE TIERÄRZTIN ist eine japanische Serie, und in Japan wird von »hinten« nach »vorne« umgeblättert und von rechts nach links gelesen, wie in der Grafik gezeigt. Schlag den Manga also auf der anderen Seite auf und starte mit Yuzu ins Abenteuer.
Wir wünschen dir tierisch viel Spaß mit

YUZU die kleine Tierärztin

Wir produzieren nachhaltig

- Klimaneutrales Produkt
- Papiere aus nachhaltigen und kontrollierten Quellen
- Hergestellt in Europa

FSC www.fsc.org MIX Papier | Fördert gute Waldnutzung FSC® C083411

Carlsen Manga! News - jeden Monat neu per E-Mail!
www.carlsenmanga.de
www.carlsen.de

CARLSEN MANGA
Deutsche Ausgabe/German Edition

Aus dem Japanischen von Luise Steggewentz

YUZU NO DOBUTSU CARTE - KOCHIRA WAN NYAN DOBUTSU BYOIN - Vol. 2

First published in Japan in 2017 by Kodansha Ltd., Tokyo
Publication rights for this German edition arranged through Kodansha Ltd., Tokyo.
Redaktion: Anne Berling
Textbearbeitung: Rebecca Richards

ISBN: 978-3-551-80293-4